Hans Sinabell

Zeit im Umbruch

Aus der Sicht eines Bauernbuben in der Buckligen Welt

Volkskultur Niederösterreich
1999

Gedruckt mit Unterstützung der Abteilung Kultur und Wissenschaft des
Amtes der NÖ Landesregierung und der Stadtgemeinde Tulln an der Donau

niederösterreich kultur

Herausgeber:
VOLKSKULTUR NIEDERÖSTERREICH – Verband für zeitgemäße Volkskultur
und Brauchtumspflege in Niederösterreich
VOLKSKULTUR NIEDERÖSTERREICH – NÖ Volksliedwerk
VOLKSKULTUR NIEDERÖSTERREICH   BetriebsGmbH
3452 Atzenbrugg, Schloßplatz 1

Umschlagbild: Der Kloaråtnhof, Ölbild, 1941
                           Hans Sinabell
Umschlaggestaltung: Atelier Olschinsky, 1010 Wien, Börseplatz 3
Satz, Repro und Druck: AV-Druck GmbH, 1140 Wien, Sturzgasse 1A

© VOLKSKULTUR NIEDERÖSTERREICH
Alle Rechte vorbehalten
ISBN 3-901820-03-5

VOLKSKULTUR NIEDERÖSTERREICH

INHALT

ZEIT IM UMBRUCH

Wie es früher einmal war	12
Begegnung mit einem Handwerksburschen auf der Walz	88
Die Jahre des Krieges	100
Heimkehr	159
Eine neue Zeit bricht an	184

KURZGESCHICHTEN

Die Lieslmoam – Schicksal einer Bauernmagd	193
In der Adventzeit	198
Wunderbare Rettung	201
Der gestohlene Christbaum	204
Kriegserlebnisse	209
Nacht voller Angst	212

VORWORT

Das Jahrbuch „Volkskultur Niederösterreich 1999" ist einmal mehr eine wichtige Dokumentation für das reiche kulturelle Leben in unserem Bundesland und auch dafür, daß die Pflege althergebrachten Brauchtums und die Entfaltung kreativer zeitgemäßer Volkskultur wichtig sind für die Identität einer Region und ihrer Menschen. Heimatliebe und Selbstwertgefühl sind innig verbunden mit kultureller Kreativität und mit dem Bewahren und Weitertragen des kulturellen Erbes. Genau in diesem Sinne ist auch die neueste Ausgabe des Jahrbuches zu verstehen, das unter dem Titel „Zeit im Umbruch" die Lebenserinnerungen des langjährigen NÖ-Volkskultur-Mitarbeiters Hans Sinabell veröffentlicht. Es sind die Erinnerungen eines Bauernbuben aus der Buckligen Welt, der einer Bauernfamilie mit sieben Kindern entstammt und für den Volkskultur Berufung und Beruf wurde. Als Lehrer und Direktor der Hauptschule 1 und der Musikhauptschule in Tulln war und ist Hans Sinabell bis heute ein kreativer Bewahrer und Pfleger der traditionellen Volkskultur. Als Lehrer konnte er Tausende junge Menschen auch an der Volkskultur begeistern. Es lohnt sich, zum Jahrbuch 1999 zu greifen und sein interessantes und buntes Leben nachzulesen.

Dr. Erwin Pröll
Landeshauptmann von Niederösterreich

VORWORT

„Gedächtnis haben kalte Seelen; fühlende – Erinnerung"

Dieses Zitat aus den Sinngedichten von Friedrich Haug paßt wohl so gut wie kaum ein anderes zu Hans Sinabell und seinen Erzählungen.

Wer ihn kennt, der weiß, mit welcher Liebe und mit welchem Verständnis sich Hans Sinabell an seine Kindheit und Jugend erinnert, wie er heitere, aber auch traurige Ereignisse beschreibt und sie durch seine plastische Sprache lebendig werden läßt. Als Zeitzeuge bewahrt er damit ein Stück Heimatgeschichte vor dem Vergessen.

Wer Hans Sinabell aber schon selbst erlebt hat, wie er von der „Moam" und anderen Personen aus der Buckligen Welt erzählt, der wird auch beim Lesen dieses Buches seinen fröhlichen, verschmitzten Gesichtsausdruck vor Augen haben und sich an das eine oder andere Lied erinnern, das bei diesen Gelegenheiten auch gesungen wird.

Als Bürgermeister von Tulln möchte ich die Möglichkeit nützen, Hans Sinabell auch auf diesem Wege nicht nur dafür zu danken, daß er seine Erinnerungen aufgeschrieben und sie damit der Nachwelt erhalten hat, sondern ich will ihm auch für sein unermüdliches Engagement in vielen Bereichen als Bürger unserer Stadt meinen herzlichsten Dank aussprechen. Auch darin ist und war Hans Sinabell Bewahrer gelebter Traditionen und Erfinder und Förderer zukunftsweisender Projekte für unser Tulln.

Den Lesern wünsche ich erbauliche Stunden mit diesem Buch.

Willi Stift
Bürgermeister der Stadt Tulln an der Donau

VORWORT

Zum Geleit

Ich bin ein Pensionist, ein Altersrentner, wie ich manchmal zu sagen pflege. Durch mein Hobby, Singen und Musizieren, komme ich oft mit Menschen meines Alters in Verbindung. Sie laden mich ein, mit ihnen ein paar frohe Stunden zu verbringen, Lieder zu singen, die man früher einmal gesungen hat, und ihnen von vergangenen Zeiten zu erzählen. Und ich berichte ihnen, welche Verhältnisse in meiner Kindheit und Jugendzeit bei uns daheim, in der Buckligen Welt, bestanden haben. Sie sagen dann immer, daß es in ihrer Kindheit und Jugendzeit so ähnlich gewesen sei. Dazu meinen sie, es habe in der bisherigen Menschheitsgeschichte keine Generation gegeben, die so viele Veränderungen und Umwälzungen erlebt hat, wie die unsere. Es wäre wertvoll, würden wir das auch unseren Kindern übermitteln, damit diese einmal wissen, aus welcher Zeit wir, ihre Väter und Mütter, gekommen sind.

Das ist die eine Seite. Der zweite Grund, dieses Buch zu schreiben, liegt auf einer ganz anderen Ebene. Vor Jahren hat mich der in Fachkreisen weit bekannte und mit mir in väterlicher Freundschaft verbundene Volkslied- und Heimatforscher Regierungsrat Leopold Bergolth zum Niederösterreichischen Volksliedwerk gebracht, dem ich beigetreten bin. Dieses dient u. a. der Dokumentation und Pflege von Volkslied, Volksmusik und Volkspoesie und arbeitet eng mit der Niederösterreichischen Heimatpflege zusammen, der ich ebenfalls angehöre. Heute entfalten diese beiden Institutionen ihre Tätigkeit unter dem Namen Volkskultur Niederösterreich.

Nicht vergessen darf auf den dritten Umstand werden, der für die Entstehung dieses Büchleins ebenfalls von entscheidender Bedeutung gewesen ist: Als ich noch als Schulleiter tätig war, lernte ich in meinem Lehrkörper einen Berufskollegen kennen, Ewald Corazza, mit dem mich inzwischen eine enge, herzliche Freundschaft verbindet. Auch sein Herz hängt an der Volksmusik und so konnten wir gemeinsam einige Projekte verwirklichen, die durchaus authentisch kulturelle Werte aus der bäuerlichen Welt vergangener Jahrzehnte dokumentieren.

VORWORT

Im Jahr 1992 erschien das Buch „Lieder aus dem Tullnerfeld" aus der Sammlung Leopold Bergolth. Mir wurde dabei die Ehre der Mitarbeit zuteil. Das Buch enthält 140 im Tullnerfeld beheimatete Lieder. Mein Freund Ewald hatte nun die Idee, die lose aneinander gereihten Lieder zu einer volksmusikalischen und volkskulturellen Geschichte zu flechten und mit mir als Zweipersonenstück der Öffentlichkeit vorzustellen. Das Programm „Tullnerfelder san ma – Lieder und G'schichtn aus dem Dorfwirtshaus" entstand. Aus der Reaktion des Publikums habe er erkannt, schreibt Ewald Corazza, daß wir die Zuhörer besonders dann bewegen, wenn ich, der Hans Sinabell, der ins Tullnerfeld Zuagroaste, von meiner Heimat, der Buckligen Welt, erzähle. So entstand das zweite Programm „Bei uns dahoam – Menschen, Schicksale und Volksmusik aus der Buckligen Welt". Die Volkskultur Niederösterreich brachte dazu ein von mir verfaßtes Büchlein mit gleichem Titel heraus. Darin wird ganz allgemein vom Schicksal einzelner Personengruppen berichtet: dem Bauern, der Bäuerin, der Moam, dem Vejda, dem Quartierer und anderen. Es wurden aber auch kleine Geschichten aus meiner Kindheit und Jugendzeit angefügt.

Wenn ich nun als Pensionist mein Leben überdenke, werden alle Stationen und Veränderungen in mir lebendig, so, als ob sie sich erst gestern ereignet hätten. Ich erinnere mich an meine Kindheit auf dem Bauernhof, an jene Menschen, die mich umsorgt und behütet haben, denen ich begegnet bin. Ich erinnere mich an den Arbeitsalltag und Begebenheiten, die so vor mir stehen, als ob sie sich erst gestern ereignet hätten.

In mir reifte der Entschluß, einiges aus dem Leben in meiner Heimat, der Buckligen Welt, aufzuschreiben und alle Veränderungen daran zu orientieren. Mein Freund Ewald bestärkte mich in diesem Vorhaben und stand mir bei der Verwirklichung stets hilfreich zur Seite. Herzlichen Dank!

Die Volkskultur Niederösterreich fand es wert, die Geschichte in Druck zu geben. Mein besonderer Dank gilt daher den beiden Geschäftsführern Dorli Draxler und Dr. Edgar Niemeczek.

VORWORT

Für die anteilnehmende und umsichtige Mitarbeit bei der Texterfassung und der Redaktion für dieses Buch danke ich auch den beiden Mitgliedern des Vorstandes, Maria Graf und Mag. Ernst Hubinger, sehr herzlich.

Zur Sprache und ihrem Verständnis darf ich abschließend noch folgendes anmerken:

Direkte Reden wurden in der Mundartsprache meiner Heimat abgefaßt, Erklärungen angefügt. Dabei wurde auf Auslassungszeichen (Apostrophe) verzichtet. Das Auslassungszeichen gibt an, daß Laute, die gewöhnlich zu sprechen, und Buchstaben, die normalerweise zu schreiben sind, weggelassen werden.

Auch in der Alltagssprache vollzieht sich ein Wandel. Der Dialekt verschwindet langsam, die Sprache paßt sich der Zeit an. Die gehaltvollen Grußworte „Griaß God" und „Pfiat God" sind weitgehend verschwunden und werden durch „Hallo" beziehungsweise „Tschüs" ersetzt. Es dauert nicht mehr lange und die Kinder werden zu „Kids".

Hans Sinabell

ZEIT IM UMBRUCH

Wie es früher einmal war

Unsere Mutter sagte mir wiederholt, ich sei ein Sonntagskind, also an einem Sonntag auf die Welt gekommen. Nach dem immerwährenden Kalender ist das richtig, wenn der 27. Mai 1928, wie auf allen Hauptschulzeugnissen angeführt, als Geburtsdatum zutrifft. Es stimmt auch in bezug auf das Lebensglück, welches mich über weite Strecken meines bisherigen Daseins begleitet hat. Allerdings würde ich aus heutiger Sicht manche Bereiche eher dem Karfreitag zuordnen.

Einige Volksschulzeugnisse führen wiederum den 24. Mai als mein Eintrittsdatum in diese Welt an. Vermeintliche Klarheit und dauerhafte Fixierung verschaffte schließlich ein Taufschein, den ich 1942 ausstellen ließ. Dieser enthält als Geburtsdatum den 25. Mai. Dabei blieb es bis zum heutigen Tage. An eine Änderung ist auch fürderhin nicht gedacht.

In meiner Heimat, der Buckligen Welt, spielte bei Bauersleuten das Kalenderdatum eine untergeordnete Rolle. Zeitangaben für Ereignisse, Besonderheiten oder wirtschaftliche Gegebenheiten wiesen die Leute Namenstagen oder kirchlichen Feiertagen zu. Bei Unklarheiten gab es Umschreibungen, zum Beispiel: das Unglück ereignete sich um Georgi herum, zu Weihnachten ist der oder jener Bauer gestorben, zu Heiligen-Drei-König die oder jene Bäuerin verunglückt. Die Hl. Agnes bescherte uns den furchtbaren Schneesturm, zu Josephie ist beim Nachbar der erste Bub auf die Welt gekommen und am Dreifaltigkeitstag hat ein Unwetter immensen Schaden angerichtet.

Als besondere Markierungen galten schließlich die Fråutage, abgeleitet von Frauentage. Gemeint waren die Marientage, als da sind: der kleine Fråuda, Maria Verkündigung, der große Fråuda, Maria Himmelfahrt sowie Maria Empfängnis und Maria Geburt.

Unleserliche Eintragungen in das Taufbuch, Hörfehler oder falsche Datumsangaben bewirkten oft unrichtige Vermerke im Register. So kann das bei meinem Geburtstag der Fall gewesen sein.

WIE ES FRÜHER EINMAL WAR

Ich war das zweite von sieben Kindern. Meine Eltern hatten 1928, vor meiner Geburt, geheiratet und mußten dann fünf Jahre auf ihrem späteren Besitz, dem Kloarȧtnhof, von dem mein Vater stammte, wie Dienstboten für Kost, Quartier und die notwendigste Kleidung arbeiten. Damals übergaben in unserer Region – und es wird anderswo in der Buckligen Welt ebenso gewesen sein – die Alten den Hof sehr spät an die Jungen, um nicht vom sogenannten Ausnahm, dem Ausgedinge, für lange Zeit leben zu müssen. In manchen Familien führte die Altersversorgung oft zu argen Reibereien.

Unser Großvater, Anton Sinabell, heiratete 1888 das noch minderjährige, sehr hübsche Bauerntöchterchen Maria Holzer aus der Rotte Schwarzenberg ein Jahr vor ihrer Großjährigkeit. Großvater war um sieben Jahre älter als seine Frau. Ihrer Schilderung nach war er ein sehr geselliger, fescher, schlanker, großer Mann. Dem jungen Glück entsprossen innerhalb von sechs Jahren vier Kinder. Unser Vater Georg kam als zweitgeborener Sohn 1891 auf die Welt.

Leider ließ das Unglück nicht auf sich warten. Eines Tages spürte Großvater eine Druckstelle auf einem seiner Füße, wahrscheinlich hervorgerufen durch den Schuh. Er maß der geröteten Haut zunächst keine Bedeutung bei, doch bald entstand daraus eine bösartige, gafliche, entzündliche, Wunde. Arztbesuche brachten keinen Heilungserfolg, ebensowenig wie die Operation durch einen Chirurgen, den Großvater in der Schweiz aufgesucht hatte. Um sich das leisten zu können, mußte Grund verkauft werden. Er starb wenige Tage nach seiner Rückkehr an Blutvergiftung.

Nun stand die junge Bäuerin mit vier kleinen Kindern, der mittelgroßen Landwirtschaft und zahlreichen Verpflichtungen völlig alleine da. Den eigenen Nachwuchs vermehrte überdies noch ein zehnjähriges Mädchen, die spätere Lenamoam, das die Braut aus ihrem Heimatort in die Ehe mitgebracht hatte. Gerichtsbeschlüsse und Notariatsakte, die vier Halbwaisen betreffend, waren notwendig und auch teuer. Die finanziellen Verpflichtungen konnten nur durch neuerlichen Grundverkauf abgedeckt werden.

WIE ES FRÜHER EINMAL WAR

Woher die Großmutter die Kraft nahm, mit all dem fertig zu werden, entzieht sich meiner Kenntnis. Wahrscheinlich hatten das bei uns beheimatete Gottvertrauen und der Glaube an die Fürsorge der Hl. Maria dabei geholfen.

Dienstboten- und Kleinhäuslerfamilien erfreute und belastete damals ein reicher Kindersegen. Um die Kleinen durchzubringen, gab man sie ab dem zehnten Lebensjahr auf Bauernhöfe in den Dienst. In bezug auf deren Behandlung und fürsorgliche Betreuung bestand zu den eigenen Kindern kein Unterschied. Sie harmonierten sehr gut miteinander. Da es an Schlafplätzen mangelte, teilten sich jeweils zwei Kinder, meist bis in die Jugendzeit, ein Bett.

An Beschäftigungsmöglichkeiten für die Kinder fehlte es nicht. Es oblag ihnen die Mithilfe bei der Stallarbeit. Damit die Melkerinnen von Belästigungen verschont blieben, hielten die Kinder die meist schmutzigen Schweife der Kühe. Gut zu gebrauchen waren die Kleinen beim Tränken der Kälber, indem sie die Milchsaichta, Eimer aus Holz, vor dem Umfallen bewahrten. Am Abend leuchteten sie mit Windlaternen beim Füttern der Schweine, tagsüber nahmen sie die Hühnereier ab. Die Nester waren ihnen bestens bekannt. Mit besonderer Vorliebe suchten sie neue Hühnernester. Entdeckten sie eines, gab es zur Belohnung eine Eierspeise.

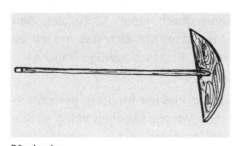

Ofenkrukn

Im Hause half der Nachwuchs durch Handreichungen beim Kochen, Backen oder Waschen. Im Dämpferkammerl sorgten die Mädchen dafür, daß im Kessel, in dem die Futtererdäpfel oder Futterrüben gedämpft wurden, das Feuer nicht ausging.

Kalbte eine Kuh, erwartete die beiden älteren Buben eine besondere Aufgabe. Sie stellten sich an den Kopf des Tieres und kraulten es zwischen den Hörnern. Dabei sprachen sie beruhigende Worte: „Muaßt aushåltn, Oima, es is glei vorbei. Dann håst a kloans Kinderl." Wir Bu-

WIE ES FRÜHER EINMAL WAR

ben und auch die Mädchen bezeichneten jedes kleine Lebewesen, das eine Mutter neben sich hatte, als Kind.

Nach der Geburt schrubbten die Männer das Kälbchen, das

Broteinschieber

sie mit eigenen Gebärstricken behutsam aus dem Mutterleib gezogen hatten, mit Stroh trocken und legten es dann zum Kopf der Kuh. Diese liebkoste das Kleine mit dem Maul. Es war ein berührender Augenblick für alle, die dem neuen Lebewesen zum Dasein verholfen hatten, wenn es dann die ersten wackeligen Gehversuche unternahm. Wir bemühten uns, ihm dabei zu helfen.

Mutter kontrollierte regelmäßig den Stall, um die Nachgeburt nicht zu versäumen. Auch wir Kinder schlichen dorthin, weil wir bei der Oima sein wollten.

Hafersimperl

Als Belohnung für die überstandenen Mühen, die für uns ein völlig natürliches Ereignis darstellten, erhielt die Mutterkuh eine große mit Eierspeise belegte Brotschnitte. Warum, weiß ich nicht. Die Eierspeise zählte auf unserem Bauernhof zu den Delikatessen. Nur besondere Anlässe oder Gäste bescherten einen derartigen Genuß. Es gab zwar genügend Eier, diese waren jedoch, sofern sie nicht zum Kochen verwendet wurden, für den Verkauf bestimmt.

Eine lustige Aufgabe kam auf uns Kinder zu, wenn wir der Mutter oder der Lieslmoam dabei helfen mußten, ein Zuchtschweindl zum Bären, dem Eber, zu treiben. Eigentlich handelte es sich um ein Hinlocken. Gewalt wurde bei uns im Umgang mit Tieren nur ganz selten angewendet. Die Mutter oder die Lieslmoam ging mit einem Hafersimperl, das war ein mit Hafer halb gefülltes Strohkörbchen, voran und rief: „Nutsch, nutsch, nutsch...!" Der vertrauten Stimme folgend, lief das Schweindl hinter ihr her. Der Eber befand sich auf einem Bauernhof im Nachbardorf Beistein.

Auf halber Strecke führte der Weg über eine Furt des Aubaches. Nun traten wir Begleiter in Aktion, denn das Nutscherl, also das Schweindl, wollte partout nicht durch das seichte Wasser. So nahmen wir es in die Mitte und schubsten es einfach hinüber. Nach Hause ging es dann problemlos, denn Mensch und Tier strebten, wo immer sie sich auch befanden, gerne heimzu.

So ähnlich verhielt es sich, wenn man eine Kuh zum Stier zur Deckung brachte. Wir Kinder mußten hinten nachlaufen, um sie, wenn notwendig, mit einer Gerte anzutreiben.

Eine ganz wichtige Tätigkeit erwartete meinen Bruder oder mich, wenn der Vater im Herbst oder Frühjahr zu säen begann. Da mußte entweder er oder ich vürgehn. Das spielte sich so ab: der Acker war bereits aufbereitet, geeggt und von Steinen befreit. Der Vater hatte das aus Leinen angefertigte Sätuch derart umgehängt, daß sich vorne ein Beutel bildete, in welchen das Korn gefüllt wurde. In bestimmten Abständen waren Kornsäcke zum Nachfüllen aufgestellt. Der Vater schritt nun in einem Seitenabstand von etwa zwei Meter zum Feldrand dahin und säte mit einer weit ausholenden Handbewegung das Korn gleichmäßig auf den Acker. Am Ende wartete der Vürgeher. Dieser ging nun in den Fußstapfen des Vaters den Weg zurück und markierte damit dem Bauern jenen Abschnitt des Feldes, der bereits ausgesät war. Das Säen zählte seit Jahrtausenden zu den Arbeiten mit den Händen, die mit viel Gefühl und Liebe betrieben werden mußten. Eine gut bemessene, gleichmäßige Aussaat war mitentscheidend für den Erfolg oder Mißerfolg der Ernte.

Gegen Ende der Dreißigerjahre kehrte eine kleine Handsämaschine bei uns ein. Sie bestand aus einem Holzkistel. Es wurde mit einem Tragegurt so um die Schulter des Säers gehängt, daß das Kistel an dessen Brust einen festen Halt fand. An der Oberseite diente eine Goß, eine Einfüllvorrichtung von der Form eines Pyramidenstumpfes, zur

WIE ES FRÜHER EINMAL WAR

Aufnahme des Saatgutes. Im Kistel befand sich ein Flügelrad, welches mit einer Fibel nach rechts und nach links gedreht wurde. Dabei schleuderte es die Fruchtkörner einmal auf der einen und einmal auf der anderen Seite gleichmäßig durch Auswurföffnungen auf das Feld. Der Vürgeher zeigte dem Säer an, in welchen Abständen er über den Acker schreiten mußte.

Noch einer Voraussetzung bedurfte es, sollte die Fechsung, Ernte, den Vorstellungen des Landwirtes entsprechen. Gemeint ist die sachgemäße Düngung. Kunstdünger oder Handelsdünger in der heutigen Vielfalt gab es nicht. Mir ist das Wort Ammoniaksuperphosphat in Erinnerung, doch konnte sich diesen Kunstdünger kaum jemand leisten. Man war daher auf den Naturdünger, den Stallmist, angewiesen. Oft wurde die Leistungsfähigkeit eines Bauernhofes nach der Größe seines Misthaufens bewertet. Es ist daher verständlich und mit ein Grund, daß man den Dung inmitten des Hofes postiert hat. Schwärme von Fliegen, die auch die Wohnräume und Ställe bevölkerten, fanden dort ihre Brutstätte.

Das einzige Mittel, um der Fliegenplage in den Wohnräumen einigermaßen Herr zu werden, bestand damals im Anbringen von Fliegenfängern. Das waren etwa einen Meter lange und fünf Zentimeter breite beidseitig mit einer starken zähen Klebepaste bestrichene Papierstreifen. Diese wurden am Plafond mit einem Reißnagel befestigt, von wo sie in den Raum hingen. Ein besonderer von Menschen nicht wahrzunehmender Duftstoff lockte die Fliegen an. Diese blieben am Fliegenfänger picken. War er vollgepickt, warf ihn die Bäuerin in den Küchenherd, wo er knisternd mit auflodernder Flamme verbrannte.

Zweimal täglich wurden die Rinderställe ausgemistet: bei der morgendlichen und abendlichen Fütterung. Für die Entsorgung bedurfte es

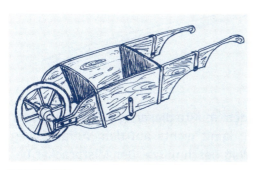

Schubkarren

der eisernen Mistgabel und der Scheibtruhe, des Schubkarrens. Im Frühjahr und im Herbst erfolgte dann die Düngung der Felder.

„Heit tuan ma Mistführen", ordnete der Vater an, wenn es soweit war. Das bedeutete für einen von uns zwei älteren Buben Arbeitseinsatz, das heißt, wir mußten entgegenfohrn, entgegenfahren.

Tragasch

Für das Mistführen waren drei Goam, Karren mit zwei Rädern, und zwei Ochsengespanne erforderlich. Ein Karren wurde von zwei Personen beladen, ein Gespann befand sich auf dem Acker, wo der Vater den Mist mit einer Mistkraln, Kralle, in bestimmten Abständen zu kleinen Häufchen ablud. Nach Beendigung des Abladens fuhr er Richtung Hof. Auf halbem Wege traf er auf das dritte Gefährt, den Entgegenfahrer. Die Gespanne wurden gewechselt.

Goam

War ein Karren mit Mist beladen, mußte dieser von einem Auflader geprackt werden. Dies deshalb, damit nichts auf dem Anfahrtsweg vom Karren rutschte und den Weg beschmutze. Der Mistpracker bestand aus einem breiteren Holzteil mit einem Stiel.

WIE ES FRÜHER EINMAL WAR

An das Mistführen schloß sich als weiterer Arbeitsvorgang das Mistbroatn, eine Tätigkeit die von den Weiberleuten auf dem Bauernhof besorgt wurde. Sie streuten die Misthäufchen gleichmäßig auf dem Felde aus. Nun konnte der Dung eingeackert werden.

Großmutter konnte nicht alleine bleiben. Ihr Schicksal sprach sich herum und so stellte sich alsbald ein Freier ein. Es war ein Bauernsohn aus einer sehr angesehenen Familie. Er hieß Markus Kogelbauer. Großmutter stimmte einer Heirat zu, wenngleich sie ihren verstorbenen Mann, wie ich glaube, nie vergessen konnte. Ihn trug sie in ihrem Herzen, den neuen in ihrem Verstand. Über Gefühle sprachen damals Bauersfrauen nicht. Es hätte ihnen auch niemand zugehört. Ihre einzige Ansprechpartnerin blieb die Mutter Gottes.

Trotzdem hatte die junge Witwe mit Markus Kogelbauer keine schlechte Wahl getroffen. Er zeigte sich als starke Persönlichkeit, die vom Wirtschaften etwas verstand. Obwohl er an schwere Arbeit selbst keine Hand anlegte, ging es mit dem Bauernhof bald wieder bergauf. Auch die Kinderschar vermehrte sich um einen Buben und vier Mädchen. Die Stiefgeschwister vertrugen sich gut miteinander.

Leider verursachte der Ausbruch des Ersten Weltkrieges neue Sorgen. Markus Kogelbauer mußte einrücken und Großmutter stand mit ihrer Kinderschar und der Wirtschaft wieder alleine da, ausgenommen die zwei ältesten Buben, der Anton und der Georg, die ebenfalls zum Dienste für Volk, Vaterland und den Kaiser gerufen wurden. Ihr Mann schien allerdings durch die Kampfhandlungen des Krieges nicht gefährdet. Er diente bei den Dragonern und brachte es in seinem Regiment zum Kurschmied.

In der Armee des Kaisers kamen damals Tausende Pferde als Zug- und Reittiere zum Einsatz, die einer besonderen Betreuung bedurften. Da nicht genügend Tierärzte zur Verfügung standen, bestellte man Armeeangehörige, Schmiede oder Landwirte, die von der Tierpflege etwas verstanden, zu Kurschmieden. Ihre Aufgabe bestand darin, für die richtige Betreuung der Pferde zu sorgen, Krankheiten zu erkennen und die notwendige Behandlung einzuleiten.

WIE ES FRÜHER EINMAL WAR

Unser neuer Großvater, den richtigen kannten wir ja nicht, erzählte uns, daß er gesund und wohlbehalten vom Krieg heimgekehrt sei. Er habe nie Hunger gelitten und das aus einem ganz einfachen Grund. Manche Soldaten verschmähten fettes Fleisch. Markus Kogelbauer aß es gerne, daher konnte er sich täglich an solcher Kost gütlich tun. Als Nichtraucher ergaben sich beim Militär zusätzlich noch andere Vorteile.

Großvaters Schwäche, und das zeigte sich bald nach seiner Heimkehr, bestand in einem übertriebenen Gerechtigkeitssinn, der letztlich zur Rechthaberei führte. Diese gipfelte schließlich in dem Zwang, Auseinandersetzungen mit den Nachbarn oder anderen Kontrahenten vor dem Bezirksgericht auszutragen. Sicherlich ging auch so mancher Prozeß verloren. Woher er das Geld dazu nahm, ist nicht verbrieft.

Mit der Nachbarschaft herrschte nicht immer das beste Einvernehmen. Allerdings ließen Notlagen oder notwendige Hilfeleistungen jeden Zwist sofort vergessen und Nachbarschaftshilfe wirksam werden.

Ich wurde einmal Zeuge, wie ein Nachbar mit einer Fuhre Hafer auf dem Heimweg umschmiß. Dem Hafer sagte man die Eigenschaft zu, daß er bei Erschütterungen, die bei den damaligen Wegverhältnissen unvermeidlich waren, leicht ins Rutschen geriet. Zur selben Zeit türmten sich schwere Gewitterwolken am Himmel auf, deren Entladung unmittelbar bevorstand. Großvater bemerkte das, eilte sofort zu Hilfe und es gelang, die Frucht vor dem Einsetzen des Regens unters Dach zu bringen. Beide Männer sprachen dabei kein Wort miteinander, da sie in einer anderen Sache wiederholt zu streiten anfingen.

Das kam so: zwei Grundstücke verband ein gemeinsamer, abschüssiger Feldrain. Bei Regen bildete sich ein Bächlein, welches auf unseren Acker floß und das Erdreich ausschwemmte. Großvater marschierte nun mit einer Haue auf den Acker und leitete das Wasser auf den Nachbargrund. Einige Zeit später stellte der Nachbar den ursprünglichen Zustand wieder her. Es blieb nicht aus, daß beide Männer zusammentrafen und ganz furchtbar aneinander gerieten. Gele-

WIE ES FRÜHER EINMAL WAR

gentlich führten solche Streitigkeiten zu gerichtlichen Auseinandersetzungen.

Als zweites Beispiel der Nachbarschaftshilfe, die alle vorangegangenen Zwistigkeiten vergessen ließ, sei folgende Begebenheit angeführt: Großvater fuhr an einem kalten Wintertag mit seinem Ochsengespann von Wiesmath nach Geretschlag. Die Sandstraße war zwar glatt, aber schneefrei, weil sie der kalte Westwind, der über die Höhen strich, leergefegt hatte. Etwa auf halber Strecke bemerkte unser Großvater, daß ein Bündel Mensch wimmernd mitten auf der Straße lag. Es war der Nachbar. Er mußte gestürzt sein und sich dabei einen Fuß verletzt haben. Ohne ein Wort zu sprechen, lud ihn der Fuhrmann auf den Wagen und brachte ihn nach Hause. Der arme Mann wäre ohne seinen Retter wahrscheinlich erfroren.

Einige Zeit gehörte der Großvater dem Gemeinderat an. Meines Wissens war er auch der erste Bauer, der auf seinen Feldern Kunstdünger streute und dadurch sehr hohe Erträge erzielte. Sein Ansehen als fortschrittlicher Landwirt stieg daher gewaltig, was letztlich dazu führte, daß man einen solchen Mann auch im höchsten politischen Gremium der Gemeinde haben wollte. Großvater las jeden Tag eine Zeitung und studierte Schriften über das bürgerliche Recht. Darüber hinaus besaß er Bücher über die Landwirtschaft. Dies alles verschaffte ihm neben dem Fachwissen auch ein weit über dem Durchschnitt liegendes Allgemeinwissen. Großvater kannte jede Pflanze, jeden Strauch und Baum.

Sein Rechtsempfinden war schließlich der Grund für das baldige Ausscheiden aus dem Gemeinderat.

Die Pfarre Wiesmath hatte damals beträchtlichen Waldbesitz. Trotzdem erhielt der geistliche Herr jährlich mehrere Raummeter Brennholz von der Gemeinde. Markus Kogelbauer stellte nun im Gemeinderat den Antrag, diese Holzzuweisungen ersatzlos zu streichen. Der Antrag wurde angenommen. Da der Name des Initiators nicht unbekannt blieb, war natürlich dessen Verhältnis zur Kirche gestört.

WIE ES FRÜHER EINMAL WAR

Großvater vermied ab nun die Kirchgänge und suchte die Begegnung mit seinem Herrgott im Walde.

Zum Forst hatte der Bauer ein besonderes Verhältnis. Als leidenschaftlicher Jäger ging er mit seinen zwei fetten Hofhunden, deren Trägheit längst ortsbekannt war, mindestens zweimal wöchentlich auf die Pirsch. An jagdlicher Ausbeute mangelte es allerdings. Ein einziges Mal brachte er einen Fuchs nach Hause, den er, wie die Großmutter der Lieslmoam zuflüsterte, „wåhrscheinli im Wirtshaus jemand åbkauft håt".

Die größte Schmach, die Großvater jemals erlebt und seinen Stolz als Jäger vor dem Herrn ganz furchtbar getroffen hatte, bereiteten ihm zwei fidele Wirtshausbrüder. Sie erzählten in der Gaststube in Anwesenheit des Weidmannes mit lauter Stimme, daß gelegentlich eine Gemse vom Schneeberggebiet einwandere und in der Abenddämmerung über das Aufeld wechsle.

Noch am selben Tag sah man bei Einbruch der Dunkelheit Markus Kogelbauer mit seinen zwei Hunden Richtung Aufeld schreiten. Die Gemse tauchte wirklich auf, allerdings entpuppte sie sich bei näherem Hinsehen als Ziegenbock. Die zwei Haderlumpen jagten ihn zum Gaudium einiger dabei anwesender Zechkumpane über das Aufeld.

Ich kann mich nicht erinnern, daß Großvater einmal krank gewesen ist. Kleine Unpäßlichkeiten heilte er mit Hausmitteln. Im hohen Alter besaß er bis auf einen Stockzahn noch alle Zähne. Vielleicht deshalb, weil er eine eigene Zahnputztechnik anwendete. Er steckte den Zeigefinger einer Hand in den Mund und dann in die Rußlade des Küchenherdes. Anschließend schrubbte er damit sein Gebiß. Ruß sagte er, sei eines der besten Scheuermittel, außerdem könne er sich einen Zahnarzt nicht leisten. Er habe diese Zahnputztechnik beim Militär kennengelernt.

Nahezu jeder Bauer in unserer Gegend rauchte Pfeife. Nur an Sonn- und Feiertagen gönnten sie sich eine Virginia-Zigarre. Diese war lang und dünn und verbreitete einen angenehmen, etwas süßlichen Duft.

WIE ES FRÜHER EINMAL WAR

Viele, meistens schon etwas ältere Raucher, verwendeten die Rückstände in der Pfeife zum Måtschkern. Sie schabten mit dem Pfeifenstierer die Asche aus dem Pfeifenkopf auf eine Handfläche. Sodann benetzten sie die Rückstände mit einigen Tropfen Most oder mit Speichel und formten daraus ein Knödelchen. Dieses steckten sie als Ersatz für Kautabak in einen Mundwinkel und begannen daran zu kauen. Dabei kam es öfter vor, daß dem Måtschkerer tabakbrauner Speichel aus dem Munde troff, der auf dem Kinn eine ekelhafte braune Spur hinterließ. Außerdem hatte der Måtschkerer das Bedürfnis, oft und viel auszuspucken.

Um Verunreinigungen vorzubeugen, stellten die Frauen beim Hauseingang und in manchen Räumen Spucktriagerl, Spucknäpfe, auf. Wie sie nächtens der Unappetitlichkeit ihrer Männer begegnet sind, man denke an die reiche Kinderschar oft bis ins höhere Alter der Frau, entzieht sich meiner Kenntnis.

Geburten verliefen in der Regel auf einem Bauernhof problemlos. Tieren standen die Bauersleute mit Gelassenheit und großem Geschick zur Seite. Für gebärende Frauen war die Madame, die Hebamme, zuständig. Es gab damals nur Hausgeburten.

Bei uns am Hofe spielte sich das so ab, daß der Vater vor Eintritt eines derartigen Ereignisses meinen älteren Bruder und mich anwies, den Nachmittag beim Großvater zu verbringen oder in der Nacht im Tafelbett in Großmutters Küche zu schlafen. „Mir kriagn wieda a kloans Kind", klärte er uns auf, „betets für die Mutta, damit ihr und dem Kloan nix passiert." Großmutter wußte von der bevorstehenden Geburt und hatte, wenn diese in der Nacht stattfand, das Tafelbett schon gerichtet.

Eigentlich sollte uns die Sorge um die Mutter am Einschlafen hindern, tat es aber nicht, weil wir in unserem kindlichen Vertrauen an den Beistand der Engel und der vielfach strapazierten Mutter Gottes glaubten. Wir entsprachen dem Wunsche des Vaters, beteten einige Vaterunser und schlummerten dann selig in einen tiefen Schlaf.

WIE ES FRÜHER EINMAL WAR

Am nächsten Morgen konnten wir es kaum erwarten, zur Mutter zu kommen. Glückstrahlend lag sie in ihrem Bett, im Arm das Neugeborene.

„Ziags enk gschwind ån und holts vom Wirt an Liter Wein, damit ma, waun die Madame nåchschaun kimmt, auf unsa Glück trinkn kinnan", wies uns der Vater an. „Es is da sechste Bua", sinnierte er weiter, „des måcht åber nix, mir brauchn eh Leut zan Orbeitn."

Als wir vom Wirt zurückkamen, hatten sich in der Schlafstube der Eltern mit dem Vater und der Madame bereits die Nachbarsleute, die Großeltern und die Lieslmoam eingefunden, um auf das freudige Ereignis anzustoßen. Soweit ich mich erinnere, war eine Geburt der einzige Anlaß, zu dem Wein ins Haus geholt wurde.

Das Tafelbett hatte die Form einer Holztruhe von der Größe und Gestalt eines Bettes. Es stand in Großmutters Küche. Der mit zwei Scharnieren befestigte, aufklappbare Deckel diente tagsüber als Arbeitsfläche. Auf dem Deckel montiert war eine abwaschbare Platte. Großmutter bereitete darauf den dünnsten ausgezogenen Strudelteig zu, den ich je gesehen hatte. Die handgemachten Nudeln für die sonntägige Suppe entstanden ebenfalls auf dem Tafelbett.

Im Bauch dieser Liegestatt ruhten der mit Schabstroh gefüllte Strohsack und ein dicker Polster. Über den Strohsack war ein handgewebtes, grobes Leintuch gebreitet. Darüber befand sich die schwere Tuchent. Während des Krieges benützte ich das Bett immer, wenn ich zu Hause war. Es war für mich besonders geeignet, weil ich in der Nacht lesen konnte, ohne jemand zu stören. Das notwendige Licht spendete die auf einem Stockerl zu Häupten stehende Petroleumlampe.

Zur bevorzugten Literatur zählten damals die Karl-May-Bücher. Deren Vorgängern, den billigen Abenteuerheftchen Rolf Torring und Tom Schack, war ich bereits entwachsen. Im Untergrund grassierte ein Buch von Hans Heinz Ewers mit dem Titel „Alraune". Wem es gehörte, weiß ich nicht mehr, jedenfalls war ein ziemliches Griß, eine große Nachfrage, nach ihm.

WIE ES FRÜHER EINMAL WAR

In den Dreißigerjahren gab es in der Buckligen Welt noch einige Leinenweber, die so recht und schlecht ihr Dasein fristeten. Damals wurde auf manchen Bauernhöfen, so auch auf unserem, Flachs angebaut, zu Werg verarbeitet und mit den Spinnrädern zu Garn versponnen.

Flachsbrechel

Als Werg bezeichneten die Bauern von den Hülsen befreite Hanffasern. Um diesen Zustand zu erreichen, mußte der Hanf zunächst im Backofen getrocknet, dann gebrechelt, das heißt mit einer besonderen Holzvorrichtung gebrochen und schließlich durch einen großen, schweren Eisenkamm, die Raffel, gezogen, also gerafelt, werden. Das Garn wob sodann der Weber zu grobem Leinen, Hausleinen, genannt.

Vom Spätmittelalter bis zum Ende des Zweiten Weltkrieges gab es in der Landwirtschaft meiner Heimat kaum wesentliche Veränderungen. Die Dreifelderwirtschaft wurde von der Fruchtwechselwirtschaft abgelöst. Diese brachte den Landwirten höhere Erträge. Die Sense als Weiterentwicklung der Sichel, sowie der Eisenrechen und die Eisengabel erleichterten manche Arbeiten. Andere Arbeits-

Grassense

geräte, wie zum Beispiel der Holzrechen, bei uns Heurechen genannt, und die Holzgabel mit drei Zinken oder Strohgabel fertigten die Ausnehmer, Altbauern, an. In meiner Kindheit gab es noch den Einscharpflug, gegen Ende der Dreißigerjahre kam der erste Wendepflug auf den Hof.

WIE ES FRÜHER EINMAL WAR

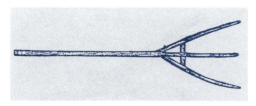

Holzgabel

Die Sichel zählt sicherlich zu den ältesten Erntegeräten auf den Bauernhöfen. Bei uns wurde die Rundsichel verwendet. Sie glich in ihrer Form einem aufgeschnittenen Kreis.

Auf fortschrittlichen Bauernhöfen hielt die Trommeldreschmaschine Einzug. In einem Holzgehäuse mit Auswurföffnung zeigte sich nach dem Korneinschubtisch die mit Eisenzähnen gespickte Dreschtrommel. Der Dreschkorb, durch den die Trommel lief, trug ebenfalls Eisenzähne. Der Antrieb erfolgte über die Transmission durch den Göpel, dessen Herkunft unbekannt ist.

Der Göpel selbst wurde von einem Ochsen oder Pferd in Bewegung gesetzt. An den Zugbalken gespannt, brachten sie im Rundgang das Stirnrad zum Laufen, welches über zwei Kegelräder die Bewegung auf die Transmission übertrug. Als Transmission bezeichnete man eine Anlage zum Antrieb mehrerer Arbeitsmaschinen durch eine Kraftmaschine: Auf einer Welle saßen Scheiben, über die Riemen zu den Maschinen liefen.

Um seine Söhne nicht zu gefährden, übernahm der Vater beim Dreschen die schwierigste und unangenehmste Aufgabe. Er behielt sich vor, die Garben – Hafer, Gerste oder Weizen – in die Trommel zu schieben. Wir nannten das Einlegen. Dabei kam es zu einer ungeheuren Staubentwicklung. Mundschutz kannten wir damals nicht. So schluckte der Einleger Unmengen feinster Strohpartikelchen, die wieder zu Hustenreiz führten und ständiges Ausspucken bedingten. Roggen wurde größtenteils mit der Drischel gedroschen.

Auf uns ältere Buben wartete beim Maschinendreschen die Tätigkeit des Zuaroachens, des Zureichens, der Garben. Einer warf diese von ihrer Lagerungsstätte auf die Tenne, ein anderer reichte sie dem Vater, der sie von den Strohbandeln befreite und ausgebreitet in die Maschine schob.

WIE ES FRÜHER EINMAL WAR

Unser Hof erhielt 1937 den ersten, damals mit Petroleum angetriebenen, Motor der Marke Rax-Rennauer. Damit hatte der Göpel ausgedient. Der Motor mußte mit einer Kurbel zum Laufen gebracht werden, was nicht einfach war, weil die Kurbel immer wieder gefährlich zurückschlug. Uns Buben erschien dieser Motor als etwas, wovor wir ein bißchen Angst hatten. Ebenso wie die Dampfmaschine bei einem Wagnermeister in unserem Schulort Hollenthon. Solche Maschinen präsentierten sich als Wunderwerke der Technik, über die wir stets aufs neue in Erstaunen gerieten.

Die Windmühle und der Triär mußten nach wie vor händisch angetrieben werden. Bei der Windmühle handelte es sich nicht um ein Mahl- sondern um ein Getreidereinigungsgerät, mit dem das Druschgut von der Spreu geschieden werden konnte. Der Vorgang läßt sich durch eine kurze Beschreibung erläutern: In einem quaderför-

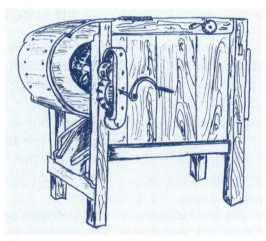

Windmühle

migen Holzkasten befand sich in dem gerundeten Vorderteil eine Walze, die von außen durch eine Kurbel angetrieben werden konnte. Auf der Walze waren Holzflügel angebracht. Wurden diese mittels der Kurbel in Bewegung gesetzt, erzeugten sie einen kräftigen Wind. Dieser blies die federleichten Grannen und Kornhülsen durch die hintere großmäulige Öffnung nach außen, während die schwereren Körner durch ein geschickt postiertes Ausgußloch in einen Behälter oder Sack geleitet wurden.

Mein Großvater berichtete mir einmal, sein Großvater habe ihm erzählt, als er ein Kind gewesen sei, habe es noch keine Windmühlen gegeben. Damals wurde der Wind im Freien zur Reinigung des Drusch-

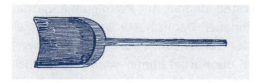

Holzschaufel

gutes genützt. Das ging so vor sich, daß man zunächst die Körner von den Ähren mit Holzstecken ausschlug und dann, wenn das Stroh entfernt worden war, mit Holzschaufeln in die Luft schupfte. Beim Herabfallen habe der Wind die leichte Spreu weggeblasen. Die Holzwindmühle ist erst im 19. Jahrhundert in unserer Gegend bekannt geworden. Windmühlen wurden zu meiner Zeit unter anderem im Burgenland, in Kobersdorf, erzeugt.

Das Abtragen der Körnerfrucht auf den Schüttboden zählte zu den schwersten Arbeiten. Es erforderte nicht nur Kraft, sondern auch Geschicklichkeit. Man verwendete dazu schlanke, etwas längere Zwilchsäcke. Als Zwilch oder Zwillich versteht man ein sehr fest gewebtes, dichtes Leinen. Um die Säcke auf eine Achsel zu bringen, bedurfte es eines besonderen Griffes, den ich gut beherrschte. Desgleichen verlangte der Gang über die schmalen Holzstufen auf den Schüttboden eine besondere Haltung, die vorerst jemandem abgeschaut werden mußte.

Bei der Aufbereitung des Saatgutes kam der Triär, wie wir ihn bezeichneten, zum Einsatz. Hier genügte das Winden nicht. Beim Triär – das Wort stammt vom französischen triage – handelte es sich um eine Auslesemaschine. Mittels verschiedener Sieb- und anderer Vorrichtungen war es möglich, fremde Samen, zum Beispiel Rade und Wicke, von etwa gleicher Form und Größe, jedoch unterschiedlichen Gewichtes, vom Getreide zu trennen. Der Triär, eine längliche Maschine von der Form einer dicken Walze, war Eigentum der Gemeinde. Sein händisches Betreiben erforderte mehr Kraft als jenes der Windmühle.

Der Roggen wurde größtenteils mit der Drischel gedroschen. Dies deshalb, weil

Drischel

man dadurch Schabstroh, also ungebrochenes Stroh, erhielt. Schabstroh brauchte man zum Füllen der Strohsäcke, aber auch zum Bandlmachen und Dachdecken. Der Großteil der Wirtschaftsgebäude und Ställe war damals mit Stroh gedeckt. Bei Hausstöcken, Wohnhäusern, standen bereits Ziegel in Verwendung.

In unserer Gegend waren beim Dreschen mit der Drischel drei Männer erforderlich: Der Tennmeister gab den Takt an. Der Strohbock räumte, wenn ein Druschvorgang beendet war, das Stroh weg. Er band es zu einem größeren Ballen, dem sogenannten Schober. Der Omkönig reiterte, siebte, das Druschgut durch, das heißt, er trennte das Om, die Spreu, von den Getreidekörnern.

Während ich diese Zeilen schreibe, denke ich daran, wie arm eigentlich die Menschen heute in mancherlei Hinsicht sind. Sie hören nicht mehr den heimeligen Klang des Drischldreschens, bei dem der Tennmeister mit dem ersten Schlag den Dreierrhythmus einleitete. Sie vernehmen in der Hektik des Alltages nicht mehr das Zirpen der Grillen und das Summen der Insekten. Wie oft saß ich als Kind auf einem Feldrain und lauschte den Geräuschen der Natur. Man war dabei Gott und der Schöpfung näher. Welches Gefühl der Zufriedenheit befiel einen, wenn man nach der Last der Tagesarbeit am Abend nach dem Füttern der Tiere, bevor man das Wohnhaus betrat, einige Augenblicke auf der Gredn verweilte und in der friedlichen Stille das Atmen des Bauernhofes vernahm. Sogar der Misthaufen kühlte in der lauen Abendluft aus und zügelte dabei seinen eigenartigen Geruch, an den man sich gewöhnt hatte.

Für das Om gab es in der Scheune einen eigenen Platz. Es war wesentlich leichter als die Körner und kam daher beim Dreschen oberhalb derselben zu liegen. Aus diesem Grunde, glaube ich, fand man dafür die Sammelbezeichnung Om (oben). Mit heißem Wasser genetzt abgebrüht, erhielt das Om den Namen „Luada". Die Aufbereitung geschah in einem bottichähnlichen betonierten Netzgründ, der sich hinter der Stalltür befand. Auf das Luada folgte bei der morgendlichen Vorfütterung das „Kleck", das Kornschrot. Von Zeit zu Zeit wurden Lecksteine gegeben. Diese bestanden aus zu Scheiben gepreßtem, mit einem Eisenring umschlossenen Viehsalz. Luada und Kleck dienten zum Ausgleich für das Weidedefizit, welches für die Zugochsen durch ihren Arbeitseinsatz entstand.

Die Hauptfütterung bestand, wie bei den Kühen, aus dem würzigen Wiesenheu, dem Kleeheu oder dem Grummet, dem Heu der zweiten Mahd. Die Fütterung der Ochsen war Sache des Vaters.

Zu den wichtigsten Requisiten in der Scheune eines Bauernhofes gehörten die Reitern. Sie fanden bei allem, was zu reitern, sieben, war, Verwendung. Es gab große und kleine, weit- und engmaschige Reitern. Diese wurden von einer eigenen Zunft, den Reitermachern, angefertigt und auf den Bauernhöfen feilgeboten. „Die Reitermåcher san då", hörte man sie schon von weitem rufen.

Wenn die Bäuerin im Fasching Krapfen buk, wurden diese zum Abtropfen des Fettes in große Reitern gelegt. Faschingskrapfen zählten übrigens zu den Delikatessen auf einem Bauernhof. Ihre Qualität wurde nach dem gleichmäßigen weißen Rand, der sich durch das beidseitige Backen ergab, gemessen. Bei uns waren die Krapfen nicht mit Marmelade gefüllt. In die Reitern konnte man sie deshalb legen, weil diese zu den saubersten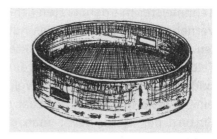

Reiter

Gerätschaften auf den Bauernhöfen zählten. Die Reitern wurden aus Holz gefertigt. Der bis zu einem Meter Durchmesser aus Haselfedern eng- oder weitmaschig geflochtene Boden war auf einer zehn bis zwanzig Zentimeter hohen Holzwand befestigt. Haselfedern sagten die Reitermacher zu den in Streifen geschnittenen Zweigen des Haselstrauches. Man flocht daraus auch Zöger, Taschen, Tragerl und andere Behälter, wie zum Beispiel Schwingerl, das waren flache, kleine, runde Zögerl.

Zu den vagierenden, herumziehenden, Handwerkern, die ihr Erscheinen durch lautes Rufen ankündigten, zählten auch die Hadern- und Fetzensammler, die Rastlbinder und Heferlflicker sowie die Messer- und Scherenschleifer. Etwas herausgehoben fühlten sich die

Sauschneider. Man erkannte sie an den weißen Federn, die ihre Hüte schmückten. Außerdem gab es noch die Bosniaken, Bauchladenträger, deren Erscheinen uns Kinder faszinierte; nicht wegen der Personen sondern der Bauchläden, die ein ganzes Sammelsurium an Dingen enthielten. Wir hätten gerne alles gehabt: Taschenfeitel, Mundharmonikas und vieles mehr. Aber auch Wanderhändler, die Bettzeug und andere Textilien anboten, kamen ins Haus. Einer von ihnen, der in der Gegend angesehene Fuchsjud, machte lukrative Geschäfte.

Um auf unseren Weber zu kommen: Er erwarb kleine finanzielle Zuwendungen sowie Speis und Trank als Musikant, indem er bei einer Familienmusik als Sekundgeiger mitspielte. Instrumentenmäßig paßte er nicht dazu, denn es handelte sich um eine Blechpartie. Was seine Person betraf, stellte der Weber, als Original bekannt, eine Bereicherung für die Musikkapelle dar.

Gab es am Wochenende keine Spielerei, besuchte der stets durstige Mann seine Kunden auf den umliegenden Bauernhöfen, weil er wußte, daß immer ein Krügel Most und eine Jause für ihn bereit standen. Dabei gelang es ihm bei jedem Besuch etwas vorzubringen, was das Bedauern und Mitgefühl der Leute hervorrief, obgleich sich nachträglich herausstellte, daß jede Anteilnahme am Schicksal des verschmitzten Webers fehl am Platze war.

Eines Sonntages kreuzte er mit einer Leichenbittermiene bei uns auf. Jeder glaubte, das schrecklichste Unglück sei ihm widerfahren. „Um Gotteswilln, Weber, wås is denn gschehn?" alterierte sich unsere Mutter, als sie seiner ansichtig wurde. „Hiazt is mei Olte a gstorbn", lamentierte der scheinbar Bedauernswerte und ließ sich völlig teilnahmslos in Richtung Mostkrug, der gefüllt den Tisch zierte, auf die Eßbank in der Küche fallen. „Schenk dir ein, trink amål und tua di sammeln", sagte die Mutter voll Ergriffenheit. Anschließend fragte sie sichtlich betroffen: „Håts recht glittn?" „Dös woaß i net", sprudelte der Schlankl mit vollem Munde hervor, denn es war inzwischen auch eine Speckjause kredenzt worden, „wia i furt bin, håts eh no an weng glebt."

WIE ES FRÜHER EINMAL WAR

Nach Aussage der Mutter, Großmutter und der Lieslmoam muß ich ein recht liebes Kind – welches Kind ist das nicht? – gewesen sein. Leider befiel mich schon frühzeitig eine in unserer Gegend beim Nachwuchs häufig auftretende Krankheit, nämlich die Rachitis. Als Ursache nannten die Ärzte Stoffwechselstörungen, hervorgerufen durch den Mangel an Kalzium und Vitamin D.

Im burgenländischen Kobersdorf ordinierte damals ein Doktor, von dem man sagte, daß er die Rachitis heilen könne. Also packte mich die Mutter eines Tages auf ihren Rücken – es bliesen bereits Herbstwinde über die Felder – und ging mit mir die etwa fünfzehn Kilometer nach Kobersorf. Endloses Warten. Als vorletzter Patient kam ich an die Reihe. Der Arzt untersuchte mich und verordnete dann sein Wundermittel, nämlich Kalziumtabletten. In heißer Milch aufgelöst und von mir trotz Widerstrebens regelmäßig im Flascherl genossen, zeigten sie nach längerer Zeit eine heilende Wirkung. Als Ergänzung erwartete mich täglich ein Löffel Lebertran, den ich noch mehr verabscheute als die Kalziummilch.

Dreimal trat die Mutter mit mir den Weg nach Kobersdorf an. Sie ging dabei über Landsee, vorbei am Pauliberg, auf dem heute noch Basalt gebrochen wird, jenes dunkle harte Ergußgestein, das als Bau- und Beschotterungsmaterial sehr begehrt ist.

Der Pauliberg soll einmal ein Vulkan gewesen sein. Meine Großmutter erzählte mir, als sie noch ein Kind gewesen war, hätten Bauersfrauen vor dem Barbaratag, dem 8. Dezember, Speisen auf den Pauliberg getragen und dort unter Bäumen abgelegt, um damit böse Geister vom Gebrauch ihrer verderblichen Kräfte abzuhalten. Wahrscheinlich schlummerte in den Bauersfrauen die Angst, der Berg könnte wieder einmal beginnen, Feuer zu speien. Noch während des Zweiten Weltkrieges wurde auf dem Pauliberg Lavagestein gefunden. Ein Kollege von mir, dem die Geologie zum Hobby geworden ist, besitzt ein derartiges Relikt.

Jene Abende in der Weihnachtszeit, an denen ich mit unserer Mutter beim warmen Holzofen in ihrem Ausnahmsstübchen saß und sie

WIE ES FRÜHER EINMAL WAR

mir von unserer Kindheit erzählte, bedeuteten mir unendlich viel. Einmal fragte ich sie, woher sie die Kraft genommen habe, mich so weit auf ihrem Rücken zu tragen. Mutter meinte, ihre Freundin, die Hl. Maria, habe ihr dabei geholfen. Draußen heulten Winterstürme. Ging man ins Freie, gefror sofort das Nasentröpferl.

Ja, so waren sie, die Bauersfrauen in der Buckligen Welt. Die Bäuerin wurde mit Frau angesprochen. Mit dem Jawort vor dem Traualtar war ihr weiteres Schicksal besiegelt. Sieben Kinder hatte unsere Mutter geboren und alle zu tüchtigen Menschen erzogen. Dazu kam die tägliche Arbeitslast auf dem Bauernhof. Letztlich fühlte sie sich für alle Menschen, die im Hause und dem dazugehörigen Stübl wohnten, verantwortlich.

Mutter stammte ebenfalls von einer großen Landwirtschaft ab, dem Gullnerhof. Die Situation erforderte es, daß sie schon als Kind den Ernst des Lebens kennenlernen mußte. Als sie Vater als seine Frau heimführte, war Mutter mit allen Tätigkeiten, die ihrer harrten, bestens vertraut. Ihre Arbeit nahm kein Ende. Menschen und Haustiere verlangten auch an Sonn- und Feiertagen ihre Nahrung. Sie war die Seele des Hofes. Der Bäuerin oblag nicht nur die Kocherei, sondern auch die Arbeit und Verantwortung im Kuhstall, verbunden mit der Aufzucht der Kälber. Dazu kamen das Füttern der Schweine und die Betreuung der Ferkel. Die Haustiere, Rinder, Schweine und Hühner, zählten zu den wichtigsten Einnahmequellen und wichtigen Nahrungsspendern auf dem Bauernhof.

Zu den härtesten Arbeiten, die den Weiberleuten, wie man bei uns zu sagen pflegte, vorbehalten blieb, gehörte das Waschen der Wäsche. Auskochen und Rumpeln ging noch an, weil es auf dem Hofe besorgt werden konnte. Waschrumpeln waren damals in ganz Österreich verbreitet und zählten zu den wenigen Behelfen, die dazu dienten, das Waschen zu erleichtern. Sie bestanden im wesentlichen aus einer gewellten Blechplatte, über die die nasse, eingeseifte Wäsche gerumpelt wurde, um so den Schmutz aus dem Wäschestück herauszupressen.

Zum Schwemmen mußte die Wäsche jedoch in das Bründl getragen werden. Das war ein mit einem Holzhäuschen umgebener Ziehbrunnen beim Feuerwehrteich. Schon im Sommer litten die Wäscherinnen an der kalten Temperatur des mit einer Seilwinde emporgezogenen Wassers. Und erst im Winter! Als Folge traten Erkrankungen der Hände und Arme auf. Unschöne Verformungen, aufgesprungene Hautpartien und Gichtknoten verursachten oft anhaltende Schmerzen.

Unsere Mutter verstand derartige Krankheitserscheinungen der Hände zu verhindern. Sie verwendete nämlich als einziges Kosmetikum regelmäßig die Nivea-Creme, die es damals schon gab. Uns Kinder faszinierte daran die wunderschöne Dose, außen blau- und innen silberglänzend. Es gab für uns Buben kein größeres Glück, als den Besitz eines derartigen leeren Behältnisses, in dem man Kugeln zum Kugerlscheiben aufbewahren konnte. Gelegentlich sorgten wir dafür, daß sich der Inhalt der Dose rascher als üblich verringerte und leerte.

An die Ostseite des Hofes grenzte der Bauerngarten, der Stolz der Mutter. Sie pflanzte nicht nur Gemüse sondern auch verschiedene Gewürzpflanzen und Blumen. Im Herbst bot er ein besonders buntes Bild. An der hinteren Seite des Gartens stand ein alter Pflaumenbaum, der nur wenige Früchte trug. Brachte er jedoch welche hervor, waren die von einer auserlesenen Größe und Güte. Ihre blaurotgelbe Farbe leuchtete uns schon von weitem entgegen. Kaum ein anderes Obst konnte sich mit dem Geschmack dieser köstlichen Zwetschkenart messen. Im Herbst dienten die Astern und Stiefmütterchen zum Schmücken des Familiengrabes. Gänseblümchen und Augentrost unterwarfen sich keinerlei gärtnerischer Ordnung. Sie zierten jedes freie Plätzchen. Auch die Wiesen waren von ihnen übersät.

Zwei Gewächse im Garten, auf die mich der Vater aufmerksam machte, umgab die Aura geheimnisvoller Kräfte. Gemeint ist die Krähenbeere und die Bibernelle. Wie sie in unseren Garten gekommen sind, weiß ich nicht mehr. In der Buckligen Welt gehören sie, meines Wissens, nicht zu den Standardgewächsen. Mutter erzählte mir einmal, sie habe in der Schule gelernt, daß auch in unserer Gegend die Pest gewütet hätte. Aus dieser Zeit stamme der Spruch: „Eßt Kranabeer und Bibernell, dann werds ihr sterbn nit so schnell."

WIE ES FRÜHER EINMAL WAR

Auch eine Dornenhecke zierte den Garten. Ihre kleinen, wunderschönen Dornröschen konnte man ob der feinen Stacheln kaum pflücken.

Ich glaube, daß unsere Mutter den Vater sehr gern gehabt hat. Sie sprach oft zu mir von ihm in liebevoller Achtung. Auch Jahre nach seinem Tod blieb er in ihrem Gedächtnis. Wenn sie von ihm erzählte, füllten sich ihre Augen mit Tränen.

Den Begriff Scheidung kannte ich in meiner Kindheit und Jugendzeit nicht. Freilich basierte so manche Eheschließung auf wirtschaftlichen Erwägungen, auch aus Versorgungsgründen für die Frau oder den Mann wurde geheiratet. „Sie werdn sie schon zåmmlebn", hieß es. Es ist durchaus möglich, daß auch irgendwelche Skandalgeschichten unterschwellig in der Bevölkerung dahinkrochen. An die Oberfläche, so daß sie uns Kindern zu Ohren gekommen wären, drangen sie nie. So blieben wir von der Schilderung menschlicher Abgründe und von unflätigen Ausdrücken verschont. Man wußte einfach, was sich gehört.

Im Alter wurde den Bauersfrauen, so auch unserer Mutter, das abgegolten, was sie in ihrem Arbeitsleben an Opfern gebracht hatten. Eingebettet in die Großfamilie, konnten sie ihren Lebensabend im Ausnahmsstöckel, wie man die dem Hausstock angeschlossene Altenwohnung nannte, umsorgt von ihren Lieben, verbringen. In unserem Hause war das so. Den alten Leuten wurde nicht sofort über den Mund gefahren, wenn sie etwas sagten. Die Bäuerinnen in der Buckligen Welt waren Heldinnen in der Sorge um den Hof und die Familie sowie im Ertragen des Alltages bis an ihr Lebensende.

Das Schicksal des Vaters glich jenem der anderen Bauern in unserer Gegend. Er stand, wie viele andere Männer, in der Pflicht des Kaisers, als Soldat am Ersten Weltkrieg teilzunehmen. Allerdings wandelte sich dieser hehre Begriff der Pflichterfüllung dem Herrscher gegenüber spätestens dann in eine Pflicht der Nächstenliebe, wenn es galt, im Kampfgeschehen einem verwundeten Kameraden zu helfen. Eben aus dieser Haltung, vor allem helfen zu müssen, leitete sich der Ausspruch einfacher Menschen ab: „Ich habe meine Pflicht erfüllt."

WIE ES FRÜHER EINMAL WAR

Der Begriff Pflicht hat also in den Seelen der ehrlichen, einfachen Soldaten eine Bedeutungsverschiebung erfahren, die, nach meiner Meinung, von manchen Menschen — bewußt oder unbewußt — nicht erkannt wird.

Keine Armee der Welt ist imstande, ihre Aufgaben, gleichgültig, ob im Dienste des Friedens oder von Kriegstreibern befohlen, mit Drückebergern, Deserteuren, Feiglingen oder Weichlingen zu lösen. Daher sind die Erfolge der kaiserlichen Armee im Ersten Weltkrieg in hohem Maße auf die unzähligen einfachen Soldaten, deren Genügsamkeit, Belastbarkeit und Tapferkeit zurückzuführen; gleichgültig, ob ihre Verwundung oder ihr Untergang bevorstanden, Befehl war Befehl.

In diesem Heer der einfachen Soldaten des alten Kaisers zeigten sich noch die in unserer Zeit längst vergessenen Kardinaltugenden, wie sie einst Platon in der Antike beschrieben hat, nämlich Weisheit, Gerechtigkeit, Tapferkeit und Besonnenheit, verbunden mit den theologischen Tugenden Glaube, Hoffnung und Liebe. Daß diese ehrliche Grundhaltung oft durch Befehlsgewalt mißbraucht wurde, steht außer Zweifel.

Mein Vater erzählte mir einmal von einem derartigen Mißbrauch durch Sadisten und Psychopathen. Er sei Zeuge gewesen, wie ein Korporal zwei Pferdeburschen, einfache vom Lande stammende Soldaten, in den Freitod getrieben hatte.

Das kam so: Eines Morgens, an dem alle noch schliefen, steckte der Korporal in die Weichteile der Vorderhufe von zwei Offizierspferden je einen Hufnagel, die beim Auftreten den Tieren arge Schmerzen bereiteten. Wenn nun die Pferde von den Burschen zum Ausreiten vorgeführt werden sollten, waren sie nicht zu halten. Die Schuld an dieser Misere wurde den Pferdeburschen und deren Ungeschicklichkeit im Umgang mit den Tieren zugeschrieben. Obwohl sie die Ursache für das irre Verhalten der Pferde bald ergründen konnten, begingen sie Selbstmord. Hätten sie ihren Vorgesetzten dieser teuflischen Tat bezichtigen sollen? – Undenkbar!

WIE ES FRÜHER EINMAL WAR

Unser Vater diente bei der Infanterie, die im Krieg großen Gefahren ausgesetzt war. Was er mit seinen Kameraden erleben und erleiden mußte, ist kaum vorstellbar. Vor allem die Teilnahme an den Isonzoschlachten in Italien, es gab von 1915 bis 1917 deren zwölf, zog unvorstellbare Entbehrungen und Belastungen nach sich. Scheinbar gesund nach dem Kriege nach Hause zurückgekehrt, hatten die erlittenen Strapazen die körperliche Substanz derart geschädigt, daß die Heimkehrer kaum mehr als das siebzigste Lebensjahr erreichten.

Der Bauer in der Buckligen Welt, so auch unser Vater, war geprägt von der Landschaft und den Lebensbedingungen, die er in ihr vorfand. Gewissenhaft und arbeitsam war er auf dem Hof der bestimmende Faktor. Er teilte die Arbeit ein und wies sich dabei selbst den schwierigsten Teil zu. Er war in der Früh der erste im Stall und sorgte dafür, daß man nicht zurückhauste und daß der Hof lebensfähig blieb. Mancher Bauer rackerte sich im wahrsten Sinne des Wortes zusammen, das heißt, er arbeitete, ohne auf seine Leistungsfähigkeit und Gesundheit Rücksicht zu nehmen.

Privilegien gab es für unseren Vater kaum, außer, daß die Mutter, von den Hausgenossen unbemerkt, auf ihn schaute, das heißt, ihm unaufdringliche Fürsorglichkeit zuteil werden ließ. An Sonntagen nahm sich der Vater, wie auch viele seiner Standesgenossen, das Recht heraus, nach der Messe im Gemeindewirtshaus einen Teller Kuttelfleck zu essen und ein Viertel Wein zu trinken. Kuttelfleck war damals die billigste Speise. Es handelte sich dabei um einen wie Beuschel zubereiteten Rindsmagen. Im Wirtshaus konnten Erfahrungen ausgetauscht und Produkte oder Tiere angekauft oder verkauft werden. Jeder Handel wurde mit Handschlag besiegelt. Auch ein Notariatsakt hätte keine größere Rechtssicherheit gewährt, als eine derartige Abmachung unter Bauern.

Mit dem Mittagessen wurde auf den Vater gewartet. Er begann das Tischgebet zu sprechen, in das alle einstimmten: „Was uns gesetzt wird auf den Tisch, gesegns der liebe Vater, Jesu Christ. Herr, speise uns zu aller Zeit mit Deinem Wort zur ewigen Freud und Seligkeit.

WIE ES FRÜHER EINMAL WAR

Mein lieber Gott, Du wirst uns geben, nach dieser Welt das ew'ge Leben. Amen."

Vater brachte einige Relikte aus dem Krieg nach Hause. Uns Buben faszinierte ein besonders langer Säbel, den Vater bei seinem Bette aufbewahrte. Im Winter erwiesen sich die Wickelgamaschen als sehr brauchbar, weil sie die Beine wärmten. Sie wurden bei den Schuhbandmaschen eingehängt, dann bis unterhalb der Kniegelenke um die Beine emporgewickelt und letztlich mit einem Band dort befestigt. Mein Bruder und ich stritten um das Recht, sie tragen zu dürfen.

Eines Tages, wir Kinder waren alleine zu Hause, durchstöberten wir die Stube, das Schlafzimmer der Eltern. Da stand nämlich, umgeben von einer Bank, ein mächtiger Holztisch, dessen Tischplatte nach vor und zurück zu verschieben war. An der hinteren Seite kam eine Lade zum Vorschein, in der Vater seine persönlichen Dinge, Andenken und kleine Habseligkeiten, aufbewahrte. Darunter befand sich eine Tapferkeitsmedaille. Wir wußten zwar davon, hatten sie aber bisher nicht zu Gesicht bekommen. Von dieser Kriegsauszeichnung erzählte Vater eines Abends, an dem er, was öfter vorkam, von dem einen oder anderen Schulkameraden besucht wurde. Wir Kinder liebten derartige Zusammenkünfte, weil sie für uns außergewöhnliche Ereignisse darstellten. Mit offenen Mündern lauschten wir den Erzählungen der Männer. Im Mittelpunkt standen Kriegserlebnisse, Jugendstreiche und Schilderungen früherer Verhältnisse und Zeiten. Mutter sorgte für Speis und Trank und dafür, daß die Männer nicht gestört wurden.

Die vordere Tischlade gehörte der Mutter. Auch sie barg so manche Überraschung in sich. Zum Beispiel die geheimnisvolle, in Stanniolpapier gewickelte, Windmühle, mit der es folgende Bewandtnis hatte: Weihnachtsbescherungen fielen in unserer Kindheit und Jugendzeit, zum Unterschied von heute, sehr spärlich aus. Den Christbaum zierten Äpfel und Nüsse, selbstgebackene Kekse und in weißes Seidenpapier, dem Zuckerlpapier, gewickelter Würfelzucker. Auf unserem Baum hing alljährlich in den oberen Astregionen die Windmühle. Leider mußten wir diese, wenn wir den Christbaum nach dem 6. Jänner abräumten, immer der Mutter geben, die sie dem Christkind zurückzuschicken hatte. Sollten wir dies nicht tun, würden wir im kommenden Jahr keinen Weihnachtsbaum erhalten.

Bei einer Erforschung des Elternschlafzimmers, wir waren gerade dabei, die Tischlade der Mutter zu untersuchen, fiel uns die Windmühle in die Hände. Du meine Güte! Wie konnte das geschehen, hatte Mutter vergessen, sie nächtens dem Christkind ins Fenster zu legen? Derartige Gedanken hielten nicht lange an. Neugierde befiel mich, wie die Windmühle schmecken würde, wenn man sie auswickelte. Ich konnte schließlich meine Begierde nicht mehr unterdrücken, vergaß völlig die Warnung der Mutter und begann das Stanniolpapier von dem Schmuckstück zu kletzeln, also mühsam abzustreifen. Zum Vorschein kam eine graue, trockene Masse. Der Vater hatte einmal gesagt, das Schmuckstück bestünde aus Schokolade. Kosten, kosten, hämmerte es in meinem Kopf. Ich brach ein Stück ab, steckte es in den Mund, spuckte es jedoch bald wieder in weitem Bogen aus. So etwas Grausliches kannte ich bislang nicht. Zu dem ekelhaften Geschmack gesellten sich Gewissensbisse. Was hatte ich angestellt! Mir wurde bewußt, daß meine Missetat das Christkind schwerstens beleidigt haben mußte. Die Strafe würde allerdings erst zu Weihnachten wirksam werden. Dann würde unsere Familie ohne Christbaum dastehen. Verständlich, daß mich wochenlang Alpträume plagten. Mit der Zeit jedoch verblaßten diese. Andere starke Eindrücke, wie sie das Leben auf einem Bauernhof mit sich brachten, erfüllten mein Gemüt.

Am Tage des Heiligen Abends stand die ganze Misere wieder vor mir. Der Lieslmoam blieb mein Zustand nicht verborgen. „Wås håst denn, Bua", sprach sie mich anteilnehmend an, „tuat dir wås weh?"

Ich war den Tränen nahe. Als die gute Seele mittags in den Kuhstall ging, um mit dem Melken zu beginnen, trippelte ich nach und erzählte ihr meinen Kummer. In ihrer mütterlichen Art fand sie sofort Trostworte und meinte, ich solle an das Abendgebet andächtig drei „Gegrüßet seist Du, Maria" anschließen, das würde helfen. Und wirklich, es hat geholfen. Eines so schönen Weihnachtsbaumes wie in diesem

WIE ES FRÜHER EINMAL WAR

Jahr erfreuten wir uns schon lange nicht. Auf der obersten Astreihe prangte als Ersatz für die Windmühle eine in Goldpapier gewickelte Beißzange. Sie bestand aus einem rechteckigen Täfelchen Schokolade, aus dem sich die Konturen der Zange deutlich heraushoben.

Noch etwas seltsam Geheimnisvolles gab es in der Schlafstube der Eltern, nämlich ein Mauerkastel. Hinter der Stubentür versteckt, beherbergte es Sachen von besonderem Wert. Unseren Einbruchsbemühungen hielt es deshalb stand, weil es mit einer eisernen Türe versehen war. Mir gelang es eines Tages, in das Kastel einen Blick hineinzuwerfen. Der Vater öffnete es in meiner Gegenwart, um einige Geldscheine herauszunehmen. Dabei bemerkte ich, daß unter einem Stapel von Schriften ein Revolver hervorlugte. Wahrscheinlich hatte er ihn vom Krieg heimgebracht. Mit so etwas Gefährlichem wollten wir nichts zu tun haben, also bemühten wir uns, das Kastl zu vergessen.

Kaum daß ich laufen konnte, befiel mich eine scheinbar bedrohliche Krankheit. Der Arzt, ein sehr seltener Gast in unserem Hause, wies mich in das Wiener Neustädter Spital ein. Es handelte sich um eine Mandelentzündung. Meine Mandeln wurden herausoperiert.

Mit etwa vier Jahren gab ich den Eltern neuerlich Anlaß zur Sorge. Die Mutter schickte sich an, mit dem um diese Zeit in Verwendung stehenden Stoglbügeleisen zu bügeln. Das Stoglbügeleisen, der Form nach einem heutigen Bügeleisen ähnlich, nur klobiger, bestand aus einer eisernen Hülle mit Holzgriff und dem Stogl, einem Eisentrumm in der selben Form, nur etwas kleiner als die Hülle. Der Stogl, abgeleitet von dem Wort Stahl, wurde in der Glut des Küchenherdes zum Glühen gebracht. In die Eisenhülle geschoben, spendete er die zum Bügeln notwendige Hitze. Mutter legte nun den glühenden Stogl für eine Minute auf die Herdplatte, um schnell das Bügeltuch auf den Küchentisch zu breiten. Angelockt von dem rot leuchtenden Eisen, lief ich zum Herd und schon klebten drei Finger meiner rechten Hand, der kleine, der Ring- und mittlere Finger, auf dem eisernen Eingeweide des Bügeleisens. Auf meinen Schmerzensschrei stürzte die Mutter herbei und befreite mich aus der furchtbaren Lage. Sie rief sogleich, wie bei Unglücksfällen üblich, die Lieslmoam zu Hilfe. Nach Begutachtung der Brandwunden beschlossen die Frauen, auch die Lenamoam zu kontaktieren. Diese arbeitete gerade auf dem Hofe und stand plötzlich, so als ob ihr das Unglück zhigånga wäre, sie es gespürt hätte, in der Küche. Ohne in das herrschende Lamento einzustimmen, begutachtete sie die Verletzung und meinte dann beruhigend: „Måchts koa Gseres", Gejammer, „då brauch ma koan Dokta, des heil ma söwa."

Schon wieselte sie aus dem Hause in Richtung Stübl, wo sie mit ihrem Mann, dem Luisvejda, wohnte, um selbstgemachte Tinkturen und Salben zu holen. Sie betupfte zunächst die Wunden mit einer Tinktur, trug dann Salbe auf und umwickelte schließlich die Hand mit einem sauberen Leinentüchlein. „Hiazt, jetzt, kimmst du drån", sagte dann die Lena zur Liesl. „A krånke Seel, a krånka Kopf, a krånks Gedärm, a krånks Gebein, da Herrgott soll dein Beiståmd sein", begann die Angesprochene, um sodann mit einem „Gegrüßet seist Du, Maria" auch die Hilfe der Muttergottes zu erbitten. Darauf folgte der Heilspruch: „Da Bluatstock geht durch Mårk und Bein, durch Fleisch und Bluat, a Diab, a Diab, a Diab." Dabei massierte sie meinen Unterarm zum Handrücken hin, nicht ohne den himmlischen Beistand immer wieder durch verschiedene Gebete herbeizurufen. Heute weiß ich, daß durch die Massage die Blutzirkulation angeregt worden ist, die zur Heilung beigetragen hat.

Mich verwundert, wenn ich so zurückdenke, der kindliche Glaube an die Güte des Allmächtigen, an den Beistand der Heiligen und an die Mutter Gottes nicht. Wohin hätten sich denn die Menschen dieser prachtvollen, jedoch damals verlassenen Gegend in ihrer Not auch wenden sollen?

Der Schilling war in den Dreißigerjahren zwar von hohem Wert, bei uns aber sehr gluach, rar. Es gab kein Lagerhaus. Wie die Bauern ihre Produkte, Getreide, Milch und Fleisch, absetzen konnten, ist mir heute noch ein Rätsel. Ich weiß, daß davon die Rede war, die Städter würden nur mageres Schweinefleisch bevorzugen. Wie die Bauern die Fütterung abstimmen sollten, um solches produzieren zu können, sagte ih-

WIE ES FRÜHER EINMAL WAR

nen niemand. Einmal in der Woche holte die Stadthandlerin, eine Frau mittleren Alters, mit einem Buckelkorb Eier und Butter vom Hofe ab, um diese Lebensmittel nach Wiener Neustadt auf den Markt zu bringen. In Kirchschlag gab es zwar eine Molkerei, deren Einzugsgebiet reichte jedoch nicht bis in unsere Region.

Fremdenverkehrsbetriebe im heutigen Sinne existierten in der Buckligen Welt kaum, ausgenommen in Kirchschlag, da warteten zwei schon damals renommierte Hotels auf ihre Gäste. In unsere Gegend verirrte sich nur ganz selten ein Sommerfrischler und wenn, logierte er in einem Zimmer einer Kleinhäuslerfamilie. Wirtshäuser wurden meistens auch nur an Sonntagen von einheimischen Gästen aufgesucht. An manche Gasthäuser war eine Fleischhauerei angeschlossen.

Von den vier Greißlern in meiner Heimatgemeinde brachten es zwei zu beträchtlichem Wohlstand. Sie waren irgendwann von der Stadt zugezogen. Einer davon ist mir bis heute in unguter Erinnerung: Der Vater fuhr eines Tages mit einem Ochsengespann nach Wiesmath. Ich bekam nach längerem Benzn die Erlaubnis, mitzufahren. Benzn bedeutet hartnäckig bitten und geht auf das althochdeutsche bensjan, flehen, zurück. Auf der Heimfahrt wurden wir von einem Kaufmann angehalten: „Kloarätbauer, i gib dir an Såck Fischmehl für deine Schweindl mit. Zåhlst hålt, wånnst a Göld håst." Vater wollte das nicht, denn er wußte, was daraus entstehen konnte. Während des Diskurses seines Chefs mit dem Bauern, warf der Greißlergehilfe zwei Säcke Fischmehl auf den Wagen. Durch das vertraute Geräusch, der Wagen ist beladen, zogen die Ochsen an. Ohne bemerkt zu haben, was sich inzwischen ereignet hatte, lief uns der Vater nach. Zu Hause angekommen, schlug die Mutter die Hände über dem Kopf zusammen. „Wer wird dås zåhln?" seufzte sie. Erst jetzt bemerkte der Vater, was ihm widerfahren war. Über den Wert des Kraftfutters, das einzige, das es bei uns zu kaufen gab, bestand kein Zweifel.

Auf dem Hof wuchsen damals zwanzig Frischlinge, junge Mastschweine, heran, die, wie manche Fleischhauer meinten, durch die Beigabe des Fischmehles weniger Fett sondern mehr kerniges Fleisch ansetzen würden. Freilich, das Unglück blieb nicht aus. Einige Tage später bemerkte die Mutter bei den Schweindeln eine Veränderung. Sie verschmähten das Futter und zeigten Flecken auf ihrer Haut. Nachdem der Vater, die Großeltern und die anderen Hausgenossen die Tiere begutachtet hatten, gab es an der Diagnose keinen Zweifel mehr: Rotlauf! Beim Rotlauf handelt es sich um eine sehr gefährliche, durch ein Bakterium hervorgerufene, Infektionskrankheit. Sie befällt Schweine im Alter von drei Monaten bis zu einem Jahr. Schon am nächsten Tag lagen mehrere tote Frischlinge in den Ställen. Während sie die Männer auf einen Ochsengoam, Karren, luden, um sie auf ein brachliegendes Feld zu bringen und dort zu vergraben, standen die Weiberleute auf der Gredn, dem rampenartigen Hauseingang, und weinten.

Und noch jemand gesellte sich plötzlich zu den Frauen: der Fischmehlkaufmann. „Furchtbår, furchtbår, a so a Unglück, wås oam då betrifft", jammerte er, „is da Bauer då? I kemmat nämli um mei Göld fürs Fischmehl. Wånn ers nit håt, braucht er nur an Zettel untaschreibn und mir ihn morgn bringan." Er überreichte der Mutter das Papier und verschwand mit dem Bemerken, daß es ihm ansonsten leid täte, die Schuld auf dem Rechtswege eintreiben zu müssen. Auf dem Zettel stand, der Vater verfüge durch seine Unterschrift, daß der Betrag, dessen Höhe ich nicht mehr weiß, im Grundbuch auf eine bestimmte Grundparzelle einverleibt werden solle. Doch so weit kam es gottlob nicht. Ein Onkel borgte uns das Geld, und der Kaufmann war fast ein wenig enttäuscht, daß die Schuld bar beglichen werden konnte.

Im Jahre 1934 trat ich in die Volksschule in Hollenthon ein. Damals dreiklassig, wirkten dort ein Oberlehrer, ein weiterer Lehrer und ein Fräulein. Dieses unterrichtete die Grundstufe im ersten und zweiten Schuljahr, der Lehrer die Mittelstufe, also das dritte und vierte Schuljahr, und der Oberlehrer unterrichtete die Oberstufe vom fünften bis zum achten Schuljahr.

Zu dieser Zeit schrieben wir noch mit einem Griffel auf einer Schiefertafel, deren Größe dem heutigen DIN-A4-Format entsprach.

WIE ES FRÜHER EINMAL WAR

Während sich auf der einen Seite der Tafel Zeilen befanden, diente die zweite leere Seite dem Rechnen. Die Schiefertafel umgab ein Holzrahmen. Das Geschriebene konnte mittels eines nassen Schwammes, der am rechten oberen Rand an einer Schnur hing, wieder gelöscht werden.

Je nach Größe des Dorfes umfaßten die Volksschulen damals in unserer Gegend eine bis vier Klassen. Die Lehrer galten als Meister ihres Faches, denn in einer Klasse befanden sich bis zu vier Schulstufen. Als sogenannte Einklassler hatten sie sogar acht Schulstufen im Abteilungsunterricht, das heißt in einer Klasse, zu unterrichten. Der Oberlehrer war neben dem Pfarrer und dem Doktor, wenn es einen solchen gab – gemeint sind damit Arzt und auch Tierarzt –, die höchste geistige Instanz des Ortes. Dem Oberlehrer stand eine Dienstwohnung in der Schule zur Verfügung. Lehrerinnen und Lehrer logierten privat oder in einem Gasthaus, manchmal auch in einem leeren Kammerl des Schulgebäudes, wenn eines vorhanden war. Zu der Lehrerin sagten die Leute Fräulein. Sie war meist ledigen Standes und galt als Beispiel für Reinheit, Tugendhaftigkeit und Frömmigkeit.

Die Schule bildete neben dem Dorfwirtshaus ein Kommunikationszentrum. Ihre Aufgabe sah sie nicht bloß in der Erziehung und Wissensvermittlung, denn fast gleichwertig daneben stand ihre gemeinschaftsbildende Funktion durch die Organisation von Festen und Feiern sowie die Mitwirkung bei öffentlichen Veranstaltungen. Damit trug sie ganz wesentlich zur Erhaltung einer lebendigen Dorfgemeinschaft bei. Der Schulleiter besorgte auch die Geschäfte eines Gemeindesekretärs. Ebenso wichtig war seine Tätigkeit als Organist in der Pfarre. Viele Dorfbewohner holten sich bei ihm Rat und Hilfe, besonders wenn es darum ging, amtliche Schriftstücke, Eingaben oder Ansuchen abzufassen.

Elternvereine gab es damals nicht. Trotzdem bestand ein sehr enger Kontakt zwischen Elternhaus und Schule, weil die Lehrer jede Familie und deren Verhältnisse kannten. Unabkömmlich für den Schulbetrieb war auch die Frau Oberlehrer, die Gattin des Schulleiters. Als gute Seele des Hauses wirkte sie im Stillen. Sie wußte manchem Kinde hilfreich zur Seite zu stehen, kurierte kleine, im Laufe des Unterrichtes auftretende Wehwehchen, und sie schaltete sich dann ein, wenn häusliche Unglücksfälle einer besonderen Hilfe bedurften.

Manche dieser Schulmänner in den Dörfern erlangten auf bestimmten Gebieten sogar wissenschaftliche Kompetenz. Jedenfalls zählten sie damals zu den universell gebildetsten Menschen in ihrem Wirkungsbereich. Mangels anderer Möglichkeiten, ihre Freizeit zu nützen, konnten sie ihren Interessen ungestört nachgehen. So finden wir unter ihnen Geologen, Botaniker, Zoologen, Historiker und andere Gelehrte von Format. Ich kannte einen, der brachte es bis zum Lehrbeauftragten für Bienenkunde an der Naturwissenschaftlichen Fakultät der Universität Wien.

Meine Volksschulzeit empfand ich als einmaliges Erlebnis. Sie öffnete besonders uns Landkindern das Tor in eine neue Welt. Jeder Tag brachte andere Überraschungen. Bis jetzt kannten wir wohl die Natur, Tiere, Pflanzen, Sträucher, Felder, Wiesen, den Bauernhof mit seinen vielen Geheimnissen und den so wichtigen Misthaufen inmitten des Hofes. Uns faszinierte der Wald, in dem wir täglich ein Stück Weges in die Schule wanderten. Wir begegneten den Waldbewohnern, dem Reh, dem Fuchs, dem Marder, den Eichhörnchen und den großen fleißigen Waldameisen. Schon morgens genossen wir, sozusagen als zweites Frühstück, die köstlichen Waldfrüchte, die Heidelbeeren, Himbeeren und Brombeeren, deren Geschmack anscheinend den in Pflanzenbetrieben gezüchteten Früchten abhanden gekommen ist.

Heidelbeerkamm

An einem warmen Sommertag saßen wir Geschwister mit Nachbarskindern in unserem Krautgarten. Als Krautgarten bezeichneten wir eine an der Ostseite des Hofes gelegene, mit Obstbäumen bestandene Wiese, auf der früher einmal Kraut angebaut wurde. Den Garten umzäunte eine in unserer Gegend gebräuchliche Einfriedung, das Ko. Zwei Rundlinge, Holzpfähle, wurden zugespitzt und in einer Entfernung von etwa zwanzig Zentimetern nebeneinander in den Boden geschlagen. Zwei maschenförmige Verbindungen aus biegbaren Zweigen, eine oben und eine unten, sorgten dafür, daß die Pfähle nicht auseinandertrifteten. Auf die Maschen zweier solcher Gebilde wurden nun in der Länge ihrer Abstände Holzstangen gelegt, eine oben und eine unten. Auch Wege für den Viehtrieb wurden mit einem Ko eingezäunt. Schon im frühen Mittelalter errichteten Wachtposten zu ihrem Schutze auf so ähnliche Weise Verhaue. Sie nannten derartige Anlagen Khoa. Es gibt in Wiesmath heute noch Flurnamen, die auf derartige Anlagen hindeuten.

Zu den beliebtesten Kinderspielen zählte das Nachlaufen, das Drittabschlagen, das Schneider, Schneider, leih mir d'Scher, das Tempelhupfen und das Kugelscheiben sowie das Roafaltreibn. Wenn wir einen Ball besaßen, konnten wir Völkerball spielen. Als Grenzen dienten Obstbäume, die im Krautgarten zwei brauchbare Felder markierten.

Einmal rief plötzlich die Rosl vom Nachbarhaus: „Då fliagt a Zigarrn!" Wirklich, so etwas hatten wir noch nicht gesehen. Sofort riefen wir nach der Mutter: „Mutter, Mutter, då fliagt a Zigarrn, die glänzt gånz silbrig!" Durch das Schreien herbeigelockt, kam nicht die Mutter, sondern die Großmutter. Sie betrachtete zunächst das seltsame Ding, welches da in der Luft in großer Höhe dahinzog. „Sowås håb i a no nia gsehgn", meinte sie besorgt, „wånns obakemma sollt, duckts enk." Damit hat sie jenen Rat erteilt, der bei jeder Gefahr von oben herab gegeben wurde. Am nächsten Tag las es der Großvater in der Zeitung: Ein Zeppelin flog von Berlin nach Graz.

Eine besonders begehrte Freizeitbeschäftigung für uns Kinder bildete das Anfertigen von Krautochsen. Dazu bedurfte es zweier ziemlich starker Strünke von Krautblättern, die in einer Länge von etwa fünfzehn Zentimetern zugeschnitten und vom Bludscha befreit wurden. Mit dem Wort Bludscha meinten die Leute die Blätter von Rüben, Kraut, aber auch das Unkraut. An der verdickten runden Vorderseite klebten die Strünke am Mittelstamm des Krauthäuptels. Wir sahen die Verdickung als den Kopf eines Ochsen an und die links und rechts vorragenden Ecken als dessen Hörner. Nun bedurfte es noch des Joches, um die Tiere einspannen zu können. Dazu verwendeten wir ein Holzstäbchen, das, etwa zehn Zentimeter lang, durch die Kopfansätze der Ochsen gesteckt werden mußte. In der Mitte des Joches banden wir die nach hinten reichende Deichsel fest, setzten eine kleine aus Baumrinde gefertigte Truhe darauf, und das Werk war vollendet.

Im großen Hof lag an einer etwas versteckten Stelle ein kleiner Haufen feinen Sandes. Von diesem transportierten wir mit unserem Krautochsengefährt, indem wir es vor- und rückwärts schoben, kleine Häufchen in eine freie Ecke des Hofes. Dabei gebrauchten wir Fuhrmannsausdrücke für Ochsengespanne.

Eines Tages, ich besuchte die erste Schulstufe der Volksschule, brachte der Herr Oberlehrer einige Zeitungen in die Klasse. Es handelte sich um Extraausgaben anläßlich der Ermordung des Bundeskanzlers Dr. Engelbert Dollfuß am 25. Juli 1934. Wahrscheinlich waren die Zeitungen am Schulbeginn den Direktionen übermittelt worden. Bei uns daheim war zwar auch über das traurige Ereignis gesprochen worden, jedoch hatten wir Kinder keine Notiz davon genommen. Nun ließ die Frau Lehrerin die Tragödie nochmals vor unseren Augen abrollen, indem sie die Bilder vom aufgebahrten Bundeskanzler zeigte und den Text dazu erläuternd vorlas. Mir blieben bis heute die Worte des Großvaters in Erinnerung, der, als ich ihm davon erzählte, meinte: „Uns steht no vül bevor."

Es gibt im Leben eines Kindes viele neue Eindrücke und Überraschungen, sodaß der Zeitbegriff eine andere Dimension erhält als im Alter. Für mich bedeutete die erste Begegnung mit einem Buche ein derartiges Ereignis. Damals bestimmte die sogenannte synthetische Methode den Unterricht in der Volksschule. Das heißt, man lernte in der ersten Schulstufe zunächst die Buchstaben des Alphabetes und setzte diese dann zu Silben und Wörtern zusammen. Eine gute Hilfe dabei bildeten die Lautgeschichten. Solche Lautgeschichten enthielt ein Buch, das uns die Lehrerin zeigte. Die Ableitung eines Lautes erfolgte von einer Zeichnung, zum Beispiel: Apfelbaum – Apfel – A.

WIE ES FRÜHER EINMAL WAR

Als ich das Buch in die Hand bekam, das Fräulein ließ es durch die Bankreihen gehen, brach ich in Entzücken aus. Das beeindruckte unsere Lehrerin derart, daß ich das Buch für drei Tage mit nach Haus nehmen durfte. Es enthielt von Bildern abgeleitete Lautgeschichten, begleitet von einem Sprüchlein. Nach dem Abendessen las mir unsere Dirn, die Annerl, aus dem Büchlein vor. Die Annerl, ein sehr gescheites Mädchen, was für eine Saudirn ungewöhnlich war, mußte aus finanziellen Gründen den Besuch einer Mittelschule in Wiener Neustadt abbrechen und in den Dienst gehen. Sie sprach französisch, konnte gut rechnen und besaß aus heutiger Sicht eine respektable Allgemeinbildung. Ihr verdankten wir Kinder sehr viel. Mich lehrte sie, um ein Beispiel zu nennen, das Dividieren, das ich in der Schule nicht begriffen hatte.

Zu den wichtigsten Speisen zählten die Einbrennsuppe und die Milchsuppe. Sie bildeten das Frühstück und das Abendessen. Am Abend gab es zur Milchsuppe den obligaten Erdäpfelsterz, Grumbirnsterz – abgeleitet von Grundbirne. Gelegentlich kredenzte die Mutter am Abend auch eine Brotsuppe. Ausgspertes, hartes, Brot, mit Zwiebeln angeröstet und heißem Wasser aufgegossen, dazu ein bißchen Salz, bildeten die Ingredienzien der Brotsuppe. Wir Kinder verschmähten sie, wo es nur ging.

Sagte uns eine Speise nicht zu, ernährten wir uns vom Schmalz- oder vom Butterbrot. „Wås' uns im Mågn nit gloap håt", war der glundene Sterz, ein mit Milch vermengter, gerösteter Mehlschmarrn. Dem Mehlschmarren entflohen wir mit allen möglichen Ausreden. Gloapt ist ein Dialektausdruck für gelitten. Eine gängige Redewendung hieß: „Ollas, alles, wås in Mågn nit gloapt, wird nåchn Essen außa gschwoabt." Mit einem Glas Most versteht sich.

Nach dem abendlichen Melken mußten wir Kinder die Milch abtreiben. Das geschah in der sogenannten Milchmaschine, einer Zentrifuge, die, mit einer Kurbel in Bewegung gesetzt, den Rahm von der Milch trennte. Die Milchmaschine zählte zu den wenigen maschinellen Hilfsmitteln, die sich Bauernhöfe in den Dreißigerjahren leisteten. Der

WIE ES FRÜHER EINMAL WAR

Rahm wurde in irdenen Töpfen aufbewahrt und, wenn er sauer geworden war, im Butterfaß zu Butter verrührt; auch eine Tätigkeit für die Kinder. Die Großmutter kannte noch keine Zentrifuge. Sie hat den Rahm von der Milch abgeschöpft.

Als Arbeitswerkzeuge am meisten gebraucht wurden die Hände und Füße der Menschen. An Bewegungsmangel litten sie nicht. Die einfache, fettreiche Kost gab den Leuten Kraft und Ausdauer. An dem nahrhaften Schweineschmalz herrschte kein Mangel. Zur Jause wurden Speck, Brot und das Nationalgetränk, der aus Äpfeln und Birnen, den sogenannten Holzäpfeln und den Scheiberbirnen, gepreßte Most gereicht. Wir Kinder mußten den Leuten auf dem Felde vormittags und nachmittags die Jause nachtragen. Den Most füllte die Mutter in einen Plutzer, das war ein bauchiges, irdenes Gefäß. „Kinder, gehts d'Jausn nåchtrågn!" rief die Bäuerin.

Butterfaß

Wurde ein Schwein geschlachtet, reservierte die Bäuerin eine Tese, hölzerner faßähnlicher Behälter mit einem Deckel, Schmalz für vagierende Leute, Zigeuner und andere. Der Vater stellte im Herbst ein Faß Most bereit. Jeder, der auf unseren Hof oder auf andere Höfe kam und Hunger litt, erhielt Brot, einen Löffel Schmalz und ein Krügel Most.

Daß die Zigeuner das Volk der Roma und Sinti bilden, haben wir damals nicht gewußt. Bei uns gehörten sie zum täglichen Leben, denn sie besuchten uns nahezu jeden Tag. Wir betrachteten sie als unruhige, wanderlustige Menschen. Gut in Erinnerung ist mir eine Zigeunermutter mit ihren fünf kleinen Kindern. Manchmal übernachtete sie auch bei uns, vor allem dann, wenn es draußen kalt zu werden begann. Unsere Mutter und die Lieslmoam versorgten die Kleinen. Als Nachtlager diente meistens ein leerer Viehstand im Stall. Da war es warm und heimelig. Manchmal schliefen sie in der Streuhütte, einer

WIE ES FRÜHER EINMAL WAR

nach vorne offenen Scheune, in der die Streu, das aus den Waldnadeln bestehende Einstreugut für die Tiere, gelagert wurde. Die Zigeunermutter grub ihre Kinder bis zum Kopfe in die Streu ein, weil es da besonders warm war. Die Köpfe vermummte sie mit Tüchern.

Gelegentlich beehrte das Dorf eine Zigeunersippe mit einem Planenwagen, der von einem dürren Pferd gezogen wurde. Für uns Buben bedeutete das ein Abenteuer. Die Zigeuner biwakierten im Walde. Wenn die Dunkelheit einbrach, schlichen wir dann wie Indianer an, um die Zigeuner zu beobachten: Die Kinder schliefen bereits, Männer und Frauen saßen um ein Lagerfeuer. Sie unterhielten sich oder sangen, nach der Melodie zu schließen, wehmütig berührende Lieder. Leider verstanden wir ihre Sprache nicht. Dem Volk der Zigeuner ist es in bewundernswerter Weise gelungen, seine Sprache und Kultur bis heute zu erhalten. Seit dem 16. Jahrhundert wurden sie verfolgt und für vogelfrei erklärt. Weder Maria Theresia noch ihrem Sohn Kaiser Josef II. gelang es, die Zigeuner seßhaft zu machen. Auch diesbezügliche Versuche der russischen Zarin Katharina II. scheiterten. Das lernten wir in der Schule, auch, daß die Zigeunersprache ein indischer Dialekt sei, was wieder darauf hindeutet, daß sie zur Zeit der indogermanischen Wanderung, also einige tausend Jahre vor Christi Geburt, in Europa eingewandert sind.

An die Volksschulzeit erinnere ich mich gerne zurück. Frühmorgens von der Lieslmoam, später der Mirzl, oder der Mutter geweckt, schlüpften wir in das Ruderleibchen und die kurze schwarze Klothhose, eine Hose aus Baumwollgewebe, und marschierten Richtung Hollenthon. Dabei ergab sich die Möglichkeit, den Weg ein Stück durch den Wald zu nehmen. So tankten wir schon vor dem Unterricht die würzige Waldluft der Nadelbäume.

Am Straßenrand standen Telegraphenmasten und in bestimmten Abständen als Sicherheitseinrichtungen sogenannte Parierstöcke aus Holz, nicht senkrecht sondern ein bißchen zum Straßengraben geneigt. Sowohl die Telegraphensäulen als auch die Parierstöcke verwendeten wir Kinder dazu, den Schulweg abwechslungsreicher zu gestalten. Die Abstände zwischen den Telegraphensäulen maßen wir mit der Anzahl von Schritten. Daran konnten auch die Mädchen teilnehmen. Die schiefgestellten Parierstöcke boten sich nur den Buben für Bocksprünge an. Den Mädchen waren dabei ihre Kleidchen hinderlich.

Natürlich barg der Schulweg so manche Gefahr in sich. Diese wurde jedoch nicht vom Straßenverkehr verursacht. Infolge des Geldmangels, der auf den Bauernhöfen herrschte, bezahlten die Schüler ihre Hefte und Utensilien mit Naturalien. Für zwei Hühnereier gab es, um ein Beispiel zu nennen, einen Griffel oder ein liniertes Heft. Der Jammer bestand nun darin, daß wir auf dem Schulweg manchmal rauften und die Eier zerbrachen. Das konnte auch beim Bockspringen vorkommen. Dann bekamen wir anstatt eines Griffels oder Heftes vom Lehrer einige Tachteln, Kopfstücke.

Sogar den Herrgott betrogen mein Bruder und ich wöchentlich: Der Vater vertraute uns an jedem Sonntag, bevor wir in die Kirche gingen, zehn Groschen für die Opferung in den Klingelbeutel an. Klingelbeutel deshalb, weil die Kirchenbesucher nur Hartgeld hineinwarfen, was einen besonderen Klang verursachte. Der Beutel, den zwei rote Quasten zierten, war an einer langen glänzenden Stange befestigt. Damit konnte der Mesner auch der letzten Person in einer Bank den Klingelbeutel reichen. Am Klang erkannte er den Wert der Münze. Dementsprechend formulierte er auch sein „Vergelt's Gott", lauter oder leiser. Noch heute überkommt mich ein schlechtes Gewissen, wenn ich daran denke, daß mein Bruder und ich um fünf Groschen fünf Stollwerk-Zuckerl kauften und nur fünf Groschen opferten. Jeder von uns erhielt zwei Zuckerl. Das fünfte teilten wir mit einem Taschenfeitel genau in der Mitte auseinander. Damals waren die Greißlereien auch an Sonntagen, vormittags, geöffnet. Damit hatten die Bauersleute die Möglichkeit, nach dem Besuch des Gottesdienstes, abseits ihrer Tagesarbeit, einzukaufen.

Kopfzerbrechen verursachte bei uns Schülern ein Hochstand ähnliches Holzgestell im Schulgarten. An einem sonnigen Frühlingstag sahen wir den Herrn Oberlehrer dort hinaufsteigen. Er verschwand hinter dem Holzverschlag und kam nicht mehr herunter. Ein Hochstand konnte es nicht sein, weil er keine Aussicht auf ein freies Feld bot. Außerdem bemerkten wir keine Flinte in den Händen des Herrn Oberlehrers. Jäger trugen eine solche umgehängt, wenn sie auf die Pirsch gingen. Erst nach Jahren lüftete sich das Geheimnis: Unser Direktor frönte der Freikörperkultur, er nahm Sonnenbäder.

Zu besonderen Glücksfällen zählte es, zur Frau Oberlehrer geschickt zu werden. An einem Montag wurde mir ein derartiges Glück zuteil. Ich war damals auf der fünften Schulstufe und befand mich im ersten Stock des Schulgebäudes. Der Oberlehrer litt an einem furchtbaren Schnupfen. „Hansl", sagte er zu mir, „geh hinunter zur Frau Oberlehrer und hol mir einige Taschentücher!" Sofort richteten sich alle Augen in der Klasse neidisch auf mich, als wollten sie ausdrücken, ausgerechnet der darf zur Frau Oberlehrer gehen.

Schon befand ich mich vor der Wohnungstür und klopfte erwartungsfroh an. Die Tür wurde geöffnet, die Frau Oberlehrer stand vor mir. Sie lud mich ein, einzutreten und im Wohnzimmer Platz zu nehmen. „Du bist der Kloaråtn Hansl. Schickt dich mein Mann?" fragte sie. „Jå", antwortete ich, „der Herr Oberlehrer håt an Schnupfn, er bittet um Tåschentücher." „Wart a bisserl", meinte die Frau Oberlehrer. Sie ging in das Schlafzimmer, um welche zu holen. Weil inzwischen noch jemand Einlaß begehrte und ihre Rückkehr hinauszögerte, hatte ich Zeit, das Zimmer zu betrachten. Da stand ein wunderschöner, glänzender, schlanker Kasten mit einer Glastüre. Drinnen befanden sich verschiedene Gläser, manche mit einem Goldrand. Den Ausdruck Vitrine kannte ich damals noch nicht, auch hatte ich noch keinen solchen Kasten gesehen. In der Mitte des Zimmers beherrschte ein viereckiger Tisch mit vier gepolsterten Stühlen den Raum. Ich selbst saß, wie ich heute weiß, auf einem Diwan – welch angenehmes Gefühl. So etwas sollte man zu Hause haben. Da gab es nur Holzbänke und Holzsessel. Leider konnte ich das Glück, in diesem Raum sein zu dürfen, nur kurze Zeit genießen. Die Frau Oberlehrer rief mich in den Vorraum, gab mir die Taschentücher und flugs, befand ich mich wieder auf meinem Platz in der Klasse.

WIE ES FRÜHER EINMAL WAR

Ganz in Gedanken versunken, ließ ich die vergangenen Minuten nochmals an mir vorüberziehen: die schöne Wohnung des Schuldirektors, verglichen mit dem Bauernhof und seinem Misthaufen in der Mitte. Hier der weiche Diwan, bei uns daheim die globige Einrichtung, alles hart und zum Teil abgenützt. Bei längerem Überlegen verblaßten all die schönen Bilder, deren ich ansichtig geworden war. Übrig blieb der Wunsch, die Schule möge bald zu Ende sein. Bei uns daheim wäre doch ein schöneres Leben bei den Tieren und den Menschen. Gewiß, mit der Frau Oberlehrer konnten sich, was Äußerlichkeiten anbelangte, die Frauen auf dem Bauernhof nicht messen. Hier die kinderlose Dame, stets adrett gekleidet, gestylt, wie man heute sagen würde, vom Kopf bis zum Fuß, da die Großmutter, die Mutter, die Lieslmoam, später die Mirzl und die Lenamoam, abgerackert, mit schwieligen Händen. Und doch, ich kannte niemanden, der Mensch und Tier mit so gütigem Verständnis begegnete, der uns Kinder so sanft über den Haarschopf zu streicheln vermochte, wie diese vier Frauen.

Einen ganz besonderen Stellenwert im Jahresablauf nahm die Osterzeit ein. Die Kinder ersehnten sie einerseits mit einem lachenden, andererseits mit einem weinenden Auge. In das Brauchtum mit verschiedenen Tätigkeiten, die uns Freude bereiteten, eingebunden, mußten wir diese Freude in der Karwoche mit täglichen Fastenspeisen bezahlen. Zu essen gab es nur Bohnnockerlsuppe, Bohnenwassersuppe mit Mehlnockerln und als Beilage gelegentlich einen glundenen Sterz. Selbst das Schmalzbrot konnte nur in der Koahm, im Geheimen, genossen werden.

Die Osterzeit begann mit dem Palmsonntag. Aus dem Buschen geweihter Palmzweige fertigten wir Buben Palmkreuze an. Das heißt, wir steckten an das untere Ende des ersten Drittels eines etwas dickeren Zweiges einen dünneren, sodaß ein Kreuz entstand. In einer Ecke der Scheune wartete bereits der dicke Strohschober aus Schabstroh auf das Osterfeuerbrennen. Er wurde beim Drischldreschen im Winter extra für diesen Zweck gebunden. Am Karfreitag betete nach der abendlichen Fütterung das in der Küche versammelte Hausgesinde den

WIE ES FRÜHER EINMAL WAR

Schmerzensreichen Rosenkranz. Das Bild bleibt unvergeßlich. Während die Petroleumlampe vor dem Großvater oder dem Vater, den Vorbetern, auf dem wuchtigen Küchentisch ihr fahles Licht verbreitete, knieten die übrigen Hausbewohner vor den Stühlen und stützten sich mit den Ellbogen auf deren Sitzflächen ab. Die Frauen stellten ihre Wachsstöcke auf die Sessel. Wachsstöcke! Mit diesem Namen bezeichneten die Leute aus Wachsschnüren spiralig gewickelte, bauchige Kerzen. Bei zunehmender Brenndauer verringerte sich ihr Umfang. Ihre Flämmchen ergaben, aus der Ferne betrachtet, den Effekt, als flöge ein Schwarm Leuchtkäferchen durch die Abenddämmerung.

Lange vor Beginn der Osterwoche bereitete die Jugend ein Gefäß zum Abholen des Weichfeuers, geweihten Feuers, vor. Das Feuer wurde am Karsamstag, nach dem Frühgottesdienst, am Kirchenplatz angezündet und vom Pfarrer geweiht. Um einige Glutstücke nach Hause in den Küchenherd zu bringen, bedurfte es eines mit Löchern gespickten und einem langen Drahthenkel versehenen Gefäßes, also eines Häferls oder einer Blechdose. Auf dem Heimweg schwangen wir das Geschirr mit dem Feuer ständig im Kreise, damit der durch die Löcher streichende Luftzug die Glut wach hielt.

Wie unglaublich lang zogen sich doch für uns Kinder die Stunden bis zum Abend des Karsamstages, an dem das Osterfeuerbrennen stattfand, dahin. Endlich neigte sich der Tag. Vater verließ als letzter den Ochsenstall, die Lieslmoam den Kuhstall. Beide gingen über die Gredn, auf der ich mich befand, zunächst in das Vorhaus und dann in die Küche. Welch schöner Abend! Im Stalle kreißten die Rinder, wenn sie nach dem Füttern einzudrücken, wiederzukäuen, begannen und ihre schweren Leiber zur Ruhe legten. Von irgendwoher gackerte ein Huhn, der Hofhund schlug kurz an, in der Streuhütte raschelte kaum hörbar ein Tier und vom Bergwald trug ein laues Abendlüfterl leises Rauschen und Säuseln der Bäume an mein Ohr.

Es war so weit. Die beiden Knechte holten den großen, schweren Strohschab aus der Scheune. Um ihn tragen zu können, steckten sie eine lange Holzstange mitten durch. Mit „horuck" hoben sie die Last empor und legten die Stange, der eine vorn, der andere hinten, auf ihre rechte Schulter. Inzwischen fand sich die Hausgemeinschaft, einschließlich der Lenamoam und des Luisvejdas, im Hofe ein. Die Prozession zum Getreidefeld bei der Hauskapelle, wo das Osterfeuer angezündet werden sollte, konnte sich in Bewegung setzen. Unmittelbar hinter dem Strohschab gingen der Bauer und die Bäuerin. Mutter trug die alten Palmzweige mit, die das Jahr über das Kreuz im Herrgottswinkel oder andere Andachtsplätze geschmückt hatten. An der Spitze des übrigen Hofgesindes mit den Inleuten reihten sich die Großeltern und die Lieslmoam ein. In ihrer rechten Hand trug diese ein Kännchen mit Weihwasser. Mein älterer Bruder schwang das Weichfeuer, das er dem Küchenherd entnommen hatte.

Auf dem Acker angekommen, befreiten zunächst die Männer den Schab vom Tragbalken und stellten ihn dann mit der Schetzn, der Strohschnittfläche, nach unten auf den Feldrain. Nun entflammte ihn der Vater mit dem mitgebrachten Weichfeuer. Das Auflodern der Flammen beeindruckte uns Kinder ganz besonders. Die Mutter warf die verdorrten Palmzweige in die Glut, indessen die Lieslmoam alles mit Weihwasser besprengte. Während das Feuer brannte, beteten wir mit gefalteten Händen um den Segen Gottes für Haus, Hof und eine gute Ernte. Langsam stiegen auf den rundum liegenden Hügeln Osterfeuer wie Feuerbälle auf. So muß es gewesen sein, wenn man in früheren Zeiten die Menschen in der Buckligen Welt vor herannahenden Gefahren gewarnt hat. Uns aber befiel ein unerklärliches Gefühl, wie ich es nachher nie mehr in einer derartigen Intensität empfinden konnte, nämlich das Gefühl daheim sein zu können.

Im Mittelpunkt unseres Lebens stand der Begriff Heimat, der sich auch in unseren Wortschatz einprägte. Es gab einen Heimatschein, den Unterrichtsgegenstand Heimatkunde, das Heimatrecht, Lieder der Heimat, die Tiere und Pflanzen der Heimat und vieles mehr. Heute hat sich der Begriff Heimat auf die gelegentliche Herausgabe eines Heimatbuches irgendeiner Gemeinde reduziert. Wir Kinder ordneten damals drei Bereiche dem Begriff Heimat zu. Zunächst den Geburtsort

WIE ES FRÜHER EINMAL WAR

Geretschlag, wo sich unser Bauernhof befand, wo wir lebten. Dann den Schulort Hollenthon mit der vertrauten Kirche, die wir jeden Sonntag besuchten. Und zuletzt unseren Markt, die Gemeinde Wiesmath. Wiesmath besuchen zu dürfen, bedeutete für uns Kinder immer ein besonderes Erlebnis: die Kirche, das Gemeindeamt, die Greißlereien, wo wir so viele Sachen entdeckten, die Wirtshäuser und vieles mehr. Diese Ansiedlung wurde schon Ende des 14. Jahrhunderts zum Markt erhoben.

Im dritten Schuljahr erzählte uns der Herr Lehrer die Sagen über die Entstehung der Ortsnamen Hollenthon und Wiesmath. Eine Sage, belehrte er uns, sei eine Geschichte, die einen wahren Kern besitze. Der Name Hollenthon gehe auf ein Marienbild in einer hohlen Tanne zurück. Ein Mann habe es dort entdeckt und zu sich nach Hause mitgenommen. Am nächsten Tag sei es jedoch wieder in dem hohlen Baum aufgefunden worden. Nachdem dieser Standortwechsel öfter vorgekommen und die Muttergottes immer wieder auf ihren ursprünglichen Ort zurückgekehrt sei, habe man dies als Fingerzeig Gottes gewertet, hier eine Kirche zu errichten und den Namen Hollenthon von Hohler Tanne abgeleitet.

Bei dem Namen Wiesmath habe es sich ähnlich zugetragen. Ein Mann fand beim Mähen einer Wiese eine Marienstatue. Er nahm sie ebenfalls mit nach Hause, jedoch die Hl. Maria kehrte an ihren Fundort zurück. Nachdem dies mehrmals geschehen sei, habe man daraus den Wunsch des Allmächtigen abgeleitet, auf dem Fundplatz der Muttergottes eine Kirche zu bauen. Der Name Wiesmath kommt also von Wiesenmahd, vom Mähen einer Wiese. Natürlich gibt es auch andere Erklärungen für den Namen.

Von Wiesmath ist noch eine andere Sage bekannt, die auf die Türkeneinfälle Bezug nimmt. Sie heißt „Der Meisterschuß": Ungarische Rebellen, die sich mit den Türken verbunden hatten, bezeichneten sich als Kuruzzen, abgeleitet vom türkischen Hurudszi, die Aufständischen. Eine Horde dieser Kuruzzen belagerte einst Wiesmath. Einer ihrer Führer verspürte das Verlangen nach einem gebratenen Huhn. Am Wiesmather Kirchturm saß um die gleiche Stunde ein Armbrustschütze. Dieser beobachtete den Heißhunger des Belagerers, zielte und schoß dem Kuruzzen den Leckerbissen mit einem Pfeil aus der Hand. Erstaunt über die Treffsicherheit des Verteidigers, fragte der erschrockene Belagerer, wer denn die Wiesmather anführe. Die Antwort lautete, „Petrus und Paulus", die Kirchenpatrone. Der Meisterschuß aber ermutigte die Wiesmather derart, daß sie den Türkenhaufen in die Flucht schlugen.

Wiederholt erzählte der Großvater von der Türkenhöhle, die sich im Zeatwåld, im Wald des Zehentbauers, befand und angeblich auf das Jahr 1683 zurückging. Damals wüteten, alten Berichten zufolge, die Türken in unserem Schulort Hollenthon besonders arg. In ihrer Not flüchteten die Bewohner in die besagte Höhle. Neugierig geworden, sekkierten wir, mein älterer Bruder und ich, Großvater so lange, bis er versprach, uns den geheimnisvollen Ort zu zeigen. Schon bald, an einem schönen Herbsttag, ging der Wunsch in Erfüllung. Gleich nach dem Mittagessen erschien Großvater, mit dem Jagdgewehr bewaffnet, in der Küche und forderte uns zwei Buben auf, ihm zu folgen. Aufgeregt trippelten wir hinter dem Jäger her. Durch den Hohlweg, der dem Viehtrieb und nicht als Fahrweg diente, erreichten wir nach kurzer Zeit unsere Hauskapelle. Hier bogen wir in den Zeatweg, einen typischen Feldweg, der zum Zehentbauern führte, ein. Zunächst flach, wuchs er bald zu einem Hohlweg an, das heißt, an den Wegrändern türmten sich zunehmend mit Gestrüpp bewachsene Böschungen auf. Auf der Höhe einer alten, aufgelassenen Schottergrube, die schon im Walde lag, gab es wieder eine Richtungsänderung. Diesmal ging es Richtung Brunngraben weiter. Der Forst verdichtete sich. Die Wanderung glich ab nun einer abenteuerlichen Indianerfährte. Mit klopfenden Herzen pirschten wir der Höhle entgegen, der Großvater voran.

„Då san ma", vernahmen wir auf einmal die Stimme unseres Altvorderen. Er bückte sich, um das Gezweig vom Eingang der Höhle zu entfernen. Nun, da wir am Ziel unserer Wanderung angelangt waren, überkam uns ein mulmiges Gefühl. Großvater forderte uns auf, die

WIE ES FRÜHER EINMAL WAR

mitgebrachte Laterne anzuzünden und in die Höhle hineinzukriechen. Das taten wir nach einiger Überwindung. Viele Menschen aus Hollenthon werden an diesem Zufluchtsort vor den Türken nicht Schutz gefunden haben. Mir kam die Höhle ziemlich klein vor. Man konnte kaum stehen. Es roch nach Moder. Eine unangenehme Feuchtigkeit legte sich auf Gesicht und Hände. Leises Knistern und Rascheln deutete darauf hin, daß sich hier allerlei Getier, Würmer und Reptilien, eingenistet hatte. Als sich eine gelbbauchige Erdkröte dem Lichte entgegenrekelte, stießen wir Angstschreie aus. Erst viel später wurde mir bewußt, daß wir uns nur im Eingangsbereich der Höhle befunden haben konnten und uns die ekelhafte Kröte vor der weiteren Erforschung vertrieben hatte. Insgesamt ist die Höhle etwa 8 Meter lang und 2 bis 3 Meter breit. Am hinteren linken Ende befindet sich ein Tropfstein.

An diesem Tage jedoch waren wir von der Türkenhöhle „geheilt". Wir stapften noch eine Weile mit dem Großvater im Walde herum und gingen dann nach Hause. Gegen Morgen des nächsten Tages träumte ich von der Höhle, jemand hatte mich dort eingesperrt. Die Befreiung aus meiner schrecklichen Lage verdanke ich der Mutter. Sie weckte mich mit dem Hinweis, ich dürfe die Schulmesse in Hollenthon nicht versäumen. Der Herr Pfarrer wäre sonst böse auf mich. Jeden Freitag war Schulmesse. Auf die Teilnahme aller Schüler legte der geistliche Herr großen Wert.

Von Geretschlag gibt es keine Sage. Eine Urkunde aus dem Jahre 1146 bezeichnet die Ansiedlung als „Novale Gerichti militis cum silva pertinente". Daraus läßt sich ableiten, daß es sich ursprünglich um einen von einem Wald umgebenden militärischen Wachtposten gehandelt hat. In der Nähe von Geretschlag befindet sich die Rotte Beistein. Auch dieser Name wird mit der Grenzsicherung in Zusammenhang gebracht. Wachtposten und Wachtberge dienten nur dem Zwecke, nach herannahenden Feinden Ausschau zu halten. Die Siedler errichteten Ringwälle, hinter denen bei Feindgefahr Menschen und Tiere Schutz suchten.

WIE ES FRÜHER EINMAL WAR

Unser Herr Pfarrer war eine Respektsperson für groß und klein. Er hieß Albert Kaiblinger, führte die größte Landwirtschaft im Ort und repräsentierte insgesamt eine imponierende Persönlichkeit. Mit zunehmendem Alter wuchs ihm ein Kropf, an dem er, wie es hieß, auch starb. „Gelobt sei Jesus Christus", lautete der Gruß, wenn man ihm begegnete.

Eines Tages, ich saß in der Klasse neben meinem Freund, einem Nachbarsbuben aus Geretschlag, kamen wir zwei in eine höchst unangenehme Lage. Während des Unterrichtes flüsterte mir der Franzl, so hieß er mit Vornamen, ins Ohr, es sei ihm fad. „Bitte, ich muß hinaus", meldete er dem Lehrer. „Gehst halt, kommst aber bald wieder", erteilte dieser die Erlaubnis. Noch bevor der Schlankl den Raum verließ, steckte er mir einen Zettel zu: „Komm in zwei Minuten nach", stand darauf. Die Güte unseres Lehrers gewährte mir den Wunsch. Die Toiletten für Knaben und Mädchen waren damals durch einfache Holzverschläge getrennt, deren Höhe etwa zwei Meter betrug. Bei meinem Sitznachbarn angekommen, flüsterte er mir zu: „Du, da drübn sitzt oane, mäch ma die Räuberloata, Räuberleiter, i schau umi." Gesagt, getan, wir machten eine Räuberleiter: Ich stellte mich zur Wand, verschränkte die Hände vor meinem Bauch und der Franzl stieg auf. Er reckte zunächst seinen Hals so weit empor, daß er mit den Augen über die Wand blicken konnte. Nun erwartete ich den entzückten Ausruf meines Schulkameraden und ebenso das deftige Schimpfwort eines überrumpelten Mädchens. Anstatt dessen herrschte zunächst bedrückende Stille. Nach einigen Sekunden stammelte der Franzl in höchster Ehrfurcht: „Gelobt sei Jesus Christus, Herr Pfarrer." Kleinlaut kehrten wir, zuerst mein Freund, dann ich, in die Klasse zurück und harrten dort eines sogleich einbrechenden Donnerwetters. Jedoch es kam nicht. Der hochwürdige Herr nahm uns zwar vor der nächsten Religionsstunde beiseite, verriet die Lausbüberei aber nicht, wie wir befürchteten, dem Oberlehrer.

Weil hier das Wort Schlankl, ein in unserer Gegend üblicher Ausdruck, verwendet wurde: Gemeint war damit ein Spitzbub oder

Schelm. Schon bei Martin Luther kam das verwandte Wort Schlingel vor. Vielleicht hängt das mit schlendern zusammen oder auch mit schlank sein.

Es war im Jahre 1937. Gegen Ende des Schuljahres kamen wir an einem Samstag von der Schule nach Hause. Da saß der Schanionkel, Mutters einziger Bruder, am Küchentisch. Vor dem Hoftor stand sein Ochsengespann. Er war auf dem Heimweg von einer Fahrt in die Rammermühle in der Spratzau. Unser Vater saß bei ihm. „Schursch", Georg, sagte er zum Vater, „i brauch für die Schnitterzeit, Erntezeit, an Håltabuam, du dasporst, ersparst, eh oan. Die Wettl, Barbara, meine Mutter, solln in so a vierzehn Tåg bringa." „Den Hansl", das war ich, „kånnst håbn, du bist eh sei Taufgöd", meinte der Vater.

Der Gullnerhof, inmitten einer herrlichen Landschaft, umgeben von Wiesen und Wäldern, gelegen, bot das typische Bild eines Einzelgehöftes. Er zählte zu den ältesten Ansiedlungen dieser Gegend überhaupt. Die erste Nennung erfolgte bereits, wie in dem Buch „Wandererlebnis Bucklige Welt" von Johannes Gans angeführt, im Jahre 1268 unter dem Namen Goldenarius. Von diesem Anwesen stammte unsere Mutter ab. Ganz im Gegensatz zum Reiz der Gegend standen deren Arbeitsbedingungen. Mühsam und mühselig gelang die Bewirtschaftung der Felder auf den Hügeln, Mugeln und Leiten. Trotzdem galt und gilt der Gullnerhof in der Gemeinde als Musterbeispiel fortschrittlicher Bewirtschaftung. Unerklärlich erschien es mir immer, warum dort die Erntezeit vierzehn Tage früher als bei uns in Geretschlag einsetzte. Wahrscheinlich, weil es eine bessere Sonneneinstrahlung gegeben hat und deshalb die Frucht früher gereift ist.

Anfang August packte die Mutter einige Sachen von mir zusammen und brachte mich auf den Gullnerhof, in ihr Elternhaus. Voller Erwartung meinerseits trafen wir dort ein. Sobald sich Mutter wieder verabschiedet hatte, empfand ich eine beinahe schmerzhafte Leere. Heimweh, ein Gefühl, das ich bisher nicht gekannt hatte, stellte sich ein. Am liebsten hätte ich zu weinen begonnen. So ging ich in das Ausnahmstübel zur Großmutter. Sie erkannte meinen unglückseligen Zustand, nahm meine Hand und redete tröstend auf mich ein.

Nach einiger Zeit rief die Tante zum Nachtmahl in die große Bauernküche. Mitten auf dem klobigen Eichentisch in der linken Ecke stand eine irdene Schüssel mit dampfender Milchsuppe, daneben eine Rein Erdäpfelsterz. Unterhalb der Eichentischplatte fühlte ich mit meinen Fingern Lederschlaufen, in denen Eßlöffel steckten. Sichtlich hungrig, bedienten sich die Tischleute. Alle zusammen aßen aus dem Suppentopf und der Sterzrein. Ich stand neben der Resitante, denn es mangelte an Sitzplätzen. „Iß, Bua, sunst kimmst z'kurz", sagte sie fürsorglich. Ich kam wirklich zu kurz, weil ich diese Art des Essens von zu Hause nicht kannte.

Nach dem Mahl teilte der Schanionkel die Arbeit für den nächsten Tag ein. „Du", befahl er mir, „treibst um neuni die Oxn aus, da Großvater hülft dir dabei. Sie wissn, wos hingehn miaßn. Nimmst dir an Striegl und a Bürstn mit, damit dus putzn kånnst. I schrei dir, wånnst hoamtreibn derfst. Und hiazt gehn ma schlåfn", wendete sich sodann der Bauer an die Tischgemeinschaft, „morgen is a schwara Tåg." Somit erhoben sich alle, wünschten eine gute Nacht und verschwanden in ihren Schlafkammern. „Du gehst mit der Dirn mit", bestimmte die Tante. Also begab ich mich mit der jungen Dienstmagd in deren Kammer, die sie mit einer zweiten teilte, und legte mich in ihr Bett. Mich wunderte das nicht, denn auch bei uns daheim lagen immer zwei Kinder oder Jugendliche auf einer Liegestatt. Ich war damals ein Bub von neun Jahren. Ein eigenes Nachtgewand gab es damals für uns Kinder nicht. So kuschelte ich mich an das Dirndl, spürte deren warmen Leib, schlief bald ein und träumte, ich schlafe bei meiner Mutter. Das kam manchmal vor, wenn ich krank war. Allein diese Geborgenheit, in Mutters Bett zu sein, trug bereits zur Gesundung bei.

Um fünf Uhr früh des nächsten Tages erfolgte der Weckruf der Bäuerin: „Auf, auf! Da Ståll valångt uns, die Küah san zan Melkn, und die Säu miassn gfuadat, gefüttert, werdn." Ich durfte eine Stunde länger im Bett bleiben, was mir gut tat. Als die Bauersleute nach der Morgenarbeit in die Küche kamen, stand auch ich auf und setzte mich zu ihnen an den Frühstückstisch. Es gab Einbrennsuppe, in die Brot eingebröckelt wurde. Während sich die Schnitter und Schnitterinnen anschickten, auf das Feld zu gehen, erhielt ich den Auftrag, im Garten nach den Frühbirnen zu sehen. Später mußte ich dann der Resitante im Hause helfen und vor neun Uhr die Vormittagsjause zu den Schnittern auf den Acker tragen. Es gab für die Måhda, Mäher, und deren Aufheberinnen Speck, Brot und Most.

Wieder in das Haus zurückgekehrt, ließ der Großvater die Ochsen von ihren Ständen im Stall. Das heißt, er befreite sie von ihren um den Hals gehängten Ketten. Sie trotteten gemächlich in den Hof und von dort durch das große Tor Richtung Wiese. Den Weg kannten sie genau. Mit der Peitsche, dem Striegel und der Bürste bewaffnet, folgte ich den mächtigen, gutmütigen Tieren. Sobald sie auf der Wiese angekommen waren, begannen sie zu grasen. Dabei umgriffen sie ein Grasbüschel mit ihrer rauhen Zunge, schnitten es mit den Zähnen des Unterkiefers ab und leiteten es geschickt in das Maul. Der Oberkiefer war zahnlos und diente dem Wiederkäuen. Wer jemals den Klang grasender Rinder vernommen hat, wird ihn nicht so leicht vergessen können. Man mußte nur die Muße haben, sich hinzusetzen und zu lauschen. „S-CH-W-S, S-CH-W-S, S-CH-W-S", tönte es im Gleichklang an das Ohr. Vermischt mit dem Surren der Insekten, wirkte diese Melodie nervenberuhigend, einschläfernd. Man fühlte sich dem Himmel näher.

Wer ist denn heute noch imstande, die Wunderwelt einer Hutweide zu ergründen: die verschiedenen Gräser, Blumen, die vielen Insekten, Kleintiere und all das, was sich aus der Luft auf die Wiese niederläßt. Wer hört denn noch das Zirpen der Grille und kann sie, wie das uns Halterbuben gelungen ist, aus ihrer Behausung locken. Wir suchten uns einen etwas dickeren Halm oder ein dünnes Holzzweckerl und setzten uns zu dem Loch ihres Unterschlupfes. Nun begannen wir im Eingangsbereich leicht zu kratzen. Dabei sprachen wir monoton vor uns hin: „Grü, Grü, kumm heraus, kumm heraus aus deinem Haus." Es dauerte oft gar nicht lange und schon erschien das 11 bis 14 Millimeter lange Tierchen, die Feldgrille, mit dem langen Legestachel, vor seinem Hauseingang, um zu sehen was da los war.

WIE ES FRÜHER EINMAL WAR

Schon frühzeitig wurde mir durch Beobachtung bewußt, daß Rinder nur ungiftige, gesunde Pflanzen fraßen. Alles Giftige, wie zum Beispiel Hahnenfußgewächse, ließen sie stehen. Sicherlich machte sich die Medizin im Laufe ihrer Entwicklung davon einiges zunutze.

Das erinnert mich wieder an meine Zeit als Hålterbua. Bei uns daheim wurden, beginnend mit der warmen Jahreszeit, die Tiere, Ochsen und Kühe separat, bis in den Herbst hinein zweimal täglich auf die Weide getrieben. Da gab es die Hutweiden, die nicht gemäht sondern nur vom Rindvieh abgegrast wurden, aber auch Wiesen, die gemäht werden mußten.

Zu den Pflichten des Håltabuam gehörte es, besonders darauf zu achten, daß die Rinder auf keinen Kleeacker hinausgrasten, denn da konnten sie leicht blad werden, sich blähen. War das der Fall, gab es zwei Möglichkeiten, um das Tier vor dem Verenden zu bewahren. In leichteren Fällen steckte man von links nach rechts ein Strohbandl in dessen Maul. Sodann flößte man ihm mittels einer Flasche eine besonders aufbereitete Jauche ein. Damit wollte man das Rind zum Aufstoßen, Rülpsen, bringen und ihm das Ausatmen der im Pansen angesammelten Gase erleichtern. Gelang dies nicht mehr, mußte ein Pansenstich vorgenommen werden. Unser Großvater beherrschte diese Methode. Er wußte genau, wo er hineinstechen mußte. Die Wunde wurde etwas gespreizt und so konnte die angesammelte, stinkende Luft entweichen. Ich war ein paarmal Zeuge einer derartigen gelungenen Prozedur.

Wir Håltabuam vertrieben uns die Zeit auf mannigfache Weise. Durch die Auwiese, eine saftige Weidefläche, floß ein kleiner Bach, der Aubach, in dem sich Forellen tummelten. Gelegentlich gelang es, einen Fisch zu fangen. Dann brieten wir ihn über offenem Feuer. Besonders gerne fertigten wir kleine Wasserräder an, manchmal mit einer Klappe, die wir an besonderen Stellen des Baches verankerten. Das Klappern war weit zu hören. Mit anderen Håltabuam verständigten wir uns durch Jodeln.

WIE ES FRÜHER EINMAL WAR

Ganz in Gedanken versunken, hätte ich beinahe auf das Striegeln der Ochsen vergessen. Zeit bis zum Heimtreiben war noch genug, also machte ich mich an die Arbeit. Zuerst mußten die Verunreinigungen der Haut, die Kletzen, im hinteren Lendenbereich und an den Hinterbeinen entfernt werden. Dazu diente der Striegel, ein etwa 15 mal 12 Zentimeter großer, flacher, eiserner Kamm mit einem Holzgriff. Die kleinen eisernen Zacken ermöglichten das Auskratzen fester Kotrückstände aus der Haut und den Vertiefungen der Gelenke. Durch das anschließende Bürsten erhielt das Fell einen sauberen seidigen Glanz.

Von Zeit zu Zeit wurden die Ochsen zum Schmied getrieben. Ihm oblag es, die Klauen zu schneiden und mit Eisen zu beschlagen. Rinder sind Paarhufer, das heißt, jedes Rind tritt nur mit zwei großen, starken Zehen auf. Diese entsprechen der dritten und vierten Zehe unseres Fußes. Eingehüllt in feste, dicke Hornschuhe, erhält jede dieser Zehen eine schmiedeeiserne Auflage, um dadurch die Abnützung der Klauen zu verhindern. Pferde ließen sich leicht beschlagen. Der Kutscher hob, unterstützt von dem Tier, ein Bein hoch und legte es auf seinen etwas abgewinkelten Oberschenkel. Bei Ochsen war das nicht möglich. Um sie beschlagen zu können, bedurfte es, was die Hinterbeine anbelangte, einer besonderen Hilfe, eines sogenannten Notstalles. Dieser wurde von einem Zimmermann angefertigt und hatte die Form einer quaderförmigen riesigen Holzkiste, jedoch ohne Seitenwände, Vorder- und Rückwand. Nur das aus starken Pfosten bestehende Gerüst war vorhanden. Die Vorder- und Rückseite blieb völlig offen. Mittels zweier Gurten, die auf der linken mittleren Seitenstrebe befestigt waren und rechtsseitig in eine Handwinde mündeten, konnte der Ochse gehoben werden.

Viehhändler kauften in unserer Gegend vorwiegend Mastrinder und Mastschweine. Sie belieferten damit die Schlachthöfe der Städte. Dieser Handel zeitigte, wenn es um den Verkauf von Rindern ging, eigenartige Gepflogenheiten. Meistens erschien der Händler völlig überraschend vor der Morgenfütterung, wenn die Hofleute noch schliefen. Er trommelte dann an das Schlafzimmerfenster des Bauern und schrie:

WIE ES FRÜHER EINMAL WAR

„Da Viehhåndla is då!" Der Preis richtete sich damals nach dem Lebendgewicht. Nach einer Fütterung und Tränke wog das Rind um etwa 60 Kilogramm mehr als im nüchternen Zustand.

Die Fleckviehzucht in der Buckligen Welt kennzeichnete seit jeher ein hoher Qualitätsgrad. Infolge der guten Pflege, des täglich zweimaligen Weidetriebes, bei dem ein Rind die nötigen Futtermengen bei stundenlangem, fressendem Dahinschreiten zu sich nahm, blieb es von allerlei Krankheiten verschont. Zum Beispiel von der gefürchteten Tuberkulose, die damals in weiten Teilen Niederösterreichs verbreitet war.

Obwohl wir mit finanziellen Mitteln nicht gerade gesegnet waren und die Dreißigerjahre eine sehr schwierige Zeit darstellten — man denke an die große Zahl der Arbeitslosen und Ausgesteuerten, die keine Unterstützung mehr erhielten —, verlebten wir eine wundervolle Kindheit. Eingebettet in die Gemeinschaft des Bauernhofes, verbunden mit den Menschen und den Tieren, umsorgt von den Eltern und Großeltern und behütet von der Lieslmoam, nach deren Tod von der Mirzl und den Inleuten, wuchsen wir Kinder unbeschwert heran. Uns unterschied nichts vom Nachwuchs auf anderen Bauernhöfen in der ehemaligen Waldmark, wie die Bucklige Welt früher einmal genannt wurde.

Eines Tages ging für mich sogar ein langgehegter Wunsch in Erfüllung, den ich in mir trug. Ich durfte eine Nacht bei den Knechten auf dem leeren Viehstand im Ochsenstall schlafen. In Ermangelung anderer Möglichkeiten, nützte man derartige freie Plätze auf den Bauernhöfen für die Unterbringung von männlichem Dienstpersonal und Quartierern. Nach dem Nachtmahl brachte mich der Vater zur Schlafstelle. Bekleidet mit dem Ruderleibchen und der Klothhose, kroch ich auf das mit einem groben Leintuch abgedeckte Schabstrohlager. Bald schlüpften auch die zwei Knechte zu mir unter den schweren Kotzen, mit dem wir uns zudeckten. Ein noch nie verspürtes Gefühl seligen Wohlbefindens beschlich mich. Mitten unter den Tieren genoß ich deren Gegenwart, die Geräusche des Wiederkäuens und deren Wärme, die sich im Stall ausbreitete. Zu den animalischen Geräuschen mischten sich andere geheimnisvolle Lärmelemente, wie sie eben die Nacht hervorbringt. Vor dem Einschlafen hörte ich noch ein gleichmäßiges, leises Ticken. Insgesamt erfüllte unsere Ruhestätte ein verhaltenes Klingen von faszinierender Harmonie.

Am nächsten Tag fragte ich den Vater, was er zu dem Klopfen sage, das ich vernommen hatte: „Woaßt, Hansl", antwortete er, „dös stammt von der Hausotter." Vater sagte, Hausottern brächten jedem Bauernhof Glück und Wohlstand. Er dürfe uns aber deren Nest, das er kenne, nicht verraten. Würden die Tiere gestört, verlören sie ihre glückbringende Wirkung. Ob es sich bei der sogenannten Hausotter um eine Schling-, Ringel- oder Äskulapnatter gehandelt hat, weiß ich nicht, jedenfalls war es keine Otter, denn Ottern oder Vipern sind giftig. Meines Wissens gab es derartige Schlangen bei uns nicht. Allerdings wurden Äskulapnattern gerne als Kreuzottern bezeichnet.

Willkommene Abwechslungen im Schulalltag boten für uns Kinder Festlichkeiten in der Gemeinde, an denen wir teilnehmen durften. An ein Feuerwehrfest erinnere ich mich mit großem Vergnügen, weil der Kommandant das von seiner Frau verfaßte Konzept der Festrede nicht fand und anstatt dieser die Begrüßung über den vorgesehenen Zeitraum hinauszog. Das Mißgeschick nahm folgenden Verlauf: „Mir san heit zåmmakemma, waö ma a Feierwehrfest feiern tuan", begann der Kommandant seine Rede. Schon während er dies sagte, suchte er in den Taschen seines Uniformrockes vergeblich nach dem Konzept, das ihm sein Weib vorbereitet hatte. So setzte er fort: „Griaß enk God, ållemitånånda." Und leise in sich gekehrt: „Zettl, vamaledeita." Dann ging es laut weiter: „Griaß di God, Nåchbår, griaß di God, Nåchbårin, griaß di God, Godl, griaß di God, Göd." Godl und Göd waren die Paten eines verwandten oder nicht verwandten Kindes. Mit God meinte man den Herrgott. Der Zettel mit der vorbereiteten Rede blieb verschollen, also wurde die Begrüßung fortgesetzt: „Griaß di God, Sepplvejda, griaß di God, Mirzlmoam, griaß di God, Wagneronkl, griaß di God, Wagnertant, griaß di God, Hiasla, griaß di God, Reindlbauer..." und so weiter. Als etwa die Länge einer Festrede erreicht war, beendete er die Begrüßung mit den Worten „Griaß enk God, ålle mitanånda." Über den Anlaß der Feier verlor er keine Silbe. Der Herr Pfarrer hat darauf Bezug genommen. Es handelte sich um eine Spritzenweihe.

Mit der Feuerwehr hatte es bei uns folgende Bewandtnis: In den meisten Rotten wurden Feuerwehrteiche angelegt. Sie besaßen auch eigene Feuerwehrspritzen. Nicht weit davon entfernt baute man das Spritzenhäusl für die Unterbringung der Feuerwehrspritze. Diese wurde bei Bedarf von vier Mann händisch betätigt. Mangels einer Sirene erhielt ein Feuerwehrmann ein Horn, mit dem er, wenn ein Brand ausgebrochen war, Signale gab. Jeder Hof stellte einen Feuerwehrmann, meistens war es der Bauer selbst.

Auf dem Lande, wie bei uns in der Buckligen Welt, gab es damals keine Wohlfahrts- oder Sozialeinrichtungen. Probleme, welcher Art auch immer, mußten in Eigenregie von der Dorfgemeinschaft gelöst werden. So erinnere ich mich, daß in einer Familie bei einem jungen Mann eine Geisteskrankheit ausgebrochen war, die ihn sehr renitent gemacht hatte. Niemand wußte, wohin man sich wenden sollte. Sicherlich gab es in Städten bereits entsprechende Heime, doch wer würde für die Kosten der Unterbringung aufkommen? Also sperrte man den jungen Mann, da er in der Familie nicht bleiben konnte, bis zu der Entscheidung, was mit ihm zu geschehen hätte, in das Spritzenhäusl. Täglich brachte ihm eine andere Bauersfamilie das Essen.

Als ganz besondere Auszeichnung empfand die Bevölkerung Hollenthons, meines Schulortes, den Besuch des höchsten katholischen Würdenträgers von Österreich, Theodor Innitzer, kurz nachdem er 1933 zum Kardinal ernannt worden war. Die zweitägige Visitation am 15. und 16. Mai 1933 machte es notwendig, daß seine Eminenz im Pfarrhof übernachten mußte. Allein der Empfang des Kardinals bedeutete für die Gemeinde ein Jahrhundertereignis. Nahezu die gesamte Ortsbevölkerung war dabei anwesend. Die Schulkinder und auch jene, die noch nicht die Schule besuchten, wie zum Beispiel ich, bildeten, als der Kardinal in den Ort einfuhr, ein Spalier. Vor dem Gast-

WIE ES FRÜHER EINMAL WAR

haus am Fuße des Kirchenaufganges, wo das Auto stehenblieb, wurde der Kardinal bei anhaltendem Beifall der versammelten Menschen vom Bürgermeister und der Gemeindevertretung begrüßt. Nach dem Festgottesdienst, den ich am Schoß der Mutter miterlebte, ich war damals fünf Jahre alt, fand auf dem Empfangsplatz nochmals eine Feier statt. Mich beeindruckten vor allem der Bischofsstab und die Bischofsmütze. Am Schluß der Festlichkeit begab sich seine Eminenz mit einigen Auserwählten in den Pfarrhof zum Mittagessen. Die Weiberleute strebten dem häuslichen Herd zu, um ihre Mittagsarbeit zu verrichten. Die Männer besprachen indessen im Wirtshaus nochmals das Ereignis. Wir Kinder liefen einstweilen auf der Straße herum, um auf die Väter zu warten, mit denen wir nach deren Wirtshausbesuch heimgehen wollten.

Plötzlich tauchte ein Fräulein, eine Lehrerin, auf. Sie bestimmte alle Schüler, Schülerinnen und Kinder dazu, sich vor dem Pfarrhof zu versammeln. Dort bildeten wir mit dem Fräulein einen Kreis, abwechselnd ein Bub und ein Mädchen. „Wir tanzen nun einen Reigen", sagte sie, „damit ihr nicht so einen Lärm macht." Sie erklärte uns, wie das geht, sang uns die Melodie zweimal vor und wir sangen sie nach. Den Text habe ich mir bis heute gemerkt.

> Dieb, o Dieb, ich will dich fassen,
> stahlst mein Mädl mit Gewalt.
> Aber nein, ich will dir's lassen,
> such' mir eine andere bald.
> Traudi valleri, traudi vallera,
> traudi valleri, trau' di nur.

Nun konnten wir mit dem Reigen beginnen. Beim Singen der ersten acht Takte gingen wir im Kreise. Vor dem Kehrreim formierten wir uns zum Doppelkreis, die Buben außen und die Mädchen innen. Wir blieben stehen und klatschten in die Hände. Beim „Trau' di nur" nahm jeder sein Mädchen an der Hand und machte mit ihm einen Schritt nach links beziehungsweise nach rechts. Sodann begann das Ganze von vorn. Auf diese Weise gelangten wir allmählich zum Gasthaus, wo wir unsere Väter erwarteten und mit ihnen heimzu strebten.

WIE ES FRÜHER EINMAL WAR

Alle Arten von Feiern und Festlichkeiten, es gab sowieso nur sehr wenige, bildeten willkommene Anlässe, der Eintönigkeit des Alltages zu entfliehen. Vor allem das Leben der Frauen verlief bis zu ihrem Lebensende stets in gleichen Bahnen. Während die Männer wenigstens nach dem Sonntagsgottesdienst ein Gasthaus aufsuchten und einmal unter andere Menschen kamen, trachteten die Frauen möglichst bald heimzu, weil viel Arbeit auf sie wartete. Einige Kühe mußten in der Regel auch zu Mittag gemolken werden. Urlaub und Erholung von der schweren Arbeit gab es nie. Auch Kranksein konnten sie sich nicht leisten.

Schon von Geburt an sogen wir Kinder die würzige Luft unserer Heimat, verbunden mit den eigenartigen, ganz bestimmten Düften des Bauernhofes, in uns ein. Die Natur und alles, was da kreuchte und fleuchte, gehörte zu unserem Leben. Bei Feldarbeiten verbrachten wir als Babys, bis zum Kopf in den Wickelpolster eingeschnürt, viele Stunden auf dem schattigen Platz eines Ackers, der bei einem Stoahaufn gegeben war, von dem noch die Rede sein wird. In bestimmten Abständen lief eine Frau, die Mutter oder ein anderes weibliches Wesen, zum Wagerl, um zu sehen, ob wir schliefen oder uns etwa eine Fliege oder ein anderes Insekt peinigte.

Jedes Wort, das in der Schule von den Lehrern über die Pflanzen oder Tierwelt der Buckligen Welt verloren wurde, bereicherte unser Wissen und drang tief in unser Bewußtsein. Wie reich hatte der Schöpfer unseren Lebensraum doch ausgestattet. Instinktiv spürten wir, es gezieme sich, dafür dankbar zu sein.

„Heute machen wir einen Lehrausgang, aber erst in der vierten Stunde. Dann könnt ihr gleich nach Hause gehen", kündigte der Lehrer an einem Montag nach dem Beten an. „Ich habe gestern eine Kuhschelle entdeckt, die muß ich euch zeigen." Die Kuh- oder Küchenschelle, das weiß ich noch, zählt zu den Hahnenfußgewächsen. Sie verlangt einen kalkreichen Boden und gehört nicht zur Flora in unserer Gegend. Somit erscheint mir heute der Lehrausgang zur Betrachtung der seltenen Pflanze als gerechtfertigt.

WIE ES FRÜHER EINMAL WAR

Der Vormittag zog sich dahin. Endlich durften wir uns zur Lehrwanderung anstellen. Der Weg führte zunächst zu einer Wiese vor dem Bergwald. „Hier muß es sein", meinte der Lehrer. Während er sich umsah, mußten wir warten. „Ich hab' sie." Mit diesen Worten löste sich die Spannung. Wir liefen zum Lehrer und bildeten um die Blume einen Kreis. Jeder drängte sich nach vorn. Hier stand sie. Kein zartes Blümchen. Für unsere Begriffe eher groß und kräftig. Es handelte sich um eine Wiesenküchenschelle. Die nickende Blüte von mattblauer Farbe ruhte auf einem festen, behaarten Stengel. Rund um den Stengel gaben in Büscheln angeordnete, gefiederte Blätter der Pflanze eine ziemlich robuste Erscheinung. Nachdem wir sie gebührend bestaunt hatten, entließ uns der Lehrer mit dem Hinweis, daß die Küchenschelle zu den vollkommen geschützten Blumen zähle und wir daher auf sie aufpassen sollten. Das taten wir auch. Schon am nächsten Tag bastelten wir Buben einen kleinen Zaun um die seltene Pflanze. Die Mädchen sahen uns dabei zu. So oft es möglich war, oder wir nicht durch andere Ereignisse abgelenkt wurden, besuchten wir die Kuhschelle, wie sie auch genannt wurde, und erfreuten uns an deren Anblick. Eines Tages war sie verschwunden. Wir trauerten um sie.

An den Nachmittagen streunten wir Bauernbuben, wenn keine Beschäftigung anfiel, durch die Gegend, über Wiesen und Felder oder wir bauten in einem Stoabuschen, Steinbuschen, eine Stoaburg. Stoabuschn befanden sich in der Mitte eines Feldes. Ihre Entstehung reicht wahrscheinlich bis in die Zeit der Urbarmachung zurück, als man das Feld für den Anbau vorbereitete. Bei der alljährlichen Umackerung traten immer wieder Steine zutage. Diese wurden im Frühjahr vor der Anbauzeit abgeklaubt und auf dem Stoabuschn gelagert. Mit der Zeit wucherten um die Steinhalden verschiedene Sträucher. Heute würde man sagen, sie wurden zu Trockenbiotopen, zu Wohnstätten von allerlei Getier und Pflanzen. Für uns Kinder bildeten die Stoabuschn Orte voller Geheimnisse. An heißen Sommertagen verkrochen wir uns drinnen, weil sie kühlen Schatten boten. Außerdem konnte man von hier aus, ohne gesehen zu werden, alles beobachten, was sich auf dem

Felde zutrug. Wir sahen, wie die Feldhasen herumhopsten und sich, wenn wir pfiffen, duckten, sodaß sie vom Erdreich kaum zu unterscheiden waren. Wunderlieb anzusehen war es, wenn eine Rebhuhnfamilie an uns vorüberstolzierte. Mäuse huschten in ihre Löcher und wenn wir uns am späten Nachmittag ganz ruhig verhielten, kehrten die gefiederten Gäste in ihre Nester auf den Bäumen, Sträuchern und Stauden des Stoabuschens zurück.

Am Ende einer Nachmittagstour suchten wir meist die Scheune, den Stadl, in unserem Krautgarten auf. Öfters entdeckten wir beim Stadltor eine längliche Holzkiste, in der etwas herumrumorte. Bald wußten wir es: Ein Tier befand sich in der Kiste. Unser Großvater stellte derartige Fallen auf, um Iltisse oder gelegentlich auch einen Steinmarder zu fangen. Doch, wie konnte das arme Tier, das uns leid tat, befreit werden? Mit den Händen ging es nicht, weil man gebissen werden konnte. Irgendein Bub kam einmal dahinter. Mit einem Obsthaken, den wir zum Schütteln der Äste verwendeten, mußte die Befreiung gelingen. So holte jemand dieses Gerät, eine lange Holzstange, an deren dünnem Ende ein Eisenhaken befestigt war. Der Haken bestand aus zwei Teilen, aus einem halbrunden großen und einem spitzen kleineren Teil. Die Iltisfalle war eine etwa einen Meter lange Kiste mit quadratischem Querschnitt von ungefähr dreißig Zentimetern. Die beiden an den Enden angebrachten Holztürchen wurden durch einen eisernen Mechanismus offen gehalten. Ein in die Mitte der Falle gelegter Köder lockte das Tier an. Schlich es nun in die Kiste, bewirkte der Mechanismus das Zuklappen der beiden aufgespreizten Deckel und das Tier war gefangen.

Vorsichtig begannen wir mit der Befreiung. Zwei Buben legten sich auf den Bauch und bemühten sich, die Falle mit dem Haken in die richtige Position zu rücken. Sodann versuchten sie, eine Holzklappe emporzuheben. Das war nicht einfach, denn wenn ein Türchen aufging, öffnete sich automatisch auch das zweite. Sobald das einigermaßen gelungen war und das Tier mit dem Kopf in der Öffnung erschien, brauchten wir nichts mehr zu tun. Ich weiß heute nicht mehr, wieviele

WIE ES FRÜHER EINMAL WAR

Iltisse oder Marder wir auf diese Weise befreien konnten. Nur an eines erinnere ich mich. Der Großvater bastelte wiederholt an den Fallen herum, weil er sich nicht erklären konnte, warum der Köder gefressen, der Hühnerräuber aber nicht gefangen war. Wir Kinder freuten uns diebisch, wieder ein Tierleben gerettet zu haben.

Volksschulzeit und Kindheit zogen an uns vorüber wie das Herbstlaub, das der Wind von den Bäumen riß und über die Felder trieb. Wir konnten nur mit allem Lebendigen etwas anfangen, gleichgültig, ob Mensch, Tier oder Pflanze. Den Begriff Tod kannten wir zwar als Wort, jedoch nicht in seiner Bedeutung.

Wenn ein Schwein geschlachtet wurde, verkrochen wir uns in den letzten Winkel, um die Todesschreie des Tieres nicht zu hören. Auch für unseren Vater bedeutete dies etwas, was ihm bis ins Innerste zuwider war. Damals gab es noch keinen Schußapparat. Das Tier wurde niedergeworfen, festgehalten und dann abgestochen. „Heit tuan ma Sauåstechn", hat es geheißen. Das Blut wurde von einer Frau in einer großen Rein aufgefangen, weil man es zum Blunznmåchn brauchte. Das tote Schwein kam sodann in den Sautrog. Es wurde auf zwei in einem gewissen Abstand über den Trog hinausreichende lange Eisenketten gelegt, sodann mit Saupech eingerieben und mit siedend heißem Wasser übergossen. Vier Männer drehten das Schwein mit den Ketten hin und her und schabten so die Haare von der Haut. Nach dieser Prozedur kam die Sau auf die Remm, ein mit dicken Eisenhaken versehenes Holzgestell. Hier wurde es auf den Hinterbeinen zum Ausweiden aufgehängt.

Natürlich blieben wir Kinder auch von Krankheiten nicht verschont. Das machte uns, ausgenommen die Krankheit war von Schmerzen begleitet, nichts aus, weil wir ja rund um die Uhr von der Großmutter, der Mutter oder einer Moam umsorgt wurden. Einmal durfte ich die Mutter zu einem kranken Onkel begleiten. Er lag sterbenskrank mit einem Lungendampf, einer Tuberkulose, wie ich heute weiß, darnieder. Sein Anblick erschreckte mich zutiefst. Er war total abgemagert und konnte nicht mehr sprechen. Als er unser ansichtig wurde,

WIE ES FRÜHER EINMAL WAR

huschte ein mildes Lächeln über sein Gesicht. Es dauerte nicht lange, bis er starb. Von der Teilnahme am Begräbnis blieben wir Kinder verschont. Mir wurde erstmals so richtig bewußt, daß auch wir Menschen einmal sterben müßten.

Als 1934 die Lieslmoam starb und wir sie begruben, begriff ich allerdings noch nicht, daß ihr Abschied endgültig war. „Wånn kimmt denn die Lieslmoam wieda?" fragten mein Bruder und ich täglich die Mutter. „Wißts, Hansl und Franzl, wånn da Mensch gnua gårbeit håt auf dera Wölt, dann sagt da Herrgod: ‚Hiaz is gnuag, hiazt kimm zu mir.' Dånn måcht da Mensch die Augen auf dera Wölt für imma zua und sei Söl kimmt, wånns im Lebn brav wår, zan Herrgod in Himml."

Damit gab ich mich zufrieden. Gelegentlich dachte ich, wenn ich an einer Lausbüberei beteiligt war, ob die Lieslmoam das sehen würde und ich bat sie insgeheim, mir zu verzeihen. Jedenfalls glaubte ich, die Lieslmoam würde auch vom Himmel aus, so wie sie es im Leben getan hatte, ihre schützende Hand über mich und meine Geschwister halten. Ich habe ihr in der Geschichte „Die Lieslmoam – Schicksal einer Bauernmagd" (siehe Seite 193) ein Denkmal gesetzt.

Ein Jahr später fanden meine Eltern für die Lieslmoam, wie sich alsbald herausstellte, einen nahezu gleichwertigen Ersatz. Sie hieß Mirzl und stammte aus einer Kleinhäuslerfamilie. Gütig, arbeitsam und treu, war sie uns Kindern wie eine Mutter zugetan. So schlossen wir sie bald in unser Herz. Die Mirzl diente auf unserem Hof bis zu ihrer Heirat im Jahre 1944. Ein Wittib, Witwer, führte sie heim und es wurde ihr auch das Mutterglück zuteil. Sie lebt noch heute, am 18. Juni 1997, da ich diese Zeilen schreibe, als betagte Frau bei ihrem Sohn. Es sei dieser braven Seele hiermit ein Denkmal gesetzt.

Wieder einmal spielten wir Kloaråtnkinder mit den Nachbarskindern in unserem Krautgarten. Besonders beliebt war das Völkerballspiel. Dabei konnten auch die Mädchen mittun. Als es schon zu dunkeln begann, beendeten wir Buben den Nachmittag mit einigen Bocksprüngen. Mit von der Partie war auch der Sohn von Inleuten namens Schurl, Georg. Er bildete für mich den Bock. Als ich zum Sprung ansetzte, bückte er sich plötzlich. Dadurch stürzte ich mit voller Wucht auf den Boden und mit der rechten Schulter auf einen Stein. Zunächst schien noch alles in Ordnung zu sein. Langsam stellten sich jedoch im rechten Oberarm Schmerzen ein. Bald konnte ich den Arm nicht mehr bewegen. Die Lieslmoam lebte nicht mehr, die Mutter und die Lenamoam meinten, es sei etwas gebrochen, ich müsse am nächsten Tag nach Wiesmath zum Arzt gehen. Nachdem ich nicht liegen konnte, setzte ich mich in der Schlafstube meiner Eltern auf die Tischbank. So verbrachte ich die Nacht. Wenn die Schmerzen es zuließen, döste ich vor mich hin.

Am nächsten Morgen ging ich mit dem Großvater zum Doktor. Dieser untersuchte mich und stellte fest, daß das Schlüsselbein gebrochen sei. Unter furchtbaren Schmerzen, die ich stöhnend ertrug, schob er die gebrochenen Teile zusammen. Sodann legte er einen Zinkleimverband an, der den ganzen Brustkorb umschloß. Sechs lange Wochen zierte dieses Korsett meinen Oberkörper. Nach der Abnahme bedurfte es geraumer Zeit, bis ich den Arm wieder ohne Schmerzen voll bewegen konnte.

Meine Kindheit steht vor mir, als ob sie erst gestern abgelaufen wäre. Einzelheiten drängen sich aus dem Unterbewußtsein an die Oberfläche. Ich muß nur die Augen schließen, mich zurücklehnen und die Gedanken in die Vergangenheit lenken. Dann tauchen sie plötzlich vor mir auf, all die längst entschwundenen Menschen und Bilder meiner Heimat, die einst mein Dasein erfüllt, die mich geprägt haben.

Erst dieser Tage besuchte ich wieder meine alte Heimat. Der vertraute Anblick des Hofes bot allerdings nicht mehr das Bild wie in meiner Kindheit. Im Jahre 1951 fielen die Ställe und Wirtschaftsgebäude einem Brand zum Opfer. Das Wohnhaus konnte gerettet werden. Die Strohdächer sind verschwunden. Der Misthaufen, einst mitten im Hof, mußte einer modernen Entmistungsanlage an der Außenseite des neu erbauten Rinderstalles weichen. Im Gebäude des Kuhstalles befindet sich heute der Schweinestall. Nun, im Jahre 1997, hat auch der alte Hausstock, wie das Wohngebäude genannt wurde, ausgedient.

WIE ES FRÜHER EINMAL WAR

Die Zeit bleibt nicht stehen. Nur noch ein Ölgemälde, das 1944 im Auftrage des Reichsnährstandes von einem Maler namens Müller gemalt wurde, kündet davon, wie es bei uns früher ausgesehen hat. Die moderne Zeit verlangt neben fortschrittlichen Wirtschaftsmethoden auch eine neue Lebenskultur. Manches, ja vieles, hat sich seit meiner Kindheit verändert. Die Sandstraßen erhielten Asphaltbeläge. Neue schmucke Wohnhäuser drängen sich in die einst unberührte Landschaft. Nur die Natur atmet wie in den Tagen meiner Kindheit und bereichert die würzige Bergluft, die vom Schneeberg und der Rax herüberweht, mit allem, was den Menschen guttut. Ich stehe auf einer Anhöhe und erfreue mich am Panorama, den sanften Hügeln und Mugeln. Da fällt mir ein Spruch ein, den einst mein Wiener Wahlonkel, ein pensionierter Schuldirektor, der jährlich hier seine Sommerfrische genoß, gereimt hatte.

> „Schaue weit hinaus ins Land,
> Schneeberg, Rax und Hohe Wand,
> bieten sich den Blicken dar,
> ein Gemälde – wunderbar!"

Das Jahr 1935 bereitete den Eltern, bezogen auf uns Kinder, großen Kummer. Mutter richtete gerade alles für den täglichen Schulweg her; für meinen älteren Bruder und mich je ein Schmalzbrot, einen Apfel und zum Eintausch eines Schulheftes zwei Eier. „Mutter", sagte plötzlich der Franzl, „i håb Hålsweh." „I a", ich auch, jammerte ich. Die Mutter legte ihre Hand auf unsere Stirn und meinte dann besorgt: „Ös håbts jå Fieber, ös ghörts ins Bett." Dann ergriff sie einen Löffel und schaute jedem von uns in den Hals. Plötzlich hörten wir die Stimmen unseres jüngeren Bruders und der Schwester: „Uns is so kålt." Wenige Minuten später lagen wir vier in den Ehebetten der Eltern. Der Vater eilte, nachdem nach ihm gerufen worden war, besorgt herbei und die Mutter beauftragte ihn, sogleich den Doktor aus Wiesmath zu holen. Sie ahnte, daß bei uns mehr im Spiel war als eine harmlose Erkältung. Dr. Franz Mitteregger ließ nicht auf sich warten. Er untersuchte uns und äußerte den Verdacht, daß es sich um eine

WIE ES FRÜHER EINMAL WAR

Diphtherie, eine sehr ansteckende, durch Bakterien hervorgerufene Infektionskrankheit, handle. Zur Sicherung der Diagnose machte der Arzt Abstriche, die in einem Laboratorium untersucht wurden und den Verdacht bestätigten.

Diphtherie zählte damals zu den für Kinder gefährlichsten Infektionskrankheiten. Als Folge davon wurde der Hof unter Quarantäne gestellt, um eine Ausbreitung der gefährlichen Seuche zu verhindern. Niemand durfte das Haus verlassen oder betreten. Notwendige Einkäufe besorgte eine Nachbarin. Sie legte die Sachen in ein Körbchen, welches dann die Mutter mit einer langen Stange durch das Fenster in die Küche zog. „I glaub nit, daß de Kinda kránk sein", sagte die Großmutter erleichtert. Sie meinte damit uns kleine Patienten. Rund um die Uhr von der Mutter und Großmutter betreut, fühlten wir uns in den behaglichen Betten bald recht wohl. Dazu kam noch die Befreiung vom Schulbesuch für vorläufig sechs Wochen. Beschwerden verursachte das Essen. Wir bekamen ohnedies nur Haferschleimsuppe und Grießkoch. Die Sehnsucht nach einem Schmalzbrot blieb zunächst ungestillt.

Eines Tages erschien der Doktor vor der üblichen Besuchszeit zur Visite. „Heute werden wir die Herrschaften ein wenig kitzeln", meinte er. „Endlich habe ich das Serum bekommen, das ich injizieren muß. Dann geht es wieder bergauf." Er kramte aus seiner Tasche eine Blechdose. Drinnen befand sich das Injektionsgerät, eine große Spritze, die wir mißtrauisch betrachteten, und ein Gefäß mit mehreren Nadeln, die uns Angst einflößten. Eine andere Schachtel enthielt das Fläschchen mit dem Serum. Mit weiten Augen beobachteten wir den Arzt bei der Vorbereitung. Als erster kam mein Bruder an die Reihe. Er überstand die Prozedur ohne einen Muxer, Wehlaut. Mir schien die Sache nicht geheuer zu sein. Die Mutter nahm meine Hand, ein kurzer, stechender Schmerz – vorbei war die Injektion.

Wenn die hereinbrechende Nacht ihre dunklen Schleier über Haus und Hof zu breiten begann und sich die Abenddämmerung einschlich, erschien die Großmutter mit einer Petroleumlampe in der Krankenstube und machte Licht. Eltern und Gesinde befanden sich in den Ställen bei der Viehfütterung. Die Kühe mußten gemolken werden. Großmutter setzte sich zu uns ans Bett. Sie schwieg und genoß das Glück, bei ihren genesenden Enkelkindern sein zu dürfen. Auch wir fühlten uns durch ihre Gegenwart wohl und aufgehoben. Noch heute denke ich oft, wenn auch verklärt, an diese Stunden. Die Zeit blieb förmlich stehen.

Wir wurden gesund, holten den versäumten Lehrstoff spielend nach und so kehrte wieder der Alltag auf unserem Bauernhof ein. Auch das sorgenvolle Antlitz meines Vaters sehe ich noch vor mir, denn es mußten ja das Arzthonorar und alle anderen Kosten beglichen werden, die die Krankheit verursacht hatten.

Als ich in den Fünfzigerjahren in den Weihnachtsferien bei meinen Eltern weilte, inspizierte ich, wie so oft, die Dachböden, in der Hoffnung, etwas Besonderes zu entdecken. Diesmal, an einem Sonntagnachmittag, hatte ich Glück. Ich fand einige Dinge, die mich neugierig machten. Unter altem Gerümpel lugte das Schusterstockerl hervor. Seine Glanzzeit fiel in die Jahre vor dem Zweiten Weltkrieg. Damals kam in den letzten Herbsttagen der Waldherr-Schuster zu uns auf die Stör. Unter Stör versteht man die Arbeit eines Handwerkers im Hause des Kunden. Meister Waldherr arbeitete bei uns jeweils acht Tage. In einer Ecke der warmen Küche flickte er alte Schuhe oder fertigte neue Schuhe an. War noch kein Leisten vorhanden, mußten wir die Füße auf ein Blatt Papier stellen. Der Meister zeichnete mit einem Bleistift die Konturen, nach denen dann der Leisten hergestellt wurde. Stundenlang saßen wir Kinder auf dem Türstaffel, der in die Dirnstuben führte, und sahen dem Schuster bei der Arbeit zu.

Herr Waldherr gehörte zu den ersten Menschen in unserer Gegend, die ein Motorrad besaßen, was allerdings nicht den Schluß auf Wohlhabenheit zuließ. Er brauchte die Maschine, um die Kundschaft zu erreichen, bei der er auf der Stör arbeitete. Seine Frau hatte ihm elf Kinder geschenkt, die ernährt werden mußten. Uns faszinierte das Motorrad. Jeden Abend fuhr der Schuster damit nach Hause. Er wohnte

WIE ES FRÜHER EINMAL WAR

in der Neumühle. Wir konnten den Zeitpunkt, da er die Maschine startete, kaum erwarten. Vorher mußte er jedoch die Karbidlampe zum Leuchten bringen. Motorräder waren damals mit solchen Lampen ausgestattet. Karbid, eine Verbindung von Kohlenstoff und Kalzium, wird aus Koks und gebranntem Kalk hergestellt. Mit Wasser versetzt, liefert es ein Gas, das einen Glühstrumpf zum Glühen bringt oder eine kleine Flamme nährt und auf diese Weise leuchtet. Früher fanden Karbidlampen auch als Warnlichtspender bei Bahnschranken Verwendung.

Schon in den Dreißigerjahren richtete eine Firma aus Wiener Neustadt eine Autobusverbindung über Hochwolkersdorf, Wiesmath, Geretschlag und Hollenthon nach Kirchschlag ein. Der Autobus verkehrte vorerst einmal in der Woche, am Samstag hin und am Sonntag zurück. Vordem mußten die Wege nach diesen Orten zu Fuß zurückgelegt werden. Die Handbremse des Autobusses befand sich außerhalb der damals noch nicht vorhandenen Einstiegstüre rechts neben dem Fahrer. Weil zu dieser Zeit die Linksfahrordnung bestand, wurden die Wägen von der rechten Seite aus gelenkt. Der Motor des offenen Wagens konnte nur mit einer anzusteckenden Kurbel in Gang gesetzt werden. Erst 1938 wurde auf die Rechtsfahrordnung umgestellt. Als Nachfolgemodell kam ein geschlossenes Fahrzeug zum Einsatz. Koffer und größere Gepäckstücke fanden auf einer umzäunten Dachfläche Platz. Eine auf der Rückseite des Wagens angebrachte Leiter ermöglichte den Aufstieg.

Fahrgäste aus unserer Gegend begrüßten alle mitfahrenden Personen mit Handschlag. Jedermann empfand eine Autobusfahrt als ganz seltenes Erlebnis. Eingehalten wurden nur die Abfahrtszeiten. Wie lange eine Fahrt dauerte, richtete sich nach den Bedürfnissen des Chauffeurs. Gelegentlich kam es vor, daß er bei einem Gasthaus zum Abendessen stehen blieb oder schnell auch ein Bummerl ausschnapste. Niemand regte sich deshalb auf. Die Fahrgäste vertrieben sich die Wartezeit mit Plaudern. Kaum jemand hatte es eilig. Sich längere Zeit im Autobus aufhalten zu dürfen, wurde sogar als Privileg empfunden.

WIE ES FRÜHER EINMAL WAR

Beim Schalten krachte es oft ganz jämmerlich, weil bei den einzelnen Schaltvorgängen Zwischengas gegeben werden mußte.

Es war der Traum eines jeden Kindes, einmal im Autobus mitfahren zu dürfen. Mich beschäftigte ein derartiger Wunsch anhaltend. Nachdem keine Erfüllung in Aussicht stand, zermarterte ich Tag und Nacht mein Gehirn, wie ich eine Autobusfahrt erleben könnte. Ganz plötzlich kam die rettende Idee, die ich an einem Samstag verwirklichte. Während der Tag auszuklingen begann, die Sonne schon ihre Schatten geworfen hatte und die Stallarbeit einsetzte, schlich ich beim hereinbrechenden Abend unbemerkt aus dem Haus zu unserer Straßenkreuzung und dann auf der Straße bis zum Fuße des Geretschlager Berges. Dort setzte ich mich in den Straßengraben. Während ich meinen Gedanken nachhing, vernahm ich plötzlich ein Motorengeräusch. Zwei Lichter näherten sich. Sie wirkten wie brennende Glotzaugen. Der Autobus kam rascher, als von mir erwartet. Ich duckte mich, damit mich niemand sah. Als das Fahrzeug am Fuße der Anhöhe ankam und der Chauffeur zurückschalten mußte, verlangsamte er die Geschwindigkeit des Wagens zum Schrittempo. Nun war für mich der Augenblick gekommen. Ich richtete mich halb auf, sprang hinter das Auto und stellte mich auf die Leiter. Niemand konnte mich sehen. So fuhr ich bis zur Anhöhe mit. Fasziniert von dem Erlebnis, versäumte ich vor der Beschleunigung des Wagens den Absprung. Das heldische Wohlbefinden, welches mich ergriffen hatte, verwandelte sich nun in Angst. Wegen der hohen Geschwindigkeit, die das Automobil auf der ebenen Strecke inzwischen wieder erreicht hatte, mußte ich nun bis zur Haltestelle in Hollenthon mitfahren. Ich klebte mich an die Leiter. Sobald der Wagen stand, sprang ich erleichtert ab und lief ein Stück von ihm weg, um nicht als Schwarzfahrer entdeckt zu werden. Es gab keine andere Möglichkeit, als auf Schusters Rappen so schnell es nur ging in das Elternhaus zurückzukehren.

Um nochmals auf den Dachboden zurückzukommen. Da fiel mir auf einer Holzstellage ein Behältnis auf, mit dessen Inhalt ich zunächst nichts anzufangen wußte. Es enthielt Patronenhülsen, ein Sackerl mit

WIE ES FRÜHER EINMAL WAR

Schwarzpulver und eigenartige Gerätschaften aus Messing. Eines Tages beobachtete ich, wie Großvater mit diesen Sachen hantierte. Auf meine Frage, was er da tue, antwortete er, ich solle genau aufpassen. Nach kurzer Zeit war es mir klar. Großvater fertigte Patronen an. Wie haben sich doch die Zeiten geändert. Kein Jäger würde heutzutage Patronen selbst erzeugen, alles ist käuflich und auch erschwinglich. Zuerst versah der Großvater eine Patronenhülse mit einer Zündkapsel. Dann gab er, genau dosiert, Pulver hinein. Nun stopfte er mit dem Messingstangerl, das an der Vorderseite ein Messingplättchen vom Durchmesser eines Zehngroschenstückchens trug, ein Filzrädchen in die Hülse. Damit trennte er das Pulver vom übrigen Hohlraum der Hülse. Zuletzt schüttete er, ebenfalls genau dosiert, Bleikügelchen in die Patrone und verschloß das Ganze mit einem Stöpsel.

Es scheint so zu sein, daß die mentale Kraft der Kinder, geheime Wünsche betreffend, so stark ist, daß sie auch zu den Eltern Zugang erhält. Anders ist die folgende Begebenheit nicht erklärbar. Der geheimste Wunsch meines Bruders und von mir betraf den Besitz eines Fahrrades. Es erschien allerdings müßig, ein derartiges Ansinnen überhaupt auszusprechen. Und doch geschah diesbezüglich ein Wunder. Dieser Sonntag wird mir unvergeßlich bleiben. Wie immer wartete das gesamte Hausgesinde auf Vaters Heimkehr von der Spätmesse, dem sogenannten Amt, um mit dem Mittagessen beginnen zu können. So gegen halbeins betrat er die Küche und begann sofort das Tischgebet zu sprechen. Andächtig, mit gefalteten Händen, stimmten alle ein.

Eines der wenigen Privilegien unseres Vaters bestand, wie schon früher erwähnt, darin, daß an Sonn- oder Feiertagen mit dem Mittagessen so lange gewartet wurde, bis er vom Kirchgang nach Hause kam. Alle akzeptierten dies. Wir Kinder saßen an den Küchenfenstern, weil ihn jeder als erster erblicken und dann rufen wollte: „Der Vater kimmt!" Zu den beliebtesten Sonn- und Feiertagsspeisen zählten die Rindsuppe mit selbstgemachten Nudeln und der Semmelkren mit Rindfleisch. Auch bei Hochzeiten oder einem Totenmahl kam ein solches Menü auf den Tisch. Das Angebot an Sonn- und Feiertagsmehlspeisen beschränkte sich auf den Germstriezl, den Germguglhupf und den Streuselkuchen.

Infolge der großen Zahl an Hausbewohnern fanden die Kinder keinen eigenen Platz am Eßtisch. Der älteste Bub stand beim Vater und aß mit diesem mit, der zweitälteste bei der Mutter. Die anderen Geschwister saßen, sofern sie schon einen Löffel halten konnten, am Schoß der Lieslmoam, der Lenamoam oder anderer Dienstboten, ausgenommen den Luisvejda, der alleine essen wollte. Es schmeckte allen, wie meistens, sehr gut. Noch besser mundete uns Buben jedoch die Nachricht des Vaters, er habe heute beim Schlosser Stieber in Wiesmath ein Fahrrad bestellt. Es werde in etwa vierzehn Tagen geliefert.

Fahrrad! Mit der Verwirklichung eines derartigen Traumes haben wir nicht gerechnet. Ganz aufgeregt erzählten wir allen, denen wir begegneten: „Mir kriagn a Fåhrråd." Die Tage zogen sich dahin. Endlich kam der ersehnte Sonntag. Wie immer warteten alle, wir Kinder bei den zwei Küchenfenstern, auf die Heimkehr des Vaters. Er ließ auf sich warten. Auf einmal der erlösende Schrei: „Då kimmt er mit an Fåhrråd!" Tatsächlich, Vater schob neben sich ein neues Fahrrad. Fahren konnte er nicht, das hatte er in Ermangelung eines Vehikels nicht gelernt. Nach wenigen Minuten konnten alle die neue Errungenschaft im Vorhaus gebührend bewundern. „Wås heit schon ålls måchn", staunte die Großmutter und streichelte zaghaft über den schwarzen Ledersattel.

In verhältnismäßig kurzer Zeit beherrschten wir den Drahtesel. Mein Bruder, der größer war als ich, fuhr schon sehr sicher. Mir gelang es nicht so gut. Zuerst nahmen wir, einmal er, einmal ich, nur den Weg bis zur Straße. An einem wunderschönen Herbsttag schoß mir der Gedanke in den Kopf, ich könnte mich auf die Stange des Rahmens setzen und mit dem Franzl mitfahren. Gesagt, getan! Wir radelten zuerst auf dem Weg zur Straße, und, weil es so gut ging, gleich weiter Richtung Hollenthon. Neben der Straße befindet sich, auch heute noch, unser Kreuzacker. Er heißt deshalb so, weil an seiner untersten Ecke,

WIE ES FRÜHER EINMAL WAR

straßenseitig, die Hauskapelle vom Kloaråtnhof den Blick auf sich lenkt. Jeder größere Bauernhof besitzt seine eigene Hauskapelle.

Auf der rechten Seite, im Straßengraben, stehen einige alte Obstbäume, darunter auch ein Apfelbaum, dessen Früchte uns ganz besonders mundeten. Wir blieben stehen, holten einige Äpfel und verstauten sie in den Hosentaschen. Bei der Weiterfahrt bemerkten wir zu spät, daß ein Gendarm entgegenkam. Als wir seiner ansichtig wurden, verriß mein Bruder das Fahrrad und wir landeten in einem Kleeacker. Auf der anderen Seite der Straße befand sich nämlich kein Graben sondern nur eine kleine Vertiefung. Gottlob verlief der Sturz glimpflich. Der Gendarm war sogleich zu Stelle, fragte nach unseren Namen und bezichtigte uns dreier Vergehen:

1. Das Fahren auf einem Fahrrad zu zweit ist verboten.
2. Der Sturz beweise die Unsicherheit des Lenkers, was zur Gefährdung anderer Straßenbenützer führen könne.
3. Schließlich ließen die prall gefüllten Hosentaschen den Beweis zu, daß wir Obst gestohlen hatten.

Dieser Verdacht bestätigte sich, als wir die Taschen ausleerten und die Äpfel zum Vorschein kamen. Nun gäbe es zwei Möglichkeiten der Bestrafung, sagte der Gendarm: entweder die Beschlagnahme des Fahrrades, oder den Gang zum Vater. Zitternd flehten wir weinend um Letzteres. Mit bangem Herzen traten wir in Begleitung des Gendarmen den Heimweg an. Auf halbem Wege begegneten wir dem Vater. Er machte kein Geseres, Gejammer, sondern fragte ruhig, was wir angestellt hätten. Nachdem er darüber informiert worden war, bat er den Gendarmeriebeamten, von einer Bestrafung abzusehen, er würde das selbst besorgen. So geschah es auch. Vater ließ es jedoch in seiner Güte mit einer Ermahnung bewenden.

Fahrrad! Der Besitz eines derartigen Fortbewegungsmittels stellte in unserer Gegend eine Rarität dar. Es hob unser Selbstwertgefühl in ungeahnte Höhen. Natürlich blieb es nicht aus, daß uns die Nachbarsbuben bedrängten, einmal fahren zu dürfen. Es fiel uns schwer, einen derartigen Wunsch abzuschlagen, wenngleich wir jedesmal Blut

WIE ES FRÜHER EINMAL WAR

schwitzten, eine in unserer Gegend viel gebrauchte Redensart, wenn wir ein derartiges Ansinnen bewilligten. Schließlich waren es doch lauter Anfänger, die das Rad ausprobieren wollten.

Tage und Wochen flogen dahin wie die Wölkchen im Winde. Die Erntezeit und die Ferien waren längst vergangen. Der Herbst bescherte eine bunte Welt, an der wir Kinder uns nicht genug sattsehen konnten. Das Fahrrad, häufig geputzt, glänzte wie neu und präsentierte sich allen, die das Haus betraten. Ich stand oft davor und betrachtete es, glücklich und stolz zugleich. Dabei fixierte sich in mir der Wunsch, an einem Wochenende mit dem Fahrrad unsere Tante, die Schwester meines Vaters, in Hochwolkersdorf zu besuchen. Inzwischen beherrschten wir, mein Bruder und ich, das Radfahren mit der gleichen Sicherheit wie das Roafalscheibn.

Roafalscheibn zählte bei uns Buben zu den beliebtesten Spielen. Mit einem Holzzweckerl, kleinen Stückchen länglichen, dünnen Holzes, rollten wir einen Reifen vor uns her. Wir schoben ihn nach links und rechts und vertrieben uns dabei auf sehr gesunde Weise, ständig in Bewegung, die Zeit. Am besten eignete sich dazu ein alter Fahrradreifen. Gelegentlich erbettelten wir einen solchen beim Schlosser in Hollenthon oder Wiesmath. Zur Not tat es aber auch ein eiserner Faßreifen.

Nachdem die Eltern meinem ersten Fahrradausflug zugestimmt hatten, machte ich mich an einem Freitag, nach dem Mittagessen, auf den Weg. Bekleidet war ich nur mit einem Ruderleibchen und der Klothhose. Dazu trug ich, um die Pedale besser treten zu können, die Sonntagsschuhe und gestrickte Socken. Bevor ich mich verabschiedete, reichte mir die Mutter noch ein Binkerl, welches ein Hemd, die Lederhose und den Sonntagsjanker beinhaltete. Als Binkerl bezeichneten wir eine kleine, in ein Tuch eingehüllte Traglast. Ich hängte das Binkerl auf die Lenkstange.

Bei uns gab es Werktags- und Sonntagskleider. Unter der Woche gingen wir, so lange das möglich war, barfuß zur Schule. Mußten wir, weil es regnete, Schuhe anziehen, gab es dazu keine Socken, sondern nur Schuhfetzen. Als solche bezeichnete man aus Stoffresten viereckig zugeschnittene Fetzen, in die die Füße eingehüllt wurden. Zur Werktagskleidung zählten auch selbstgestrickte Westen und Seelenwärmer, heute sagt man dazu Pullunder. Sonntagskleider waren nur für den Kirchgang bestimmt.

Mit stolzgeschwellter Brust radelte ich los. Durch Wiesmath fuhr ich besonders langsam, damit mich möglichst viele Leute sehen konnten. „Der hat ein Fahrrad", würden sie wohl sagen. Auch die Steigung zum Annaberg bewältigte ich anstandslos. Von dort weg führte die Straße, bis auf wenige Flachstellen, ständig bergab. Bei der letzten langgezogenen Linkskurve, die nach rechts überhing, war ich zu schnell unterwegs. Ich stürzte auf die rechte Seite und schlitterte zirka zehn Schritte auf der mit scharfen Steinen versehenen Sandfahrbahn dahin. Zunächst spürte ich durch den Schock nichts. Doch schon nach dem mühsamen Emporrappeln setzten auch die Schmerzen ein. Mein rechter Oberschenkel bot von der Hüfte bis zum Knie das Bild einer einzigen Schürfwunde. Das Fahrrad blieb gottlob unbeschädigt. Bis Hochwolkersdorf betrug die Entfernung noch etwa zwei Kilometer. Das Bein tat höllisch weh. Blut troff aus den Wunden. Mühsam hob ich das Rad auf, suchte nach dem Binkerl, das sich durch den Sturz von der Lenkstange befreit hatte und fixierte dieses nun am Gepäckträger. Dann versuchte ich, so gut es eben ging, vorwärts zu kommen. Das rechte Bein schien wie gelähmt. Bei jeder Bewegung schmerzte es. Mehr als zwei Schritte konnte ich nicht tun. Die Haut am verwundeten Bein spannte sich unter fürchterlichem Brennen.

Nach einiger Zeit näherte sich von hinten ein Fuhrwerk. Aus dem Klang der Kummets, Pferdegeschirre, zu schließen, liefen die Tiere im Trab. Das gleichmäßige Bewegen der Köpfe erzeugte das vertraute Gebimmel der an den Geschirren befestigten Schellen. Wie Engelsgeläute klang es in meinen Ohren. Das war die Rettung. Zu Fuß hätte ich den Weg zu meiner Tante sicher nicht geschafft. Ich hatte mich auch nicht getäuscht. Der Fuhrmann hielt auf meiner Höhe an. Besorgt fragte er mich, ob ich gestürzt sei und wohin ich fahren wollte. Er bot sich an, mich bis Hochwolkersdorf mitzunehmen. Das war mir gerade recht. Behutsam hob der Mann zuerst das Fahrrad und dann mich auf den Wagen. „Oje, oje", sagte er, „das schaut nit schön aus." Um mich ein wenig von meinem Unglück abzubringen, durfte ich sogar das Pferdegespann lenken. Das ließ mich meine Schmerzen vergessen. Schneller als erwartet, befanden wir uns mitten im Ort Hochwolkersdorf. Der Fuhrmann lud uns beide, mich und das Fahrrad, ab. Ich dankte ihm. Bevor ich mich in Bewegung setzen konnte, erklang das Kummetgeläute schon wieder von ferne. Im Winter erweckten die Schellenklänge den Eindruck, als führe das Christkind mit von Rehböcken gezogenen Schlitten über die verschneiten Felder.

Als die Tante meiner ansichtig wurde, schlug sie die Hände über dem Kopf zusammen. „Bua, wås is denn dir gschegn?" lamentierte sie, während sie das Fahrrad an die Hauswand lehnte. Sie führte mich dann in die Küche. Mit stockender Stimme schilderte ich mein Unglück. Um das Eitern der Wunden zu verhindern, meinte die Tante, müsse man diese mit Jod betupfen. Jod war ein in jedem Bauernhaus vorhandenes Desinfektionsmittel. Die Behandlung einer Wunde mit Jod verursachte ein ganz arges Brennen, das wußte ich von zu Hause. Es blieb mir jedoch nichts anderes übrig und so biß ich, unterbrochen von kurzen Schmerzensschreien, die Zähne zusammen, als die Tante die Behandlung vornahm. Die Wunden wurden anschließend mit Ehrenhöfersalbe, einem sehr wirksamen Mittel, das bei Mensch und Tier Anwendung fand, bestrichen und mit einem sauberen Leinentuch umwickelt. Die Prozedur blieb nicht ohne Wirkung. Ich mußte den Rest des Tages sitzend in der Küche verbringen und dabei den kranken Fuß auf einen Stuhl legen. In Gegenwart der guten Tante tat mir dies unendlich wohl, auch deshalb, weil die Schmerzen langsam erträglich wurden.

Der Tag begann sich zu neigen. Gegen Abend trudelte das Hausgesinde ein. Mein Onkel, ein etwas behäbiger, gemütlicher Mann, begrüßte mich sehr freundlich. Auch die drei Söhne und die einzige Tochter freuten sich über mein Kommen. Mein Wohlbefinden hob sich zunehmend und kulminierte zum kindlichen Glücksgefühl, als mir die Tante eröffnete, ich dürfe in der Nacht in den Ehebetten zwischen ihr und dem Onkel schlafen. „Damit wer bei ihm is, wånn er Schmerzn kriagt", sagte sie. Als damals zehnjährigem Buben tat mir die mütterliche Wärme und nächtliche Geborgenheit zwischen den zwei braven Leuten gut. Der Raum duftete nach Obst, denn es war üblich, besonders schöne Äpfel und Birnen oder andere der Jahreszeit entsprechende Früchte auf die Schlafzimmerkästen zu legen.

Es war nicht das einzige Mal, daß ich die Verwandten in Hochwolkersdorf besuchte. Besonders in Erinnerung sind mir die langen, lauen Abende, wenn nach des Tages Müh' und Plag' alle in der Küche gemütlich um den Eßtisch saßen. Ein Nachbarsbub kam auf Besuch und brachte eine zweireihige Knopfharmonika mit. Bei Spiel und Gesang erwarteten wir den Anbruch der Nacht.

Den Onkel zog es stets in das nahe gelegene Gasthaus. Die Tante saß in Gedanken versunken beim gemauerten Küchenherd und betrachtete zufrieden ihre Familie. Ein leises Murmeln, das bald von ihren Lippen kam, erwies sich bei näherem Hinhören als Dankgebet für den gut überstandenen Tag. Mensch und Vieh begaben sich schließlich zur Ruhe. Tiefer Frieden lag über dem Hof. Leider war unserer Rosatante dasselbe Schicksal wie vielen anderen Bauersfrauen in der Buckligen Welt beschieden. Der erste Mann fiel dem Ersten Weltkrieg zum Opfer. Er ließ sie mit drei kleinen Kindern und der Wirtschaft zurück. Wie ihre Mutter, unsere Großmutter, konnte sie schon wegen der Wirtschaft nicht alleine bleiben. Die Vernunft besiegte den Schmerz. Sie heiratete ein zweites Mal. Zwei weitere Kinder stellten sich ein. „Sie werdn sie schon zammlebn", war die gängige Redensart.

Die Zeiten wurden nicht besser, erkennbar an der Zahl der Arbeitslosen. Anfang 1937 lebten in Österreich 320.000 Personen, die Arbeitslosenunterstützung bezogen. In Niederösterreich waren es im Jahresdurchschnitt 50.000. Wieviel Ausgesteuerte es gab, also Menschen ohne Unterstützung, weiß ich nicht. Wir am Lande blieben von derartigen Schicksalen, weil nicht unmittelbar betroffen, unberührt. Unser Leben verlief immer in gleichen Bahnen. Gelegentlich hörten wir davon, daß in Deutschland ein Österreicher namens Adolf Hitler an die Macht gekommen sei, der alles umkrempeln wolle.

Unsere Sehnsucht richtete sich schon Anfang November auf Weihnachten. Die kürzer werdenden Tage mündeten in Abende, die für uns Kinder immer geheimnisvoller wurden. Großmutter setzte sich zur Lukn des gemauerten Küchenherdes, wo es am wärmsten war. Hier hielt sich auch allerhand Getier auf, zwei Meerschweinchen, zwei Kätzchen, einfach etwas Kleineres, das im Haus und Hof als sehr empfindsam galt. Wir Kinder drängten uns ebenfalls um die Großmutter, wenn wir nicht gerade im Stall bei irgendeiner Arbeit gebraucht wurden. Um diese Zeit schlich bereits eine von den Bergen oder aus dem Osten einbrechende eisige Kälte durch alle Glunassn, Ritzen, des Hauses.

Begegnung mit einem Handwerksburschen auf der Walz

Es war am letzten Novemberfreitag des Jahres 1937. Wir hatten uns nach der abendlichen Fütterung der Haustiere um den Küchentisch zum Nachtmahl versammelt. Da klopfte es plötzlich an der Tür. Verwundert stand der Vater auf, um zu sehen, wer zu so später Stunde noch Einlaß begehrte. Draußen stand ein Handwerksbursche. Er sagte, er komme vom Waldviertel, sei ein Schmiedegeselle, befinde sich auf der Walz und möchte nun heim zu seinen Eltern nach Kärnten wandern. Weihnachten wolle er zu Hause verbringen. Zuletzt fragte er noch, ob er für eine Nacht bei uns Unterkunft finden könne.

Unsere Mutter, fürsorglich wie immer, bot sofort einen Platz beim Tische an. Während sich nun der Bursche die heiße Milchsuppe und den Erdäpfelsterz schmecken ließ, beteuerte der Vater, in der Wohnung sei leider kein Platz, im Ochsenstall gäbe es jedoch einen leeren Stand mit Schabstroh und einem warmen Kotzen, da würde er sicher gut schlafen. Derartige Liegestätten waren damals in unserer Gegend nichts Außergewöhnliches. Schließlich fand auch die Geburt des Jesukindes in einem Stall statt.

Nach dem Abendessen meinte jemand, ob uns der Kärntner vielleicht ein Lied vorsingen könnte, man wisse ja, wie singfreudig die Menschen in seiner Heimat seien. Der Bursche ließ sich nicht lange bitten. Schon erfüllte seine klangvolle, weiche Tenorstimme die Küche. In Erwartung der kommenden Advent- und Weihnachtszeit, sang er den Englischen Gruß, jenes Gebet, das bei uns vor jedem Mittagessen gesprochen wurde. Er sang es auf kärntnerisch, schlicht und ergreifend.

Am nächsten Morgen, einem außergewöhnlich kalten Wintertag, stand der Wanderbursche schon frühzeitig in der Küche. Noch ganz schlaftrunken und betäubt von der Wärme seiner Schlafstelle, setzte er sich mit zerzaustem Haar an den Küchentisch. Mutter kredenzte ihm angesichts der arktischen Temperatur heißen, mit Zwetschkenschnaps versehenen, Tee und ein dickes Schmalzbrot. Mit reichlichem Proviant ausgestattet, bestehend aus mehreren dicken Brotschnitten und Geselchtem, verabschiedete sich der Schmiedegeselle. Wir Kinder

BEGEGNUNG MIT EINEM HANDWERKSBURSCHEN AUF DER WALZ

blickten ihm lange nach und suchten später seine Spuren. Der Sturm hatte sie zugeweht. Ob er heute noch irgendwo in Kärnten als alter Mann lebt?

In der ersten Religionsstunde der ersten Adventwoche fragte der Herr Pfarrer, ob jemand eine passende Geschichte wisse, mit der in die kommende Weihnachtszeit eingestimmt werden könnte. Ich meldete mich sofort und erzählte das Erlebnis mit dem Schmiedegesellen auf der Walz. Dabei vergaß ich nicht, das Lied zu erwähnen, das uns der Kärntner vorgesungen hatte. Den Text kannten wir von dem täglichen Tischgebet und die Melodie war leicht zu merken. Der geistliche Herr forderte meinen Bruder und mich auf, das Lied vorzusingen. Er zeigte sich davon so beeindruckt, daß er etwas anordnete, was auf unserem Hof ziemliche Aufregung verursachte. So etwas kam ohnedies selten vor. „Ihr werdet", sagte der Pfarrer zu uns, „den Englischen Gruß am zweiten Adventsonntag beim Amt, dem Spätgottesdienst, vom Altar aus der Gottesdienstgemeinde zu Gehör bringen." Und an mich gewendet bestimmte er: „Du nimmst dazu deine Ziehharmonika mit." „Aber ich kann ja erst die Bässe richtig spielen", wendete ich ein. „Das macht nichts, spielst halt die Bässe", war die Antwort des Katecheten.

Nun brach eine hektische Zeit herein, wie wir sie auf unserem Bauernhof bisher nicht kannten. Ich mußte immer wieder an unseren Auftritt in der Kirche denken und meinem Bruder ging es ebenso. Auch die Frauenspersonen befiel eine gewisse Nervosität. „Wo nehma denn für die Buam weiße Hemderl her?" sorgte sich die Mutter. „Des brauchns nit", beruhigte sie der Vater, „die Hirtn in Bethlehem hobn a koane weißn Hemderl ghàbt." Damit gab sich die Mutter zufrieden. Die Tage schlichen dahin. So manches Gegrüßet seist Du, Maria bei den freitägigen Rosenkranzgebeten war mit der Bitte an die Muttergottes verbunden, sie möge uns Buben beim großen Auftritt in der Kirche beistehen. Und sie stand uns bei.

Das Gotteshaus wies kein leeres Plätzchen auf, als die Ministranten am zweiten Adventsonntag die Spätmesse einklingelten. Sogar die rechte Männerseite war voll besetzt. Auch im Mittelgang standen

BEGEGNUNG MIT EINEM HANDWERKSBURSCHEN AUF DER WALZ

Gläubige. Mein Bruder und ich saßen in der ersten Bank auf der Frauenseite. Früher war das so mit den Plätzen in der Kirche. Jede Bauersfamilie hatte ihre Bank und bezahlte auch dafür. Wem die erste Bank gehörte, weiß ich nicht mehr. Die zweireihige Harmonika stand neben mir.

Der Gottesdienst begann mit der Predigt. Diese erfolgte von der Kanzel, dem Predigtstuhl, aus – ohne Mikrophon. Der Pfarrer sprach laut und deutlich. Jeder konnte ihn verstehen, auch diejenigen, die nicht mehr so gut hörten. Hochwürden nahm zunächst auf den Advent Bezug und erzählte sodann unsere Geschichte, ohne den Bauernhof zu nennen, wo sich das abgespielt hatte. „Und jetzt", schloß er die Predigt, „werden die Kloarátnbuam das Lied singen." Nun gab es für uns kein Zurück mehr. Ich nahm meine Harmonika. Der Franzl half mir, sie umzuhängen. Dann stellten wir uns auf die erste Stufe des Hochaltares, während der Pfarrer in einer kurzen Bank neben dem Eingang in die Sakristei Platz nahm. Mucksmäuschenstill war es in der Kirche. Die Blicke der Gläubigen ruhten erwartungsvoll auf uns. Ich begann die Einleitung zu spielen. Laut schwebten die Baßtöne im Raum. Dazu mischte sich bei leiser werdender Begleitung der Klang unserer hellen Bubenstimmen:

> 1. Der Engel, der sagte zur Jungfrau Maria:
> ‚Du bist voll der Gnaden, wirst Mutter des Herrn.'
> Gegrüßt bist Du, Maria, aus Gabriels Mund.
> Gegrüßt sei uns im Leben und in der Todesstund.

Schon nach dieser ersten Strophe ergriff die Zuhörer eine eigenartige Stimmung. Sie rückten näher zusammen. Mütter nahmen die Hände ihrer Kinder. Die Atmosphäre glich einer familiären Weihestunde. Mutter, Großmutter und die Lenamoam hatten Tränen in den Augen. Selbst der Luisvejda, den kaum etwas berühren konnte, wetzte unruhig auf seinem Platz hin und her. Dabei hüstelte er wiederholt, was ein Zeichen dafür war, daß er seine Rührung nicht zeigen wollte. Nach kurzen musikalischen Einleitungen folgten die zweite und die dritte Strophe.

BEGEGNUNG MIT EINEM HANDWERKSBURSCHEN AUF DER WALZ

2. Maria entgegnet: ‚Wie Du mir gesaget,
so soll es geschehen, ich bin Gottes Magd'.
Gegrüßt bist Du, Maria, aus Gabriels Mund.
Gegrüßt sei uns im Leben und in der Todesstund.

3. Das ewige Wort ist vom Himmel gekommen,
hat Fleisch angenommen und bei uns gewohnt.
Gegrüßt bist Du, Maria, aus Gabriels Mund.
Gegrüßt sei uns im Leben und in der Todesstund.

Nachdem das Lied verklungen war, herrschte, unterbrochen von einigen Seufzern der Erleichterung von der Bank unserer Angehörigen auf der Frauenseite, tiefste Stille. Auf der Männerseite schneuzten sich einige, um durch diese Verlegenheitsgeste ihre Ergriffenheit zu verbergen. Der Herr Pfarrer erhob sich, trat zur Mitte und sagte: „So innig wie heute habe ich den Englischen Gruß noch nie singend beten gehört. Danken wir der Mutter Gottes, daß sie uns das Jesukind zur Welt gebracht hat und dazu noch, wie wir wissen, in einem Stall. So weit ist es aber bei uns noch nicht. Dieses Wunder geschieht erst in der Heiligen Nacht, vom 24. auf den 25. Dezember. Damit uns schon heute das Licht den Weg dorthin weist, zünden wir auf unserem Adventkranz die zweite Kerze an. Die Kloarátnbuam sollen nach der Heiligen Messe in die Sakristei kommen. Amen."

Ziemlich erleichtert, daß wir den Auftritt in der Kirche hinter uns gebracht hatten, betraten wir die Sakristei und warteten dort, bis unser Hochwürden die Meßgewänder abgelegt hatte. Obwohl ihm der Mesner dabei hilfreich zur Seite stand, dauerte es eine geraume Zeit. Vor allem das Abnehmen der Albe, des liturgischen Untergewandes, bereitete Schwierigkeiten, weil beim Hals des geistlichen Herrn ein mächtiger Kropf im Wege stand. Nach Vollendung der Prozedur wendete er sich uns zu, sprach lobende Worte, daß wir ihm eine große Freude bereitet hätten und gab jedem fünfzig Groschen. (siehe „In der Adventzeit" Seite 198)

Fünfzig Groschen waren damals viel Geld. Man bekam dafür fünfzig Stollwerk-Zuckerl, fünf 10-Groschen-Bensdorp-Schokoladen oder fünf

BEGEGNUNG MIT EINEM HANDWERKSBURSCHEN AUF DER WALZ

Brausepulver. Brausepulver ergaben, in Wasser aufgelöst, ein köstliches Getränk. Es war in verschiedenen Geschmacksrichtungen erhältlich. Wichtiger als das Pulver war für uns Buben die kleine Schachtel, in der es sich befand. Fünfzig Groschen kosteten aber auch fünfzig Flirt-Zigaretten, die bei uns billigste Sorte. Für einen Taschenfeitel zahlte man zehn Groschen. Ein Taschenfeitel gehörte in den Hosensack jedes Buben. Die Kugeln zum Kugelscheiben erzeugten wir selbst aus Lehm. Für zehn Groschen erhielten wir beim Kaufmann fünf kleine Glaskugeln, wahre Schätze, wenn man daran denkt, wie die in der Sonne geglitzert haben.

Das Jahr 1937 neigte sich dem Ende zu. Silvester bedeutete für unsere Gegend, zumindest aus meiner damaligen Sicht, kein besonderes Ereignis. Der Neujahrstag war ein Feiertag wie jeder andere. Man wünschte sich gegenseitig Glück für das kommende Jahr. Die Glückwünsche der Kinder wurden von den Erwachsenen, sofern es sich um keine Dienstboten handelte, mit einer kleinen Gabe belohnt. Es konnte auch sein, daß Umageher, Arbeitslose oder wenig beschäftigte Leute, ins Haus kamen und dem Herrn und der Frau schon deshalb Glück wünschten, weil für sie immer ein Glas Most und eine Jause bereitstanden. Mitgebrachte Kinder wurden ebenfalls bewirtet. Uns betraf das Ende des Jahres 1937 in einer unangenehmen Weise. Es wurde nämlich im November eine Fahrradsteuer beschlossen. Sie betrug ab 1. Jänner 1938 fünf Schilling für jedes Kalenderjahr, ohne Rücksicht auf die Dauer der Benützung. Die Fahrräder erhielten sogar ein amtliches Kennzeichen.

Heute denke ich oft darüber nach, warum uns Kindern die Tage so endlos lang vorgekommen sind. Wahrscheinlich deshalb, weil immer neue Eindrücke in unsere kleinen Gehirne Eingang gefunden haben. Ereignisse des täglichen Lebens erfüllten unser Dasein, wie etwa die vielen Tiere in- und außerhalb des Hauses, denen wir begegneten. Da ist ein Kälbchen krank geworden, dem wir durch unsere Gegenwart beigestanden sind; die Letti, eine alte Kuh, frißt auf einmal nicht mehr; die Katze Minki bringt eine gefangene Maus in die Küche; die

BEGEGNUNG MIT EINEM HANDWERKSBURSCHEN AUF DER WALZ

Mutter ruft uns in den Stall, damit wir beim Melken helfen; am Abend pocht jemand an die Haustür und bittet um ein Nachtquartier, ein Handwerksbursche auf der Walz, ein Umageher oder ein Quartierer; jeder berichtet aus seinem Leben, von seinem Schicksal. Wir Kinder lauschen mit offenen Mäulern solchen Erzählungen.

Einmal kamen zwei Puppenspieler ins Haus. Nach dem Nachtmahl gaben sie eine Vorstellung. So etwas märchenhaft Schönes hatten wir noch nie erlebt: den Kasperl, eine Fee, die Hexe und das Krokodil. Alle standen leibhaftig vor uns. Ein anderes Mal fand ein Sängerpaar für eine Nacht Unterkunft auf unserem Hof. Es waren bessere Leute. So mußten mein Bruder und ich mit Großmutters Tafelbett vorlieb nehmen und unser Bett den beiden Fremden überlassen.

Außer den kirchlichen Festtagen, wie zum Beispiel Weihnachten, Ostern und Allerheiligen, gab es auch weltliche Höhepunkte im Jahresablauf. Dazu zählte als herausragendes Ereignis der Annakirtag am 26. Juli. Wenn es nicht gerade ein Sonntag war, galt dieser Termin als Bauernfeiertag. Am darauffolgenden Sonntag gab es dann den Nachkirtag. Von weither kamen die Leute, um sich mit Waren des täglichen Bedarfes einzudecken. Zu den erfolgreichsten Standlern gehörte ein Optikermeister aus Wiener Neustadt, der den älteren Leuten Brillen anpaßte. Das ging so vor sich, daß er seinen Kunden immer wieder andere Brillen aufsetzte. Er tat das so lange, bis der Patient ausrief: „Mit denen siach i guat!" Daß es auch eigene Augenärzte gab, war uns nicht bekannt. Gut in Erinnerung ist mir auch ein anderer Standler, der Met, Honigwein, verkaufte. Großen Zuspruches erfreute sich auch das Ringelspiel. Leider kam es nur ganz selten vor, daß wir damit fahren konnten. Unser Kirtagsgeld betrug fünfzig Groschen. Damit konnten wir bei dem reichhaltigen Angebot an Spielsachen und Köstlichkeiten, das zur Qual der Wahl führte, keine weiten Sprünge machen. Mit dieser Redewendung ist die Not, in der wir Kinder uns befanden, am besten charakterisiert.

Ungeduldig erwarteten wir auch den 1. Mai, weil da die Dorfburschen einen Maibaum aufstellten. Der Baum trug weder ein Schild mit

BEGEGNUNG MIT EINEM HANDWERKSBURSCHEN AUF DER WALZ

einer Widmung noch war er an seinem Wipfel mit irgendwelchen Köstlichkeiten behangen. Damals gab es bei uns noch keinen Ortsvorsteher, für den der Maibaum hätte bestimmt sein können. Das eigentliche Fest, an dem der Baum umgeschnitten wurde, fand Ende Mai oder Anfang Juni statt. Drei Tage vorher bedurfte es einer nächtlichen Wache, um zu verhindern, daß der Baum von Burschen anderer Dörfer gestohlen wird. Das wäre eine große Schande gewesen. Der Maibaum stand in der Nähe des Dorfwirtshauses.

Die Zeremonie des Umschneidens war für den letzten Mai- oder den ersten Junisonntag, um 14.00 Uhr, festgesetzt. Als wir Dorfbuben am Festplatz eintrafen, fanden wir kaum einen geeigneten Platz, um das folgende Geschehen aus nächster Nähe miterleben zu können. Eine Seite, auf die der Baum fallen sollte, mußte frei bleiben. Der Wirt schrie: „Månder, es is Zeit, mir fångan ån!" Die Leitnermusi begann einen Marsch zu spielen. Bei den Klängen der Musik marschierten drei Holzknechte, mit einer Zugsäge, Holzhacken und einem Sapin oder Sappel bewaffnet, zum Baum und nahmen dort Aufstellung. Sapin ist der Name für ein spitzes Werkzeug, mit dem man Holzstämme ziehen kann.

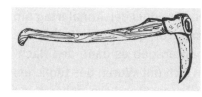
Sapin

Einer von den drei Männern ging um den Baum herum, betrachtete die Lage, zeigte auf eine bestimmte Stelle des Baumes und sagte: „Då miaß ma ånsetzn." Während zwei die Zugsäge bedienten, hackte der dritte Holzknecht auf der gegenüberliegenden Seite des Stammes einen Zwickel heraus. Nach einiger Zeit neigte sich der Maibaum auf die vorbestimmte Stelle und krachte dann unter dem Beifall der umstehenden Leute zu Boden. „Der Bam muaß vasteigert

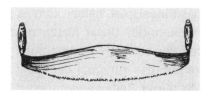
Zugsäge

werdn!" rief eine männliche Stimme aus den Zuschauern. „Holts den Gråfn, der håt a Göld!" Gemeint war damit der Gutsbesitzer von Ge-

BEGEGNUNG MIT EINEM HANDWERKSBURSCHEN AUF DER WALZ

Broatbeil

retschlag, ein Graf namens Wurmbrand. Der Graf wohnte allerdings nicht bei uns sondern auf seinem zweiten Gut Reichersberg. Trotzdem. Ein Hornsignal ertönte und hoch zu Roß ritt ein als Graf verkleideter Fuhrmann auf den Festplatz. Dieser übernahm nun das Kommando. Er steigerte selbst nicht mit sondern führte die Lizitation durch. Den Zuschlag erhielt ein Sägewerksbesitzer. Mit dem Erlös wurde die Musikkapelle bezahlt, die anschließend zum Tanz aufspielte.

An Tanzveranstaltungen nahmen gelegentlich auch unsere Eltern und die Großeltern teil, allerdings mußte der Großvater benzn, damit die Großmutter mitging. Wurde ein langsamer Ländler gespielt, konnte es sogar sein, daß beide mitsammen tanzten. Allerdings ging diesem Ereignis meist ein Diskurs voraus, der sich etwa so anhörte: „Geh, Großmuatta, tånzn mir zwoa a amol?" „Noussa, wås dir epa einfållt!" war zunächst die Antwort. Das heißt: „Auf was für Gedanken du auf einmal kommst." Schließlich ließ sich die Großmutter doch erweichen und sie tanzte, gar nicht schlecht, mit dem Großvater einen Ländler. Die Jungen waren glücklich und applaudierten, wenn sie zwei von Mühen, Sorgen und Arbeit gezeichnete alte Menschen tanzen sahen.

So war es damals bei uns daheim auf den Bauernhöfen. Die Ausnehmer waren bis zu ihrem Tode in die Familiengemeinschaft eingebettet. Niemand schob sie in ein Heim ab. Das hätten sie auch nicht überstanden. Außerdem waren sie für manche Verrichtungen auf dem Hofe noch gut zu gebrauchen. Während unser Großvater bis ins hohe Alter Werkzeuge aus Holz anfertigte, beaufsichtigte die Großmutter die Kinderschar.

Bis zum Beginn des Ersten Weltkrieges repräsentierte in unserer Region bei Landwirtschaften mittlerer Größe, so zwischen zwanzig und vierzig Hektar, der Dreiseithof die vorherrschende Hofform. Auf der einen Seite befand sich der Rinderstall, auf der Rückseite stand die Scheune oder der Stadl, wie man bei uns sagte, in dem sich auch die Schweineställe befanden. Die dritte Seite beherrschte das Wohngebäude. Nach vornezu blieb die Anlage offen, oder sie verschloß ein

BEGEGNUNG MIT EINEM HANDWERKSBURSCHEN AUF DER WALZ

Holzverschlag mit einem Tor. Jedes Objekt bedeckte ein Strohdach. In der Mitte des Hofes thronte der Misthaufen. Zwischen den beiden Weltkriegen baute man das Wohngebäude an die Vorderseite, sodaß der Dreiseithof zum Vierseithof anwuchs. Den alten Wohntrakt gestaltete man zum Kuhstall um. Es hatten daher auch die Sterzen, Jungochsen, und Ochsen einen eigenen Stall, ebenso die Kühe mit ihren Kälbern. Im Ochsenstall blieben einige Stände frei, die als Schlafplätze für Knechte, Umageher oder Quartierer Verwendung fanden. Neben dem Hoftor gewährte das Hoftürl Einlaß. An den neuen Hausstock wurde bald das Stöckl, der Wohnsitz für die Ausnehmer, Großeltern, angebaut. Ursprünglich wohnten die Altbauern bei uns im etwa zweihundert Meter entfernten Stübl, einem mit Stroh gedeckten Häuschen mit zwei kleinen Räumen, weil die Meinung vorherrschte, alt und jung unter einem Dach täte nicht gut. Mit der Zeit aber kam man darauf, daß die Alten auf dem Hofe gut zu gebrauchen waren. Sie hüteten das Haus, wenn alle anderen Hofbewohner auf dem Felde waren, schauten auf die Kinder und verrichteten kleine Arbeiten, für die die Jungen keine Zeit hatten.

Um den 25. Juli herum, dem Annatag, begann in Geretschlag die Ernte. Der Vater ging auf die Felder, um festzustellen, welches Korn reif zum Mähen war. Die Mähwerkzeuge umfaßten die Kleesense, das Waderl und den Krampen.

Dazu gehörte auch das Dengelzeug. Dieses bestand aus der Dengelgeiß, einem dreifüßigen, birnenförmigen Holzstockerl. Auf der Schmalseite sorgte ein starker Holzfuß für die Festigkeit des Stockerls. Darinnen stak der Dengelstock. Der Dångler, Dengler, setzte sich auf die Geiß, legte die Schneid der Sense mit der Spitze auf den Stock und den Rest auf das abgewinkelte Bein. Sodann begann er mit dem Dengelhammer die Schneid gleichmäßig zu klopfen und dabei das Mähgerät weiterzuschieben. Die dadurch entstehende Melodie erhielt, wenn mehrere Mäher gleichzeitig dengelten, eine ganz eigenartig beruhigende Klangfarbe, welche weit zu hören war und mit den natürlichen Geräuschen der Natur harmonierte. Dergleichen kann, was die Melodie betrifft, auch vom Wetzen der Sense gesagt werden. Den Wetzstein

BEGEGNUNG MIT EINEM HANDWERKSBURSCHEN AUF DER WALZ

Dengelgeiß mit Dengelhammer

trugen die Mäher in einem an den Hosenbund gesteckten Wetzkunft mit sich. Manche Mäher wendeten ihre kleinen Geheimnisse an, um eine möglichst scharfe Schneide beim Wetzen zu erzielen. Unser Luisvejda zum Beispiel gab in das Wasser des Wetzkunftes immer einen Schuß Essig. Wetzkunft nannte man einen kleinen, etwa zwanzig Zentimeter langen, nach unten spitz zusammenlaufenden dünnen Behälter, in den Wasser gefüllt und dann der Wetzstein aufbewahrt und genetzt wurde. Zu meiner Zeit verwendete man als Wetzkünfte die Hornhülsen von Rindern. Ein Henkel erlaubte es, den Wetzkunft beim Mähen auf dem Hosenbund mit sich zu tragen.

Mit der Kleesense mähte man Klee und Gras. „Du muaßt", sagte der Großvater, als er mir das Mähen beibrachte, „die Sengst immer schen auf da Ham håltn." Mit Ham meinte er jene Stelle, an der die Sense am Stiel, dem Woadl, angebracht war, nicht zu verwechseln mit dem Waderl. Das Waderl diente zum Mähen kleinwüchsiger Getreidearten, wie der Gerste. Über dem Sensenrücken befand sich, am Stiel befestigt, ein auf einem ovalen Holzrahmen, der etwas kürzer als die Sense war, gespanntes Leinen. Beim Mähen mit dem Waderl gelang es, die geschnittene Frucht in gleichmäßige Wellen zu legen. Man nannte diese Art des Mähens Schleudern.

Weizen und Roggen wurden mit dem Krampen gemäht. Dazu bedurfte es einer langen Kornsense. Der Sensenstiel trug über dem Sen-

BEGEGNUNG MIT EINEM HANDWERKSBURSCHEN AUF DER WALZ

senrücken einen Holzrechen, auch Korb genannt, mit vier kräftigen, leicht geschwungenen Zähnen. Der Måhder lehnte damit den geschnittenen Roggen an die noch stehenden Halme. Deshalb die Bezeichnung Anmahn. Aufheberinnen oder Schnitterinnen schoben mit der Sichel das Schnittgut zu einem Bündel und legten dieses sodann in einer Welle auf den Boden.

Als dritte Art des Mähens ist das Ablegen zu nennen. Dazu bedurfte es des Krampens, jedoch keiner Schnitterin. Zum Ablegen war

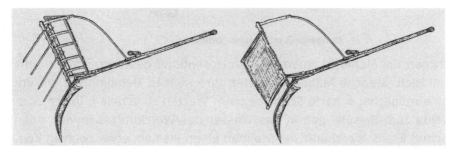

Krampen und Waderl

der Weizen geeignet. Der Mäher zog dabei die Sense so geschickt einige Zentimeter über dem Boden durch das Korn, daß dieses auf dem Rechen zu liegen kam. Dann legte er das Mähgut in Wellen nieder.

Beim Klee-, Wiesenmähen und dem Schleudern stand der Mäher am linken Feldrand, weil er die Sense vom Klee, Gras oder Korn weg nach außen ziehen mußte. Nachdem das Korn in den Wellen ausgetrocknet war, wurde es mit dem Knebel und Strohbandln zu Garben gebunden, zu Manderl aufgestellt, nach einiger Zeit heimgeführt und in einer Scheune sachgerecht gelagert. Begann es zu regnen, mußten die Garben neuerdings aufgelöst und in Wellen zum Trocknen aufgelegt werden. Bandlmåchn zählte zu den Winterarbeiten. Leere Viehstände boten dazu die besten und wärmsten Plätze. Sechzig Bandln wurden zu einem Schober zusammengebunden. Vor dem Gebrauch in der Erntezeit mußten die Bandln genetzt, das heißt mit Wasser übergossen werden, damit das Stroh beim Binden nicht brach.

BEGEGNUNG MIT EINEM HANDWERKSBURSCHEN AUF DER WALZ

Eine originelle Gemeinschaft bildete der Bauer mit seinen Zugochsen. In der Regel ging er, wenn ich an meinen Vater denke, zehn Schritte voran. Blieb er stehen, um sich eine Pfeife anzurauchen, blieben auch die Ochsen stehen. Bog er links oder rechts in einen Feldweg ein, folgten ihm die Tiere ohne Befehl. Beinahe fremd hörten sich die Fuhrmannsausdrücke an. Beim Wort „Hüa" begannen die Ochsen zu gehen. „Heiß uma" bedeutete links, „Tscho uma" rechts abbiegen. „Huig heiß uma" hieß nach links, „Huig tscho uma" nach rechts wenden. „Huig zruck" verstanden die Tiere ebenfalls, sie sollten den Wagen oder den Karren einige Schritte zurückschieben. Jede Aufforderung wurde durch das Schwingen mit der Peitsche unterstützt, ohne jedoch die Ochsen zu berühren. Als Zugvorrichtung diente das Joch, in das die Ochsen eingespannt wurden.

Leiterwagen

„So kånns nimma weitagehn", hörte ich manche Erwachsene sagen. Warum es nicht so weitergehen konnte, begriff ich nicht. Meinen Geschwistern und mir ging es, nach unseren damaligen Begriffen, gut. Eingebettet in die Großfamilie, von den Eltern, Großeltern und lieben Menschen umsorgt, verlebten wir eine wundervolle Kindheit in einer gottvollen Natur. Sicherlich blieben manche Wünsche unerfüllt, was ich heute als wichtige Voraussetzung für eine gesunde Entwicklung von Körper und Geist betrachte. Die Phantasie und manuelle Geschicklichkeit konnten sich jedoch voll entfalten und wurden nicht postwendend von Erfüllungsaktionen gedrosselt. Wohlstandsverwahrlosung, wie sie heute zum Problem wird, gab es damals in unserem Lebensbereich nicht.

Die Jahre des Krieges

Die Jahre des Krieges

Es ging auch nicht so weiter. Der 13. März 1938, ein schöner Frühlingstag, brach an. In aller Früh weckte mich ein arger Zahnschmerz. Der Großvater war bemüht, die Ursache zu finden. „Jetzt gehst in die Schul und am Nachmittag marschierst mit mir nach Wiesmath zum Zahnarzt!" bestimmte er. Mein schmerzverzerrtes Gesicht fiel auch dem Lehrer auf. Er erkundigte sich nach dem Grund und ließ mich dann den ganzen Vormittag in Ruhe. Nach dem Unterricht – auf das Mittagessen war mir, wie man bei uns sagte, der Gusto vergangen – ging ich mit dem Großvater nach Wiesmath zur Dentistin. Als wir die Sandstraße entlang wanderten, der Weg betrug vier Kilometer, umfing mich die zu sprießen beginnende Flora der Landschaft. Die nahen Wälder zeigten bereits ihr sattes Grün. Nichts deutete darauf hin, daß für Österreich eine neue Zeit begonnen hatte. Der Ausspruch „So kann es nicht bleiben" schien hinfällig zu sein, führte jedoch später in ein Inferno von noch nie gekanntem Ausmaße.

In Wiesmath angekommen, begegneten wir aufgeregten Menschen. Alles schien im Umbruch zu sein. Zwei der bekanntesten Geschäfte, die sich in jüdischem Besitze befanden, waren geschlossen. Das Wartezimmer der Dentistin war, was mir ungewöhnlich schien, leer. So kam ich gleich an die Reihe. „Der Zahn muß gezogen werden", lautete die Diagnose. Plombieren kam nicht in Frage, das wäre zu teuer gewesen. Plötzlich stand die Zahndoktorin hinter mir, packte mich mit der linken Hand am Hals und drückte mit dem Daumen auf eine bestimmte Stelle. Ich riß das Maul weit auf. Im selben Augenblick fuhr Frau Schulz, so hieß die Dentistin, mit ihrer rechten Hand in den Mund und faßte den kranken Zahn mit einer Zange. „Es ist gleich vorbei, nachher kriegst ein Paar Würstel und ein Kracherl", beruhigte sie mich. Unter normalen Umständen hätte ein derartiges Angebot zur Erfüllung des in uns Kindern und besonders in mir ständig schlummernden Wunsches nach solchen Köstlichkeiten helles Entzücken ausgelöst. Im speziellen Fall jedoch verdrängte das Wissen um den bevorstehenden grausamen Schmerz und die daraus resultierende Angst

DIE JAHRE DES KRIEGES

jede diesbezügliche Erwartungshaltung. Jedoch, es gab kein Zurück. Großvater hielt meine Beine fest, damit ich nicht strampeln konnte. Frau Schulz drehte sich inzwischen zur Vorderseite und zwängte mich mit ihrem Oberkörper in den Behandlungsstuhl. Solcherart wie in einem Schraubstock fixiert, war mir jede Möglichkeit zur Gegenwehr genommen. Halb betäubt vor Schmerz blieb ich nach der Prozedur regungslos im Zahnarztstuhl liegen. Erst als mich der Großvater zu rütteln begann, kam ich wieder auf die Beine. An Würstel und Kracherl dachte ich nicht. Auch weiß ich nicht mehr, was für das Zahnziehen zu bezahlen war.

Auf der Straße herrschte reges Treiben. Ein Onkel informierte uns darüber, daß deutsche Truppen in Österreich einmarschiert seien. Tatsächlich! Mein Zahnarztbesuch erfolgte an jenem Samstagnachmittag, an dem die Vorausabteilungen des deutschen Heeres Niederösterreich durchquert und Wien erreicht hatten. Der erste starke deutsche Truppenverband folgte am nächsten Tag, einem Sonntag. Generalmajor Feuerstein, damals Militärkommandant von Niederösterreich, begrüßte die Soldaten in St. Pölten und brachte sie in Kasernen unter. An diesem Tage flogen auch deutsche Bombergeschwader über Niederösterreich und warfen Flugblätter ab.

Wieder zu Hause, berichteten Großvater und ich von dem Rummel, den wir in Wiesmath angetroffen und erlebt hatten. Ich begriff zwar nicht den Grund für die allgemein herrschende Aufregung, spürte jedoch, daß etwas Besonderes geschehen sein mußte.

Am Wochenbeginn, Montag, dem 14. März, betrat der Oberlehrer um 8.00 Uhr unseren Klassenraum. Ich befand mich damals in der vierten Schulstufe. „Kinder", informierte er uns mit ernster Miene, „am vergangenen Wochenende hat sich etwas Ungewöhnliches ereignet. Unser Vaterland Österreich gibt es nicht mehr. Wir wurden an das Deutsche Reich angeschlossen. Ich verwende jetzt die Worte unseres Bundeskanzlers Dr. Kurt Schuschnigg ‚Gott schütze Österreich'. Das Staatsoberhaupt heißt nun Adolf Hitler. Bald wird sein Bild anstatt des Gekreuzigten in allen Klassenräumen an der Wand hängen." Der

DIE JAHRE DES KRIEGES

Herr Oberlehrer zeigte uns ein Hakenkreuz, das Symbol der Nationalsozialisten. Auf dem Heimweg fanden wir solche Hakenkreuze auch auf der Straße. Irgend jemand hatte sie ausgestreut. Auf unserem Hofe berichtete ein Knecht, er habe gehört, vom Kirchturm in Wiesmath wehe eine Hakenkreuzfahne. Außerdem sei in das dicke Fell eines Hundes einer in der Gmoa, Gemeinde, ansässigen jüdischen Kaufmannsfamilie ein Hakenkreuz geschnitten worden.

Wir besuchten Verwandte in einem Nachbarort. Dort erhielten mein Bruder und ich vom zweitältesten Sohn der Familie je ein Zehnpfennig-, Fünfpfennig- und Einpfennigstück. Die Münzen glänzten wie Gold. So etwas hatten wir noch nie besessen. Der Ministrantenlohn, die Zehn- und Fünfgroschenmünzen waren alt, matt und abgegriffen. Bald verschwand unser österreichisches Geld. Für einen Schilling und fünfzig Groschen bekamen wir eine Reichsmark.

Es herrschte so etwas wie eine Aufbruchstimmung. Die Arbeitslosigkeit nahm rapide ab. Vater brachte an einem Sonntag die Nachricht heim, alle Bauernhöfe seien entschuldet worden. Für einige Familien bedeutete dies den Weiterverbleib auf ihren Landwirtschaften. Es schien so, als würden paradiesische Zustände in unserem Lande einkehren. Zunächst nahm die Bevölkerung diese Entwicklung mit Staunen zur Kenntnis. Warum auch nicht. In meiner Heimat, der Buckligen Welt, lebten, völlig auf sich allein gestellt, tüchtige aufrechte Menschen, deren Wort man trauen konnte. Ein mit Handschlag besiegelter Vertrag galt wie ein Gesetz. Ihn zu brechen, wäre mit Ehrlosigkeit und Verachtung verbunden gewesen. So nahmen sie das, was über den Anschluß berichtet wurde, für bare Münze. Nur unsere Großmutter traute der „Gschicht nit gånz", wie sie sich äußerte. Frei und unabhängig sorgten die Bauern in unserer Gegend und den anderen Regionen in der Buckligen Welt unter den gegebenen Bedingungen und vorhandenen Ressourcen, welche ihnen die Natur bot, für ihr Dasein und das ihrer Familien. In beneidenswerter Genügsamkeit und Autarkie erfreuten sie sich am häuslichen Glück und der Kinderschar. Unter dem Zwang der Selbstverwirklichung litten weder die Frauen

DIE JAHRE DES KRIEGES

noch die Männer. Sie waren mit dem zufrieden, was sie sich erwirtschaften konnten. Infolge der reichen Kinderzahl fand nicht jeder junge Mensch in seiner Heimat eine Lebensgrundlage. Es gab daher nur zwei Möglichkeiten: entweder ein Dasein in Armut zu fristen oder anderswo eine Beschäftigung zu suchen. Manche Burschen oder Mädchen verließen daher ihr Elternhaus und gingen in die Fremde. Das sagt sich zwar leicht, doch was wird wohl in ihnen vorgegangen sein, als sie einen letzten Blick auf das Elternhaus geworfen haben? Einige blieben für immer verschollen.

Ein Bruder meiner Großmutter, der Franzonkel, entschloß sich als junger Bursche ebenfalls, sein Heimathaus zu verlassen. Jahrelang wußte man nicht, ob er noch am Leben war. Eines Tages meldete er sich. Er hatte es in Wien zum Bierdepotleiter gebracht. Die Geschichte „Wie ich zu meiner Knopfharmonika kam" erzählt vom Schicksal unseres Onkels.

Es dauerte nicht lange und es wurde wirklich anders. In jeder Klasse prangte bald ein Hitlerbild. Wer wollte, konnte sich vom Religionsunterricht abmelden. In unserer Klasse machte niemand davon Gebrauch. Wir Buben wurden aufgefordert, der Hitlerjugend, HJ, beizutreten. Eines Tages brachte der Vater für meinen älteren Bruder und mich HJ-Uniformen nach Hause. Für jeden ein Braunhemd, eine schwarze kurze Kordhose sowie einen breiten schwarzen Ledergürtel mit einem Fahrtenmesser, auf dessen Knauf „Blut und Ehre" zu lesen stand. Es hing in einer Scheide am Gürtel. Bald wurden wir zum ersten Heimabend nach Hollenthon einberufen. Ein sogenannter Fähnleinführer, dessen Namen ich vergessen habe, ließ uns sogleich in Reih und Glied antreten. Etwa dreißig Buben hatte man zusammengetrieben. Nach dem Abzählen führte uns der Häuptling, als solchen sahen wir ihn zunächst an, in das Extrazimmer des Dorfwirtshauses. Als erste Aktion stand das Erlernen des HJ-Wahlspruches auf dem Programm: „Flink wie Windhunde, zäh wie Leder und hart wie Kruppstahl." Dieser Spruch mußte immer am Beginn und Ende der Heimstunde gebrüllt werden. Den Anfang setzte unser Führer: „Hitlerjungen sind..." Der

DIE JAHRE DES KRIEGES

nächste Befehl lautete, in der kommenden Heimstunde hätten bereits alle Jungen in Uniform zu erscheinen. Die Beschaffung derselben obliege den Eltern.

Auf dem Bauernhof blieb zunächst alles beim alten. Es wurde wie immer im Juli an zwei Tagen, einem Wochentag und einem Sonntag, der Annakirtag abgehalten. Die Bauern kauften Waren, die sie selbst nicht erzeugen konnten. Nach wie vor kamen auch Wanderhändler ins Haus, zum Beispiel Bosniaken. Sie trugen einen Bauchladen mit allerlei Kleinzeug mit sich. Einer, auf den die Frauen gewartet haben, weil sie etwas kaufen wollten, blieb aus: der Fuchsjud.

Der Vater fuhr mit den Ochsen in die Gegend von Scheiblingkirchen um gebrannten Kalk, den er dann in unserer Kalkgrube löschte. Mit gelöschtem Kalk, zu einer Kalkmilch verrührt, wurden die Wohnräume und Stallungen ausgeweißt, weiß angestrichen. Dazu dienten zwei gekreuzte, an eine längere Stange gebundene Malerpinsel. Entlang der oberen Mauerkanten der Wohnräume wurden mittels Schablonen Farbmuster aufgebracht.

Melkmaschinen gab es um diese Zeit noch nicht. Die Kühe wurden mit der Hand gemolken. Um Butter zu erzeugen, bedurfte es des Butterfasses. Der süße Rahm wurde zunächst in irdene Töpfe gefüllt und sauer gestellt. Hatte er diesen Zustand erreicht, füllte ihn die Bäuerin in das Butterfaß. Durch das Drehen eines im Faß befindlichen hölzernen, durchlöcherten Flügelpaares mittels einer nach außen reichenden Kurbel erzeugten wir Kinder die köstliche Bauernbutter. Zurück blieb die nicht minder gute gesunde Buttermilch. Jeder Bauernhof besaß seinen eigenen aus Holz geschnitzten Buttermodl.

Zu den wichtigsten Arbeiten im Herbst gehörte die Kartoffel- und Rübenernte. Für die Kartoffelernte fand das Kramperl, eine Haue mit zwei Eisenzinken, Verwendung. Grumbirngråbn sagten wir dazu und meinten damit Grundbirnen, Kartoffeln. Grumbirngråbn zählte zu den Tätigkeiten der Frauen. Die Männer luden die Erdäpfel auf einen Goam, zweirädrigen Karren, und führten sie heim in den Kartoffelkeller. Die meisten Erdäpfel wurden verfüttert. Gegen den Frühsommer zu, wenn sie auszutreiben begannen, mußten sie vor dem Dämpfen, Abkochen, von uns Kindern abgerebelt, von den Trieben befreit, werden.

Rüben sind dickfleischige Wurzelpflanzen. In unserer Gegend stand als Futterrübe die Runkelrübe in Verwendung. Sie wurde im Herbst geerntet. Die Blätter ergaben ein gutes Grünfutter, die Knollen kamen in einen gewölbten Steinkeller im Gänsgartl, wo man sie für die Winterfütterung aufbewahrte. Zu den Futterrüben sagten wir Burgunder. Wahrscheinlich sind sie in früheren Zeiten, aus Burgund kommend, bei uns heimisch geworden. Daneben gab es für die Zubereitung von Speisen Kohlrabi, auch Kraut- oder Kohlrüben genannt. Kraut wurde ebenfalls angebaut und im Herbst geerntet. Seine Verarbeitung blieb über Jahrhunderte gleich. Verwendete man ursprünglich für die Zerkleinerung ein Hackmesser, so hielt in unserer Gegend schon im 19. Jahrhundert der Krauthobel, als sehr brauchbares Werkzeug für diese Arbeit, seinen Einzug. Der Krauthobel bestand in der Grundkonstruktion aus einem flachen Brett, welches mit einem Ausschnitt versehen war. Aus dem

Krauthobel

Ausschnitt ragte eine scharfe Messerklinge, über die der Krautkopf hin- und hergeschoben wurde. Bei uns, wie auch in anderen Gegenden, versah man das Brett mit einem Schlitten, in den die Krautköpfe gesteckt werden konnten. Um das gehobelte Kraut haltbar zu machen, wurde es in einem gemauerten Krautfaß im Keller eingetreten. Das Eintreten kam dem Vater zu. Er trug dabei ausgekochte, weiße Zwirnsocken. Als Konservierungsmittel diente ein Gemisch aus Salz und Essig. Die Beigabe von Äpfeln verfeinerte das Aroma des Krautes. Den Frauen oblag das Krautschneiden mit dem Hobel. Nach dem Eintreten wurde das Kraut mit Brettern abgedeckt und mit Steinen beschwert. Um einer Verkühlung vorzubeugen, erhielt der Vater nach getaner Arbeit Tee mit Rum.

DIE JAHRE DES KRIEGES

Bei den wöchentlichen Heimabenden zählte das Geländespiel zu den beliebtesten Programmpunkten. Der Heimleiter teilte uns in zwei gleich starke Gruppen. Die eine erhielt blaue, die andere rote Wollfäden. Wir banden sie uns gegenseitig auf den linken Oberarm. Solcherart ausgestattet, begann von zugewiesenen Aufstellungsplätzen aus, die manchmal in den Wald verlegt wurden, der Kampf. Das Signal hierzu gab der Fähnleinführer mit seiner Drillpfeife. Jede Gruppe mußte versuchen, vom Gegner möglichst viele Wollfäden zu erkämpfen. Es ging darum, sich möglichst unbemerkt an einen Feind heranzuschleichen und ihm den Wollfaden vom Arm zu reißen. Die Gruppe, welche die meisten gegnerischen Fäden besaß, hatte gewonnen. Natürlich gab es auch Einzelsieger.

Meine Mitgliedschaft bei der HJ Hollenthon währte nicht allzu lange. An einem regnerischen Tag, im April des Jahres 1939, stürzte die Mirzl aufgeregt in die Küche: „I glaub, da Herr Obalehra kimmt", rief sie. Wirklich, es dauerte nicht lange, klopfte jemand an die Tür. Es war der Herr Oberlehrer, der Einlaß begehrte. Nachdem er Platz genommen hatte, bat er die Mutter, auch den Vater herbeizurufen, denn was er zu sagen hätte, ginge beide an. Es dauerte nicht lange, und der Vater betrat etwas verwundert die Küche. Alle warteten gespannt darauf, den Grund des Besuches zu erfahren. Der Oberlehrer eröffnete den Eltern, daß in Kirchschlag noch heuer eine Hauptschule gegründet werde. Franz sei für den Besuch schon zu alt, aber für den Hans, für mich also, würde es sich gerade noch ausgehen. Es wäre sicherlich vorteilhaft, mich für diese Schule anzumelden. Schon am nächsten Tag meinte der Vater, er habe mit Mutter gesprochen. Beide hätten sich entschlossen, mich nach Kirchschlag in die Hauptschule zu schicken. „Wånnst du's nit dapåckst", fügte er hinzu, „kimmst wieda hoam, Arbeit hobn ma gnua für die."

So geschah es, daß ich eines Tages in Begleitung der Mutter mit dem Autobus, der damals schon täglich verkehrte, nach Kirchschlag fuhr. Für mich war das ein einmaliges Erlebnis. Wir suchten zunächst meine Tante, die Schwester der Mutter, auf. Ihr Mann, der Georgonkel,

DIE JAHRE DES KRIEGES

war Betriebsleiter in der Molkerei Kirchschlag. Wir wurden sehr gut aufgenommen und sogleich bewirtet. Sodann holte die Tante den Onkel herbei. Mutter eröffnete ihnen den Grund unseres Besuches, der in der Frage gipfelte, ob es möglich wäre, daß ich bei ihnen wohnen könnte, weil sie mich über Anraten unseres Oberlehrers in die neu gegründete Hauptschule schicken wollten. Ohne zu überlegen, sagte die Tante sofort zu. Ihr Sohn Georg würde auch die Hauptschule besuchen und da könnten wir beieinander schlafen. Ob auch ein Kostgeld vereinbart worden ist, entzieht sich meiner Kenntnis. Ich glaube eher, nicht.

Von Kirchschlag war ich hellauf begeistert, besonders von der Molkerei. Es herrschte reger Betrieb. Lastautos kamen und fuhren ab. Der Klang von Maschinen erfüllte das große Gebäude. So etwas hatte ich noch nie gesehen und erlebt. Und erst der Duft. Es roch nach kuhwarmer Milch, frischer Butter und anderen Köstlichkeiten, die ich nicht zuordnen konnte. Frauen und Männer trugen weiße Mäntel, alles blitzte vor Sauberkeit. Mein Eindruck: Hier werde ich mich wohl fühlen. Beglückt traten wir die Heimreise an. Die Hauptschule wurde im Gebäude des ehemaligen Bezirksarmenhauses eröffnet. Sie lag an der Peripherie des Ortes, an der Straße nach Stang.

Voller Neugierde erwarteten uns die Hausleute auf dem Hofe. Mutter verkündete die frohe Nachricht vom Erfolg unserer Reise. Diese verbreitete sich in Windeseile in der ganzen Umgebung. „Da Kloaråtnhansl kimmt in die Hauptschul. Des wird a Gstudierter." Manche fügten hinzu: „I håbs eh gwißt, der wüll jå nix årbeitn." Im Bewußtsein der Menschen in unserer Gegend fand ausschließlich, und das ist verständlich, die manuelle Betätigung ihren gebührenden Platz. Nur diese galt als wirkliche Arbeit, schon deshalb, weil das Ergebnis sichtbar und greifbar dastand. Ich war damals auch weit und breit der einzige, dem ein solches Privileg, eine Hauptschule besuchen zu können, zuteil wurde.

Im ersten Jahr der Gründung der Hauptschule gab es nur eine erste Klasse. In jedem folgenden Jahr kamen eine zweite, dritte und

DIE JAHRE DES KRIEGES

vierte Klasse dazu. Der Unterricht begann Anfang September. Ich quartierte mich also bei der Tante ein, ganz eingenommen von der schönen Dienstwohnung im ersten Stock der Molkerei und von der Burg Kirchschlag, die Jahrhunderte lang als Hort des Schutzes und der Sicherheit für die Bevölkerung galt. Wenngleich die Sehnsucht nach dem Bauernhof zu gewissen Zeiten sehr groß war, verspürte ich zunächst kein Heimweh. Viele neue Eindrücke stürmten auf mich ein, sodaß ich kaum Zeit fand, an daheim zu denken. Da stand zunächst der erste Schultag vor der Tür.

Ich verbrachte eine ruhige Nacht, in der mich ein gesunder Schlaf gefangen nahm. Schurl, der Sohn unserer Tante, und ich teilten ein Bett im Dachkammerl, einem Allzweckraum. Georg war ein Jahr jünger als ich. In der Nähe des Bettes standen Kisten mit Äpfeln und Birnen. Ihr wunderbarer Duft verbreitete sich im ganzen Raum. Er verband sich mit der würzigen Bergluft, die durch das offene Fenster einströmte und bewirkte, daß uns jede Nacht ein gesunder, traumloser Schlaf beschieden war, der für den folgenden Tag neue Kräfte verlieh. Zum Frühstück, das blieb mir bis heute in Erinnerung, gab es Buttersemmeln mit selbstgemachter Marmelade und Kakao. So etwas kannte ich nicht. Bei uns daheim bestand das Frühstück aus einer Einbrennsuppe, in die man Brot bröckelte.

Der Schulweg führte an einer Gerberei vorbei. In zwei riesigen Holzbottichen schwammen Tierhäute in einer Rindenlohe. Ihren eigenartigen Geruch empfand ich nicht als störend. Eines Tages fragte ich den Gerber, wie die Erzeugung von Leder vor sich gehe. Er erklärte es mir. Das Um und Auf bei der Ledererzeugung bestand in der Aufbereitung der Lohe. Jeder Gerber hatte da seine eigenen Geheimnisse, die er natürlich nicht verriet.

Der Schulanfang verlief zu unserer Zufriedenheit. Ich kam aus dem Staunen nicht heraus. Der erste Lehrer, der nach dem Läuten die Klasse betrat, bezeichnete sich als Herr Direktor. „Ich bin der Direktor", sagte er. Das muß nach meinen damaligen Begriffen ein ganz hoher Herr gewesen sein. Bisher kannte ich nur den Herrn

DIE JAHRE DES KRIEGES

Oberlehrer. Jeden Unterrichtsgegenstand unterrichtete ein anderer Lehrer. Auch zwei Fräulein gab es. Wir mußten sie mit Frau Fachlehrer ansprechen. Sie alle, wie auch die Mitschüler, Buben und Mädchen, kannte ich nicht. Da kam einen Augenblick die Sehnsucht nach der gütigen Frau und dem väterlichen Herrn Oberlehrer in mir auf, nach dem Bauernhof, den vielen Tieren und Menschen, die mir ans Herz gewachsen waren. Jedoch, die Gegenwart nahm mich sogleich wieder gefangen.

Aufgabe gab es am ersten Schultag noch keine. Also blieb am Nachmittag Zeit, die Molkerei zu erforschen. Nach Dienstschluß des Betriebes, um 17.00 Uhr, machte ich mich alleine auf den Weg in diese mir bislang unbekannte Welt. Da gab es zunächst die große Betriebshalle mit allerlei Maschinen. Besonders aufgefallen ist mir die Pasteurisieranlage, die mir der Onkel schon beim Besuch mit der Mutter gezeigt hatte. Sie bestand aus mehreren großen waschrumpel-ähnlichen Stahlgebilden, durch die heißes Wasser floß. Die darüber geleitete Milch erhitzte sich auf 80° C und wurde dabei keimfrei. Über große Rinnen wurde die Milch in mächtige Behälter transportiert. In einem Nebenraum standen zwei Stahlbottiche für die Aufnahme des Rahmes. Am nächsten Tag erfolgte dann dessen Verarbeitung zu Butter. Eine derart wohlschmeckende Butter hab ich, ausgenommen jene, die auf unserem Bauernhof gerührt worden ist, nie mehr gegessen. Sie enthielt all jene gesunden belebenden Nährstoffe der Natur, die durch die Freilandhaltung der Kühe voll wirksam werden konnten.

Unter Freilandhaltung verstehe ich, daß die Rinder vom Frühjahr bis in den Herbst hinein täglich zweimal, am Vormittag und am Nachmittag, auf die Weide getrieben worden sind. Nachdem es noch keinen elektrischen Weidezaun gab, mußten wir Håltabuam gewissenhaft dafür sorgen, daß die Tiere immer auf dem vorgesehenen Weideplatz blieben. Brenzlich, gefährlich, wurde es dann, wenn die Rinder auf ein Nest von Erdwespen stießen. Dann gingen sie nämlich durch, das heißt, sie stoben in alle Windrichtungen auseinander und mußten von uns Håltabuam wieder mühsam auf den Weideplatz zurückgetrieben

DIE JAHRE DES KRIEGES

werden. Manchmal verursachten sie dabei auch Schäden auf einem Nachbargrundstück, wenn sie etwa eine Frucht niedertrampelten.

Sehr gerne inspizierte ich in der Molkerei die Kellerräume. Schon deshalb, weil dort immer die gleiche, angenehme, kühle Temperatur herrschte. Ein Raum hatte es mir besonders angetan, nämlich jener, wo auf Holzstellagen der wunderbar schmeckende Romadur-Käse zum Reifen aufgelegt war. Im Hause gab es außerdem zwei Kühlräume. Einer davon barg ein Geheimnis, das uns nicht lange verborgen blieb: In der Molkerei wohnte auch der kaufmännische Leiter des Betriebes mit seiner Frau, ein kinderloses Ehepaar. Die Frau Direktor, so ließ sie sich ansprechen, buk jeden Freitag eine Torte, die sie bis zum Sonntag im besagten Kühlraum aufbewahrte. In diesem Kühlraum standen auch zwei Milchkannen, deren Verschlußdeckel leicht zu heben waren. Aus diesen Kannen wurde für den Verkaufsraum der Molkerei, der dem Gebäude angeschlossen war, Milch entnommen. Schurl und ich suchten den Raum öfters auf, um uns, vor allem an heißen Tagen, an dem kühlen Naß zu laben. Dies war mittels vorhandener Schöpfer verschiedener Größen leicht möglich.

Dabei entdeckten wir eines Tages die Torte. Ich strich mit dem Zeigefinger über die Schokoladeglasur und schleckte ihn dann ab. Die Schleckerei nahm immer gröbere Formen an. Die Folgen traten ein. In meiner Gier drückte ich einmal zu fest auf die Glasur, sodaß ein großes Stück der Torte abbrach und zu Boden fiel. Ich hob es auf und versuchte, es mit der ausgetretenen Creme auf die Bruchstelle zu kleben. Vergebens. Der Schaden wuchs ins Unermeßliche und zeitigte fürchterliche Folgen. Die Torte bot schließlich durch die Reparaturversuche ein armseliges Bild. Am nächsten Morgen erschien die Frau Direktor mit ihrem verunstalteten Kunstwerk bei der Tante. Sie bezichtigte den Schurl und mich der Täterschaft. Als Folge davon wurde uns das Betreten der Kühlräume verboten. Heute denke ich, die Frau Direktor hätte uns Kindern doch gelegentlich ein Stückchen von ihrer Backkunst als Kostprobe kredenzen können.

DIE JAHRE DES KRIEGES

Der Hauptschulbesuch bereitete mir keinerlei Schwierigkeiten. Aus dem losen Schülerhaufen entstand bald eine Klassengemeinschaft. Wir Kinder verstanden uns untereinander gut. Der Herr Direktor war gleichzeitig unser Klassenvorstand. Das erste Zeugnis, ich besitze es noch, erhielt ich am Ende des ersten Halbjahres, dem 10. Februar 1940. Es gab damals sechs Noten: sehr gut, gut, befriedigend, ausreichend, mangelhaft und ungenügend.

Unsere Region, einschließlich des Gerichtsbezirkes Kirchschlag, wurde sogleich nach dem Anschluß dem Kreis Oberpullendorf im Burgenland zugeordnet. Die Bezirke wurden in Kreise umgewandelt, anstatt des Bezirkshauptmannes trat ein Kreisleiter in Aktion. Für die Bundesländer erfand man die Bezeichnung Reichsgaue. Mir machte das nichts aus, manchem Erwachsenen schon, weil die lange bestehende, gewohnte Ordnung nicht mehr galt und wir plötzlich zum Burgenland gehörten.

Als ich einmal nach dem Unterricht heimzu schlenderte, kam ich am Ende des Hauptplatzes an einem Haus vorbei, an dessen Eingang mir ein Namensschild auffiel. Es enthielt den Vor- und Zunamen eines Mannes und dazu nach einem Beistrich die Bezeichnung Privatier. Ich kannte das Wort nicht und las es so, wie es geschrieben stand, wußte jedoch nicht, was es bedeutete. Also plagte mich die Neugierde auf eine Erklärung bis zu meiner Heimkunft am Wochenende. Aber auch zu Hause wußte niemand, was das sonderbare Wort bedeuten könnte. So blieb mir nichts anderes übrig, als meinen Onkel in Kirchschlag zu befragen. „Georgonkel", begann ich, „da steht auf einem Haustor Privatier. Was heißt denn dås? Des muåß jå a ganz besonderer Mensch sein." „Weißt", antwortete der Onkel verärgert, „das is der" – er nannte den Namen. „Er bezeichnet sich als Privatier. Das ist ein französisches Wort und heißt ‚ohne Beschäftigung'. Die Leute glauben, er ist ein hoher Herr. In meinen Augen ist er ein Tachinierer, der nie etwas gearbeitet hat." Ziemlich enttäuscht, machte ich um dieses Haus immer einen Bogen.

DIE JAHRE DES KRIEGES

Leider fand ich bei meinen Verwandten nur ein Schuljahr lang Unterkunft. Nachwuchs stellte sich ein, ein liebes Mädchen. So mußten wir für das neue Schuljahr ein anderes Quartier suchen. Wir fanden es bei einer Frau am linken Ufer des Zöbernbaches. Das geräumige Zimmer mußte ich mit einem Mädchen teilen, das die erste Klasse der Hauptschule besuchte. Bis auf die Verpflegung wäre alles in Ordnung gewesen. Täglich standen, wenn wir von der Schule heimkamen, geschmalzene Apfelnockerl auf dem Tisch. Wir mußten sie manchmal selbst aufwärmen. Ich konnte sie nach einiger Zeit weder riechen noch essen.

Mein Drängen nach einer neuen Bleibe brachte schließlich den gewünschten Erfolg. Im zweiten Halbjahr fand ich bei einem Ehepaar am Weißenbach Unterschlupf. Die Liegestatt befand sich in dem einzigen, winzigen Mansardenkammerl. Was das Essen anbelangte, kam ich vom Regen in die Traufe. Es bestand viermal in der Woche zu Mittag aus Reisfleisch. Schon beim Anblick grauste mir vor den fetten Fleischbrocken. Diese Abneigung hatte zur Folge, daß ich täglich zu hören bekam, wie heikel ich sei. Reste vom Mittagessen mußten am Abend verspeist werden. Einmal servierte die Hausfrau das Essen mit der Drohung, sie werde meinen Eltern die Bockigkeit und Undankbarkeit, die ich bezüglich der Speisen an den Tag lege, mitteilen. Mit unvorstellbarer Überwindung und geschlossenen Augen verschlang ich am Abend das mittags übrig gebliebene Reisfleisch. Die Folgen stellten sich umgehend ein. Kaum im Schlafkammerl angekommen, begann es mich furchtbar zu recken, aufzustoßen. Ohne es verhindern zu können, erbrach ich Sekunden später das widerwillig Genossene und beschmutzte damit das ganze Bett und mich selber. Möglichkeiten für die Reinigung gab es nicht. Zur Hausfrau traute ich mich nicht hinunter. Ein weiterer Verbleib im Bett schien unmöglich. Ich stand daher auf und setzte mich auf den einzigen im Raum befindlichen Stuhl. Vor mich hindösend, schlummernd, verbrachte ich, von kurzen Alpträumen geplagt, die Nacht. Einen dieser Träume kann ich bis heute nicht vergessen: Meine Quartiersfrau kam plötzlich zu mir herein, sah die

DIE JAHRE DES KRIEGES

Bescherung und jagte mich mitten in der Nacht aus dem Haus. In Schweiß gebadet, erwachte ich. Dann wieder wähnte ich mich zu Hause. Die Großmutter saß an meinem Bett und tröstete mich. Plötzlich klopfte es wirklich an die Tür.

Hellwach sprang ich vom Sessel. Die Ungemütlichkeit hatte ein Ende. Alle Träume waren verflogen. Als ich die ganze Bescherung nun im anbrechenden Tageslicht sah, überkam mich ein Gefühl der Hilflosigkeit. „Wie schaust denn du aus?" empfing mich meine Hausfrau. „Wie ein geschpiebenes Gerschtl." Nun blieb mir nichts anderes übrig, als zu beichten. Die verbale Abreibung, verbunden mit drohenden Gesten körperlicher Züchtigung, die ich nun erhielt, versetzten mich in eine Panik. Fluchtartig verließ ich, ohne Frühstück und ohne mich zu waschen, das Haus in Richtung Schule. Dort suchte ich eine Toilette auf und reinigte mich, so gut es eben ging.

Noch etwas anderes erfüllte mich mit Entsetzen. Meine Hausfrau hatte ein Schüppel, eine Schar, Gänse und Enten. Täglich gegen Abend fing sie einige davon ein und begann sie vor mir zu schoppen, das heißt, sie sperrte ihnen den Schnabel auf und stopfte Unmengen von Kukuruz, Mais, durch die Schlünde in ihre Mägen. Für mich war das reine Tierquälerei, etwas, was es bei uns zu Hause nicht gab. Die Gänse und Enten nahmen an Gewicht merklich zu. Aber auch meine Hausfrau leibte sich. Insgeheim hoffte ich, ihre Körperfülle werde sie in absehbarer Zeit daran hindern, die Gänse und Enten einzufangen. Dem war leider nicht so, sie blieb lebendig und behende, nur ihr Atem wurde immer kürzer.

Ein Schulweg führte auch über einen Hügel, vorbei an einer Seilerei. Interessiert beobachtete ich den Meister oft bei der Arbeit, mit der er schon am frühen Morgen begann. Er hatte seine Arbeitsgeräte an schönen Tagen im Freien stehen. So konnte ich sehen, wie er Garn zu mehr oder weniger starken Stricken und Seilen drehte. Der Name Strick bezeichnete ein Seil, aber auch einen Spitzbuben. Manchmal nahm mich die Arbeit des Seilers so gefangen, daß ich zu spät in den Unterricht kam, was mir den Tadel des Herrn Direktors eintrug.

DIE JAHRE DES KRIEGES

An einem Freitagvormittag im Jahre 1940 schickte mich der Direktor in den Ort hinein, um bei einem Kaufmann eine Flasche Tinte zu holen. Jede der zweisitzigen Schulbänke wies in der Mitte ein Loch auf, in dem ein Tintenglas stak. Zu gewissen Zeiten mußte die Tinte nachgefüllt werden. In der Volksschule machten die Lehrer die Tinte selber, indem sie Tintenpulver in Wasser verrührten, bis es sich auflöste. Nun konnte die Tinte bereits fertig in Flaschen gekauft werden.

Als ich auf dem Hauptplatz ankam, sah ich dort eine endlose Reihe deutscher Militärfahrzeuge stehen. Die Soldaten durften nicht absteigen, deshalb brachten die Leute Getränke und Schmalzbrote für die Landser zu den Autos. Fasziniert blieb ich stehen und betrachtete das Geschehen. Dabei vergaß ich auf meinen Auftrag. „Bitte, wir haben keine Tinte", sagte inzwischen ein Schüler zum Direktor. „Ja, wo bleibt den der Sinabell-Hansl so lange, ich habe ihn doch schon vor einer dreiviertel Stunde um eine Flasche in den Ort geschickt", war die erstaunte Antwort. „Geh, schau, wo sich der Lausbub herumtreibt", beauftragte der Direktor ein Mädchen. Dieses machte sich auf den Weg, erreichte den Hauptplatz und vergaß, gefangengenommen von den Ereignissen, die sich hier abspielten, ebenfalls auf die Rückkehr. Dem Schulleiter kam das nach einiger Zeit spanisch vor, ein bei uns üblicher Ausdruck für etwas Eigenartiges, Unergründliches. Zwei Schüler blieben nach einem einfach zu erfüllenden Auftrag verschollen. Da konnte etwas nicht stimmen. Der Direktor bat daher eine dienstfreie Lehrerin, nach uns zu suchen. Nachdem auch diese nach längerer Zeit nicht zurückkam, machte er sich selber auf den Weg in den Ort. Er fand uns drei friedlich nebeneinander stehend auf dem Hauptplatz.

Inzwischen hatte sich die Militärkolonne wieder in Bewegung gesetzt. Mannschaftswagen um Mannschaftswagen zog an uns vorüber. Den Abschluß bildeten Zugmaschinen mit verschiedenen Waffen, Kanonen und Geschützen. Ich konnte mir nicht erklären, auf wen man mit diesen Dingern schießen wollte. Meine Vorstellung ging dahin, daß auch in anderen Ländern Menschen wie wir lebten: Buben, Mädchen, Eltern, Großeltern und Arbeitsleute. Allein die Farben des Militärzuges

DIE JAHRE DES KRIEGES

unterschieden sich von der Vielfalt meiner bunten Welt. Alles war grau in grau, die Uniformen der Soldaten, die Fahrzeuge und die Waffen. Niemand wußte, was der Aufmarsch zu bedeuten hatte. Manche Männer sagten ganz laut: „Es wird woascheinli zu an Kriag kemman." Das Wort Krieg hatte ich schon öfter gehört. Unser Vater war im Ersten Weltkrieg eingerückt und hatte, wie die Mutter immer sagte, viel mitgemacht. Er selber sprach zu uns Kindern nicht davon.

Wieder in die Schule zurückgekehrt, durften wir in der Klasse von den Ereignissen berichten. Immer öfter tauchte im Sprachschatz der Menschen das Wort Krieg auf. Daraufhin ausgerichtet, verliefen auch die Heimstunden der HJ, an denen ich an manchen Wochenenden, wenn ich zu Hause war, teilnehmen mußte. An sich gefielen mir diese Heimabende nicht schlecht. Vor allem die Geländespiele entsprachen unserem Bewegungsdrang und der kindlichen Rauflust. Freude bereitete mir das Singen. Bisher hatten wir in der Schule nur Kinderlieder und Volkslieder gelernt. Nun kamen Wander- und Marschlieder hinzu. Letztlich erschöpfte sich jedoch die Heimstunde in der Propaganda für die Notwendigkeit des Krieges. Wenn ich der Großmutter davon erzählte, meinte sie: „Könnts nix Gscheiteres lernen?"

Beschäftigte mich etwas, mit dem ich nicht fertig wurde, wendete ich mich an unsere grundgütige Großmutter. Sie hatte für die Sorgen und Nöte ihrer Enkelkinder immer ein offenes Ohr und fand auch Zeit, uns anzuhören. In einer Heimstunde lernten wir ein Lied, das mich beunruhigte. Im Refrain hieß es nämlich: „Wir werden weiter marschieren, bis alles in Scherben geht, denn heute gehört uns Deutschland und morgen die ganze Welt." Als ich das der Großmutter erzählte, sagte sie nur: „Sei froh, Hanserl, daß d' no a Kind bist. Sie werdn schon dafür sorgn, daß koa Stoan aufn ändern bleibt. I gspürs." Wenn bei uns daheim etwas in Scherben ging, war es hin, aus. Das heißt, es war nicht mehr zu reparieren, unwiderruflich verloren.

Letztlich bewahrheitete sich die Herumrederei wegen des Krieges. Schon Anfang Oktober 1938 besetzten deutsche Truppen Südmähren. Der Krieg begann aber richtig am 1. September 1939 mit dem Ein-

DIE JAHRE DES KRIEGES

marsch in Polen. Einige Tage vorher wurden die ersten Lebensmittelmarken ausgegeben. Bei uns am Lande änderte sich kaum etwas. Als Bauernkinder hatten wir immer genug zu essen. Der Vater war zum Einrücken, gottlob, schon zu alt, wir Buben waren zu jung. Trotzdem belastete der Kriegszustand alle im Hause, besonders die Großmutter. Ihr war die Sorge um ihre Enkelsöhne anzumerken, von denen sich einige im wehrpflichtigen Alter befanden und sogleich zu den Waffen gerufen wurden.

Auch in der Landwirtschaft blieb zunächst alles beim alten. Die Arbeit und Lebensform vollzog sich im herkömmlichen Stil. Es gab auch keine direkte Bedrohung durch den Krieg. Viele Bauernhöfe erlebten sogar durch die Entschuldung einen Aufschwung. Leider änderte sich das mit dem Fortschreiten der Kampfhandlungen. Betroffenheit stellte sich ein, als die Nachricht vom ersten Gefallenen in der Gemeinde Wiesmath eintraf. Auch unsere Verwandtschaft blieb von einem derartigen Unglück nicht verschont. Unsere Großmutter wurde immer stiller. Fünf ihrer Enkelsöhne waren eingerückt und standen an vorderster Front. So traf ich sie öfters mit gefalteten Händen an. Sie betete bei jeder Gelegenheit im Stillen für ihre Familie, „...denn helfen", sagte sie einmal zu mir, „kånn nur da Herrgott."

Völlig überraschend traf mich am Ende des zweiten Hauptschuljahres, dem 5. Juli 1941, bei der Zeugnisverteilung die Nachricht des Direktors, daß daran gedacht sei, für auswärtige Schüler am Beginn des neuen, dritten, Schuljahres ein Internat einzurichten. Mein Gott, dachte ich erfreut, das würde für mich das Ende der Reisfleischperiode bedeuten. „Natürlich!" meinte unsere Mutter, wenn es wirklich zuträfe, käme ich im nächsten Schuljahr in das Schülerheim. Und es traf zu. Als ich mich vor Ende der Ferien für das Internat anmeldete, war ich der dreizehnte Schüler. Für zwanzig Schüler gab es Schlafplätze. Das Internat umfaßte zwei Schlafräume mit je zehn Betten. Einer war für die Knaben und einer für die Mädchen bestimmt. In der Mitte eines jeden Raumes stand ein großer Tisch mit Sesseln. Ein drittes Zimmer war als Speiseraum eingerichtet. Jeden Samstag, nach dem Mittagessen, wurde das Heim geschlossen. Im Winter, wenn die Schneeverhältnisse die Heimfahrt oder einen Heimgang nicht zuließen, durfte ich als einziger im Internat bleiben. Die Schuldienerin, eine mütterliche, fürsorgliche Frau, sorgte für meine Verpflegung. Sie lebte mit ihrem Mann etwas abseits in der Schulwartwohnung.

Für mich bedeutete der alleinige Verbleib im Internat eine Zeit unbeschreiblicher Angst. Allein in dem großen Haus, wußte ich nicht, was ich anfangen sollte. Vor allem die Nächte setzten mich in Schrecken. Geheimnisvolle Geräusche, das Zittern der Fenster und Türen und das Knistern und Ächzen des Gebälks bei Wind und Sturm, ließen mich nicht einschlafen. Dazu breitete sich eine eisige Kälte im Hause aus, denn wegen mir allein wurde nicht geheizt. Sooft es nur irgendwie möglich war, trachtete ich daher, den Weg nach Geretschlag zu Fuß anzutreten (siehe „Wunderbare Rettung" Seite 201).

An einem Wochenende, ich befand mich wieder einmal allein im Schülerheim, plagte mich am ganzen Körper ein fürchterlicher Juckreiz. Am Tage war er noch erträglich, jedoch in der Nacht, in der Bettwärme, konnte ich es fast nicht aushalten. So stand ich auf und marschierte mit geringen Unterbrechungen im kalten Raum bis zum Morgen auf und ab. Hinsetzen konnte ich mich wegen der sibirischen Temperaturen nicht.

Vom Sonntag auf den Montag änderte sich die Situation im Internat. Es wurde am Sonntagabend bereits eingeheizt, weil schon einige auswärtige Schüler eintrafen. Am Montag, in der ersten Stunde, bat ich den Herrn Direktor, einen Arzt aufsuchen zu dürfen. Er erlaubte es.

Ich kam als dritter Patient in den Warteraum, wurde jedoch erst nach mehr als zwei Stunden in den Ordinationsraum des Arztes gerufen. Auf den ersten Blick erkannte er, daß ich von der Krätzmilbe befallen war. Skabies lautete der lateinische Ausdruck für meine Krankheit. Der Doktor verschrieb mir eine Zinksalbe und verlangte dann das Honorar für die Ordination. Als er merkte, daß ich kein Geld hatte, begann er ganz furchtbar mit mir zu schimpfen. „Unglücklicher", schrie er mich an, „du stiehlst mir die Zeit und kannst nichts dafür bezahlen, die Krätzen sollen dich auffressen!" Die Höhe des Honorars habe ich vergessen. „Morgen bekommen sie ihr Geld", antwortete ich, „der Herr Direktor borgt es mir schon." Am nächsten Tag, noch vor dem Unterricht, erzählte ich dem Herrn Direktor vom Arztbesuch. Er gab mir zwanzig Mark. „Bring sie dem Doktor und dann pack' deine Sachen und geh' nach Hause. In die Klasse darfst du wegen der Ansteckungsgefahr nicht mehr", befahl der gute Mann. Er gab mir nochmals zwanzig Mark für die Zinksalbe.

Am Nachmittag des gleichen Tages, es war ein Dienstag und eisig kalt, machte ich mich zu Fuß auf den Heimweg. Die Tatsache, einige Tage zu Hause verbringen zu können, beflügelte meine Schritte. Der Apotheker meinte, man müsse nach einem Bad die befallenen Stellen mit der Salbe einreiben. Daran dachte ich, als ich durchfroren und müde daheim ankam. Die Mutter schlug die Hände zusammen, als sie mich zu so ungewohnter Zeit erblickte: „Jå Bua, wås tuast denn du schon då, håbns di vom Heim außighaut?" „Na, Mutter, i håb die Krätzn!" rief ich ihr weinend entgegen. Nach der abendlichen Fütterung der Tiere erhitzte die Mutter in einem großen Hefen Wasser, um mich zunächst in einem dafür bestimmten Holztrog zu baden. Anschließend bestrich sie die von der Milbe befallenen Stellen, leicht erkenntlich an den Kratzspuren, Eiterbläschen und Pusteln, mit Zinksalbe. Ich jammerte vor Schmerzen. Es brannte furchtbar. Sodann wickelte sie mich in ein sauberes Leintuch und legte mich ins Bett. Erschöpft schlief ich schließlich, nachdem auch der Vater zu mir gekommen war, ein. Am nächsten Tag ging es mir schon besser. Die Prozedur wurde noch zweimal wiederholt. Am Sonntag führte mich der Weg wieder nach Kirchschlag in das Internat.

Holzschaff

Um diese Zeit gab es in unserer Gegend noch kein Badezimmer, ich kannte niemand, der ein solches besaß. Die Leute wuschen sich

DIE JAHRE DES KRIEGES

nach jedem Arbeitstag meist mit kaltem Wasser. Wir Kinder wurden an Samstagen vor dem Schlafengehen in einem Holztrog gebadet. Zuerst kamen die kleinsten an die Reihe. Nach dem Zugießen von heißem Wasser wurde das nächstgrößere Kind gebadet und so ging es weiter. Maßgeblich für diese Reihenfolge war auch der Verschmutzungsgrad, der bei kleineren Geschwistern geringer war als bei uns ältesten Buben.

Wenn auch die Psychologie Knaben in der ersten pubertären Phase, in der ich mich befand, keine kognitiven Höchstleistungen, das sind solche der Erkenntnisfähigkeit, zuerkennt, bestätigte ich die Ausnahme dieser Regel. In einem nächtlichen Wachzustand kam mir folgender Gedanke: Du willst einmal den Beruf eines Lehrers ergreifen. In die Lehrerbildungsanstalt werden Schüler nach Abschluß der achten Schulstufe der Volksschule oder der vierten Klasse der Hauptschule, also mit dem vierzehnten Lebensjahr, aufgenommen. Bei mir könnte das nicht zutreffen, weil ich um ein Jahr zu spät in die Hauptschule eingetreten war. Es gab nur einen Menschen, der mir bei der Lösung des Problems helfen konnte. Das war der Herr Direktor. Also ging ich zu ihm, denn ich wollte keinesfalls ein Jahr verlieren. Ich fragte ihn, ob es eine Möglichkeit gäbe, die Hauptschule zeitgerecht zu beenden. „Nichts leichter als das", antwortete er, „du mußt nur den Lehrstoff der vierten Klasse mitlernen und am Ende des Jahres an einer anderen Hauptschule eine Prüfung, man nennt das Externistenprüfung, ablegen. In Mathematik kann ich dir helfen. Kommst eine Stunde in der Woche zu mir, das kostet nichts. Von den anderen Gegenständen besorge ich dir Bücher, die mußt du bezahlen. Rede einmal mit deinen Eltern." „Das mache ich. Meine Eltern sind gewiß damit einverstanden. Bitte Herr Direktor, besorgen sie mir die Bücher", bat ich.

An die Eltern hatte ich in meiner Begeisterung noch gar nicht gedacht. Was werden die wohl dazu sagen? Als ich vor ihnen stand und sie von meinem Vorhaben in Kenntnis setzte, beschlich mich zunächst ein beängstigendes Gefühl. Ganz zu unrecht. Beide reagierten sehr verständnisvoll auf mein Anliegen. Wenn ich meine, es schaffen zu können, sagte der Vater, solle ich es tun. Wenn es nicht gelinge, sei auch nichts verhackt, umsonst. Arbeit auf dem Hofe gäbe es für mich immer. Auch meiner Bitte, mich an Wochenenden von der Arbeit zu befreien, um lernen zu können, wurde entsprochen.

Der Wille, in die Lehrerbildungsanstalt zu kommen, ließ mich nicht mehr los. Ich stürzte mich über die Bücher. Mit der Nachhilfestunde in Mathematik haperte es, spießte es sich, gelegentlich, weil der Direktor keine Zeit für mich fand oder nicht in der Lage dazu war, mich zu unterrichten. Auf die Stenographie, die in der vierten Klasse zu den Hauptfächern zählte, vergaß ich gänzlich. Es gab auch niemanden, der mir die Kurzschrift beibringen hätte können. Das Jahr schritt dahin. Ich war, das kann ich heute sagen, im Lernen sehr fleißig.

Bald nach dem Anschluß Österreichs an das Deutsche Reich traf den Vater die Nachricht, er sei für das Amt des Ortsbauernführers ausersehen. Die Übernahme dieser Funktion zu verweigern, ließ der Kreisbauernführer wissen, sei nicht möglich. Man könnte eine negative Antwort als Antipathie gegen den Nationalsozialismus werten und als Wehrkraftzersetzung auslegen. Ein gut funktionierender Reichsnährstand sei eine der Grundvoraussetzungen für die Schlagkraft des Heeres. Dem Reichsnährstand komme die Aufgabe zu, für die ausreichende Verpflegung der Wehrmacht zu sorgen. Vom übrigen Volk war keine Rede. Auch andere Männer in der Gemeinde wurden mit Funktionen betraut. An der Spitze stand der Ortsgruppenleiter. In jeder Katastralgemeinde wurde ein Zellenleiter installiert. Es gab Frauenführerinnen und Jugendführer. Jede Organisation hatte ihren Führer. So viele Führer hatte es in der Geschichte Österreichs noch nie gegeben. Unser Vater erfreute sich in der Gemeinde eines großen Ansehens, wie jeder Bauer, der auf seine Familie und seinen Hof schaute. Das bei uns vielfach gebrauchte Wort schauen bedeutete in diesem Zusammenhang sorgen, sich kümmern.

Es dauerte nicht lange und der Kreisleiter hatte an Vaters Amtsführung Dinge, die nicht in den Kram der Nationalsozialisten paßten,

DIE JAHRE DES KRIEGES

auszusetzen. Zum Beispiel, daß der Ortsbauernführer seine vorgeschriebenen sonntäglichen Sprechstunden nicht während sondern abwechselnd nach dem Früh- und Spätgottesdienst ansetzte. Es kam die Order, die Sprechstunden während des Frühgottesdienstes abzuhalten. Das sei ein Befehl. Bei Verweigerung müsse mit Konsequenzen gerechnet werden. Das komme für ihn nicht in Frage, antwortete der Vater. Er werde davon auch den Kreisbauernführer verständigen. Dies hätte nämlich eine Verlegung der Gottesdienste zur Folge. Man könne eine jahrzehntelange kirchliche Gepflogenheit, die den Wünschen der Gläubigen entspreche, nicht einfach durch einen Befehl stören. Leider nahm die Auseinandersetzung für den Vater gefährliche Formen an. Mit dem Kreisleiter, einem allmächtigen politischen Funktionär, war nicht zu spaßen. Mutter schien sehr besorgt zu sein. Einmal schnappte ich ihre Befürchtung auf, Vater müsse damit rechnen, in die Hände der GESTAPO, Geheimen Staatspolizei, zu fallen. Männer, die ich noch nie gesehen hatte, kamen ins Haus, um dem Vater zuzureden, er solle seine starre Haltung ändern. Jedoch es nützte nichts. Vater entgegnete stets, er wolle seinen Glauben dem Befehl des Kreisleiters nicht unterordnen.

Uns Kinder ausgenommen, denn wir verstanden die ganze Aufregung nicht, verlebten alle Hausbewohner sorgenvolle Tage und Nächte. Niemand wußte, was mit Vater geschehen würde, bis dieser eines Sonntages die Nachricht heimbrachte, ein ganz hoher Besuch sei angesagt. In vierzehn Tagen werde Gauleiter Dr. Hugo Jury die Gemeinde Wiesmath und auch unseren Hof besuchen. Dr. Jury, ein Lungenfacharzt aus St. Pölten, versah als Gauleiter eine Aufgabe, die etwa jener des heutigen Landeshauptmannes entsprach.

Voll Bangen sahen alle im Hause dem Sonntag entgegen. Endlich stand er vor der Tür. Nach dem Mittagessen spielten wir Kinder im Freien. Der schöne Tag trieb uns in den Krautgarten. Auf einmal rief jemand: „Da kommen Autos!" Tatsächlich. Sofort liefen wir zum Hoftor. Da hielt auch schon der erste Wagen vor dem Haus, zwei andere Autos folgten. Männer in Militäruniformen stiegen aus. Zuletzt

DIE JAHRE DES KRIEGES

folgte ein Herr in Zivil. Das mußte der Gauleiter sein. Ich weiß noch, daß dieser Mann ein längeres Gespräch mit dem Vater führte, bei dem nur die Mutter anwesend sein durfte.

Anschließend begaben sich alle zu den Großeltern in das Ausnahmsstübel. Das hätten sie nicht tun sollen. Großmutter hatte nämlich, wie damals üblich, am Samstagnachmittag den Holzboden aus Fichtenholz frisch ausgerieben. Die Bretter waren damals ohne Nut und Feder zusammengefügt. Unter Ausreiben verstanden wir das wöchentliche Aufwaschen der Fußböden, eine der unangenehmsten Arbeiten, die den Frauen vorbehalten blieb. Sie knieten dabei auf einem Lappen am Boden. Als Reinigungsmittel benützten sie Wasser, vermengt mit Laugensalz, das sehr billig beim Greißler erhältlich war. Zuerst wurde der Boden mittels einer Reibbürste mit Lauge eingerieben, um die festen Verunreinigungen zu lösen. Sodann erfolgte das Säubern mit reinem Wasser und das Trockenwischen mit einem Reibfetzen.

Als nun die Männer – inzwischen kamen auch jene, die im Hofe als Wache zurückgeblieben waren, hinzu – in Großmutters Wohnung bis in das Schlafzimmer vordrangen, verfinsterte sich das Gesicht der Altbäuerin zusehends. „Wås fållt eich denn ein!" rief sie empört, „i håb erscht gestan ausgriebn. Marsch, außi!" Mit diesen Worten und einer entsprechenden Handbewegung bugsierte sie die ganze Gesellschaft aus ihrem Ausnahmsstübel. Weil der Gauleiter anscheinend seine Mission erfüllt hatte, brausten die Herrschaften schnell wieder ab.

Vater teilte uns dann mit, die leidige Sache mit der Sprechstunde sei aus der Welt geschafft. Er dürfe sie abhalten, wann er wolle. Allerdings hatte er sich einen Feind gezügelt, nämlich den Kreisleiter.

Doch zurück zu meiner Hauptschulabschlußprüfung. Sie sollte am 15. und 16. Juni 1942 an der Hauptschule in Stoob, im Burgenland, stattfinden. Voraussetzung für die Zulassung zur Prüfung war die Übersendung eines Werkstückes mit einer Bestätigung des Schulleiters, daß dieses vom Prüfungswerber persönlich angefertigt worden war. Nach einiger Überlegung entschloß ich mich, einen Segelflieger, Type Jungvolk, zu bauen.

DIE JAHRE DES KRIEGES

In der Schule lag der Katalog einer Firma auf, aus dem das Material für den Flieger bestellt werden konnte. Ich notierte die Adresse und die Bestellnummer. Ein Klassenkamerad, Sohn eines Installateurmeisters, erklärte sich bereit, ebenfalls einen solchen Flieger zu bauen. Die Lieferung des Materials erfolgte per Nachnahme. Gemeinsam begannen wir nach Arbeitsschluß in der Werkstätte des Installateurbetriebes mit dem Basteln der Fluggeräte. Da wir täglich daran arbeiteten, dauerte deren Fertigstellung kaum länger als eine Woche.

Nun gingen wir daran, mein Jungvolk auf seine Flugtauglichkeit zu überprüfen. Zu diesem Zwecke wanderten wir an einem schönen Nachmittag auf die Burgruine. Als Startplatz wählten wir den Aussichtsturm, in der Meinung, der Flieger würde bis ins Tal schweben und auf der Wiese am Fuße der Burg landen. Leider erfüllte sich diese Hoffnung nicht. Mein Flieger schwebte ruhig und gleichmäßig über die Baumwipfel des Burgberges. Auf halbem Wege begann er jedoch zu trudeln, stürzte abwärts und entschwand dabei unseren Blicken.

Blankes Entsetzen ergriff mich. Was sollte ich nun tun? Das Werkstück mußte noch diese Woche per Post nach Stoob geschickt werden. Welcher von den Heiligen, die ich in der Not angerufen habe, mir letztlich geholfen hat, weiß ich nicht. Heute meine ich, es sei der heilige Antonius gewesen. Geschockt, jedoch im vollen Vertauen, von einem der Nothelfer begleitet zu werden, kletterten wir in der Flugrichtung des verlorengegangenen Aeroplanes den Berg hinunter, ohne uns der Gefahr, der wir uns dabei aussetzten, bewußt zu sein. Manche Wegstücke führten durch Gestrüpp steil abwärts. Endlich kam der erlösende Schrei meines Schulfreundes: „I häb ihn, dort oben in den Wipfeln steckt er!" Tatsächlich! Jetzt erblickte auch ich mein Jungvolk. Es hatte sich nahe der Spitze einer hohen Fichte im Geäst verfangen. Ohne zu zögern, kletterte ich wie ein Eichhörnchen auf den Baum, von Ast zu Ast. Dabei spürte und merkte ich nicht, daß meine nackten Beine, ich trug eine kurze Hose, bereits an mehreren Stellen bluteten. Endlich hatte ich das Ziel erreicht. Behutsam ergriff ich den Flieger und löste ihn von den Zweigen. Nur die Flügelbespannung war an eini-

DIE JAHRE DES KRIEGES

gen Stellen zerrissen. Nun geschah mir schon leichter. Glücklich am Fuße des Berges angekommen, erreichten wir nach kurzer Zeit die Werkstätte, wo wir sogleich mit der Neubespannung der Flügel begannen. Wir spritzten das Papier mit Wasser ein. Am nächsten Tag hatte es sich vollständig gestrafft. Pergamentpapier war noch genügend vorhanden gewesen. Nun konnten mein Werkstück und die Schulbestätigung, in einer Holzkiste der Molkerei verpackt, nach Stoob geschickt werden. Die Prüfungstage fielen auf einen Mittwoch und einen Donnerstag. In der Hauptschule Kirchschlag erwirkte ich die Erlaubnis, vom Beginn der Woche an dem Unterricht fernbleiben zu dürfen.

Es gab keine Möglichkeit, mit öffentlichen Verkehrsmitteln Stoob zu erreichen. Also machte ich mich am Dienstag, nach dem Mittagessen, mit unserem Fahrrad auf den Weg in das Burgenland. Ich nahm die Route über Kirchschlag. Die warme Sommerluft tat mir gut. Mutter und Großmutter standen bei der Abfahrt vor dem Hoftor und winkten mir nach. Am Buckel trug ich einen Rucksack: Der Proviant, den mir Mutter eingepackt hatte, reichte für mindestens eine Woche. Ein frisches Hemd, die Sonntagshose mit dem Sonntagsröckel, ein frisches Schneuztüchel sowie die Federschachtel mit verschiedenen Schreibutensilien vervollständigten die Ausrüstung.

Vor dem Erreichen der Straße stieg ich vom Rad und drehte mich noch einmal um. Der Anblick des Elternhauses verlieh mir Sicherheit für mein Vorhaben. Die Großmutter stand noch immer vor dem Hoftor. Mir kann eigentlich nichts passieren, weil ich mich mit den Hofleuten stets verbunden und von ihnen beschützt fühlte.

In der Luft lag, eingehüllt in das Flimmern der Sonnenstrahlen, das leise Summen, Surren und Rauschen der Natur. Mir schien es, als würde diese, um alle Belastungen des neuen Tages bewältigen zu können, schwer zu atmen haben. Noch voll bei Kräften erreichte ich Kirchschlag. Dort bog ich in die Straße nach Lockenhaus ein. Mein nächstes Ziel, Pilgersdorf, stand vor mir. Auf einmal spürte ich, daß mit dem Hinterrad etwas nicht in Ordnung war. Die Luft war ausgegangen, ein

DIE JAHRE DES KRIEGES

spitzer Stein hatte wahrscheinlich den schon abgefahrenen Gummireifen aufgeschlitzt. Es hieß nun das Rad schieben. Damals gab es nur Sandstraßen. Trotz bester Betreuung durch die Wegeinräumer, befanden sich diese oft in einem dem Fahrrad abträglichen Zustand.

In Pilgersdorf klopfte ich gleich beim ersten Haus an die Tür. Ein älterer Mann öffnete. „Jo Bui", begrüßte er mich in der Ui-Mundart, „wås håst denn?" Als er das Gebrechen an meinem Hinterrad sah, setzte er fort: „Du håst jå an Påtschn." Einen Platten auf hochdeutsch. „Des wern ma glei håbn. Großmuida, bring a Pickzeig." Es dauerte nicht lange und das Gewünschte war zur Stelle. Während nun der Großvater, um einen solchen handelte es sich, den Schaden behob, erzählte ich, daß ich auf dem Weg nach Stoob sei, um an der dortigen Hauptschule eine Prüfung abzulegen. Nachdem die Arbeit beendet war, wünschten mir die hilfreichen alten Leute alles Gute, mit dem Hinweis, daß ich nach fünfzehn Telegraphensäulen zu einer Straßenkreuzung komme und dort nach Piringsdorf abbiegen müsse.

Die weitere Fahrt verlief ohne Zwischenfälle. Von Piringsdorf aus erreichte ich Oberpullendorf und dann Stoob, wo ich gegen 17.00 Uhr eintraf. Nun ging es darum, ein Quartier zu finden. In der Mitte des Ortes erblickte ich linksseitig von der Straße ein Gasthaus. Gegenüber lag ein Bauernhof. Ich ging hinein, begegnete einer älteren Frau und fragte diese, ob ich hier zwei Nächte schlafen könne und was das kosten würde. Die Frau war sehr freundlich. Sie meinte, das träfe sich sehr gut, denn die Jungen, ihre Tochter und der Schwiegersohn, seien zu Verwandten gefahren und kämen erst in einer Woche wieder heim. Den Grund ihrer Abwesenheit erfuhr ich nicht. In ihrem Schlafzimmer sei für mich Platz genug. Zu bezahlen hätte ich nichts.

Meine Unterkunft befand sich in einem typischen Streckhof. Diese Hofform ist im Burgenland häufig anzutreffen: Die Schmalseite des Hauses ist der Straße zugewendet. Elektrisches Licht war in meinem Zimmer nicht vorhanden. Auf einem Nachtkästchen stand eine Kerze, daneben lagen Zünder. Über den Betten baumelte ein Fliegenfänger. Vor dem Schlafengehen verspürte ich Hunger, also packte ich in der

DIE JAHRE DES KRIEGES

Küche, wohin mich meine Hauswirtin eingeladen hatte, den Rucksack aus, um mich zunächst einmal über die vorhandenen Schätze zu informieren. Zum Vorschein kamen Brot, Speck, Obst und ein ganzer Haxn, langes Stück, Mohnstrudel. „Vahungern tuast nit", meinte die Hausfrau. Ich wartete ihr einige Stücke Mohnstrudel auf, die ihr sehr gut schmeckten.

Die Zeit bis zum Einschlafen verbrachte ich mit meinen Büchern, die ebenfalls im Rucksack vorhanden waren. Vater hatte sie der Mutter vorsorglich zum Einpacken bereitgelegt. Ein Beweis dafür, daß die Eltern doch an meinem schulischen Fortkommen Anteil nahmen. Die Fülle des Stoffes bewirkte, daß ich nicht wußte, was ich wiederholen sollte. Also legte ich die Bücher weg. Nach kurzer Zeit schlief ich ein. In der Nacht plagten mich Alpträume. Diese gipfelten in der schrecklichen Bedrängnis, überhaupt nicht imstande zu sein, auch nur eine Frage der Prüfer zu beantworten, sodaß mir diese laut zuriefen: „Du kannst überhaupt nichts, durchgefallen!" Schweißgebadet erwachte ich, schlief jedoch bald wieder ein. Der letzte Traum bestand darin, daß ich zu hören vermeinte, jemand klopfe an die Tür und rufe mir zu: „Wånn du nit sofort aufstehst, kimmst du zu spät in die Hauptschul!" Hellwach erkannte ich, daß das kein Traum war. Meine Hausfrau stand vor der Tür und versuchte, mich aus den Federn zu bringen. In der Küche wartete bereits ein Frühstück auf mich: zwei Butterbrote und glundener, aus Gerste selbst gebrannter, Kaffee. Rasch verschlang ich das Gebotene, erkundigte mich, wo sich die Hauptschule befinde, und machte mich dann mit gemischten Gefühlen auf den Weg dorthin. Der Herr Direktor und zwei Mädchen meines Alters erwarteten mich bereits.

„Wir fangen mit Deutsch an, schriftlich", bestimmte der Schulleiter und lud uns dabei ein, in einer leeren Klasse Platz zu nehmen, jeder Prüfling in einer eigenen Bank. Er schrieb drei Themen an die Tafel, von denen wir eines zur Bearbeitung auswählen konnten. Ich entschied mich gleich für das erste „Als deutscher Offizier in Deutsch-Ostafrika". Aus der Geschichte wußte ich, daß das Deut-

DIE JAHRE DES KRIEGES

sche Reich im Jahre 1884 in die Reihe der Kolonialstaaten eingetreten war. Es besaß im schwarzen Erdteil vier große Kolonien: Deutsch Ostafrika, Deutsch Südwestafrika, Togo und Kamerun. Meinen Aufsatz begann ich damit, daß ich mit einem Schiff als Hauptmann von Deutschland nach Ostafrika reiste. Dort übernahm ich eine Kompanie Askaris. Als Askaris bezeichnete man eingeborene Schutztruppen. Diese trugen Khakiuniformen. Das waren, aus einem graubraunen, kräftigen Baumwollstoff von besonderer Webart gefertigte, Tropenmonturen. Mit dieser Truppe eroberte ich ein afrikanisches Gebiet nach dem anderen und verleibte es als Kolonie dem Deutschen Reich ein. Eigentlich hätte ich ja viel lieber für Österreich gekämpft, jedoch das gab es nicht mehr. Der Inhalt meines Aufsatzes entsprach völlig der Ansicht der damaligen Machthaber. Leider wies die Orthographie gewaltige Mängel auf. Unter Berücksichtigung des Ergebnisses der mündlichen Prüfung erreichte ich in Deutsch die Zeugnisnote „gut". Verhältnismäßig gut ging es mir in Mathematik, vier Beispiele waren zu lösen.

Der zweite Tag war den mündlichen Prüfungen gewidmet. Insgesamt bestand ich die Externistenprüfung über den Stoff der vierten Hauptschulklasse mit gutem Gesamterfolg. Als Geschenk ist allerdings die Note „ausreichend" in Kurzschrift zu werten. Außer der Schreibung meines Namens brachte ich kaum etwas zustande.

Im Besitze eines Zeugnisses über die vierte Hauptschulklasse, also „eine über das Lehrziel der allgemeinen achtklassigen Volksschule hinausreichende abschließende Bildung", trat ich die Heimfahrt an. Ich hatte das Gefühl, ein schwerer Stein sei von meiner Brust gerollt. Der Hauswirtin in Stoob bin ich heute noch für ihre freundliche Fürsorge dankbar.

In Windeseile sprach es sich herum, daß der „Kloarátnhansl in oan Jåhr zwoa Hauptschulklassn dapåckt håt." Auch die Eltern, Großeltern und das übrige Hausgesinde freuten sich über den Erfolg. Natürlich warteten der Herr Direktor, die Lehrer und Mitschüler auf mein Kommen, weil sie die Neugierde plagte, wie es mir ergangen war. Mit dem

DIE JAHRE DES KRIEGES

Zeugnis in der Hand, betrat ich am folgenden Montag das Schulhaus. Der Direktor nahm es und betrachtete es aufmerksam.

„Ich hab' es gleich gewußt, daß der Hans das schafft", lobte er mich. „Er will Lehrer werden, jetzt müssen wir ihn zur Aufnahmsprüfung anmelden."

Es dauerte kaum vierzehn Tage, da kam bereits die Einberufung in das Schloß Sitzenberg-Reidling, im Bezirk Tulln, wo die Prüfung im Rahmen eines HJ-Lagers stattfinden sollte.

Die Anreise erfolgte im Zug. Für mich war das ein besonderes Erlebnis, weil es die erste Bahnfahrt meines Lebens war. Am frühen Nachmittag kamen wir in Reidling an.

Im Schloß empfing uns, etwa dreißig Buben und ebenso viele Mädchen, schreiend ein HJ-Führer, seines Zeichens der Lagerleiter. Mit schnarrender Stimme teilte er mit, daß wir nun der Fürsorglichkeit unserer Mütter enthoben seien und seinen Befehlen, ohne Fragen zu stellen, zu gehorchen hätten. Dann ließ er uns zur Zimmervergabe im Hof in Reih und Glied antreten. Ich erhielt mit einem zweiten Prüfling das Zimmer Nr. 101. Wir hatten die Unterkunft kaum betreten, ertönte eine sogenannte Drillpfeife, gefolgt von dem Geplärr, daß sich die männlichen Heiminsassen im Hofe zum Appell einzufinden hätten.

Noch eine bisher nicht gekannte Besonderheit fiel mir auf. Jeder einzelne Bub wurde mit dem Vornamen „Heini" angesprochen, welcher ständig das Bestimmungswort „Scheiß" erhielt.

Diesen Vornamen mit dem unflätigen Zusatz hat unser Lagerführer täglich mindestens fünfzigmal ausgestoßen. Das empfand ich aus zwei Gründen als beleidigend.

Zum einen, weil Heinrich als urdeutscher Vorname auf Heimerich bzw. Haganrich zurückgeht und schon im Mittelalter vielfach verwendet worden ist. Wenn man die Entstehung des Namens weiter untersucht, kann man daraus in seiner Bedeutung „König des Hauses" ableiten. In unserer Region, der Buckligen Welt, gab es für viele Vornamen Dialektausdrücke. Zur Barbara sagte man Wettl, zur Anna

DIE JAHRE DES KRIEGES

Nettl, zum Georg Schurl, zum Hans Schani und zum Andreas Aunaredl. Nur Heinrich blieb davon verschont.

Zum anderen hatten wir einen Verwandten mit Namen Heinrich, den Heinrich-Onkel, einen rechtschaffenen Bauersmann, den wir alle sehr verehrten. Auch seinetwegen empfand ich die Verunstaltung des Vornamens als Beleidigung.

Nun stach mich der Hafer und ich stellte eines Tages unserem Lagerführer folgende Frage: „Wenn Hitler anstatt Adolf Heinrich hieße, käme dir dann die Verunglimpfung seines Vornamens auch täglich lautstark über die Lippen?" Die Bubenriege begann teils schallend, teils wiehernd zu lachen. Unser Boss bekam jedoch einen roten Kopf. „Das ist eine Führerbeleidigung!" brüllte er. Die Strafe folgte auf dem Fuße. Ich mußte auf der Stelle fünfzig Liegestütz machen, was für mich damals keine Schwierigkeit darstellte. Viel härter traf mich die Ankündigung des Lagerleiters, er werde dafür sorgen, daß ich die Aufnahmsprüfung nicht bestehe, denn eine Figur wie ich könne im Dritten Reich doch nicht auf junge Menschen losgelassen werden. Ich konnte zwei Nächte lang nicht schlafen, weil mich diese Drohung nicht zur Ruhe kommen ließ. Und wirklich. Nach zwei Tagen erhob sich der Lagerführer beim Mittagessen, um dem Vorsitzenden der Prüfungskommission vor versammelter Belegschaft mitzuteilen, der Hans Sinabell werde die Prüfung nicht bestehen, weil er Adolf Hitler beleidigt habe. Daraufhin meldete sich der angesprochene Professor zu Wort und sagte, ob der Hans Sinabell bei der Prüfung durchkomme oder nicht, entscheide allein die Kommission. Das beruhigte mich.

Im Hofe erfuhren wir die Tageseinteilung: 6.00 Uhr Wecken, von 6.15 bis 6.45 Uhr Frühsport, um 7.00 Uhr Frühstück, anschließend Duschen in einem großen Baderaum, von 8.00 bis 12.00 Uhr Aufnahmsprüfungen, sodann Mittagessen, bis 14.00 Uhr Mittagspause, nachher bis 18.00 Uhr Ausbildung gemäß dem Programm der Hitlerjugend, 18.00 bis 18.30 Uhr Nachtmahl, täglich von 20.00 bis 21.30 Uhr Gemeinschaftsabend. Dieser erschöpfte sich in politischen Vorträgen oder im Singen von Marschliedern.

DIE JAHRE DES KRIEGES

Angst erzeugte in uns Buben die Nachmittagsbetreuung. Schon am ersten Nachmittag ging es auf den örtlichen Spielplatz zu einer Mutprobe, die darin bestand, daß jeder Bub über eine Leiter auf einen zwei Meter hohen, auf zwei Stützen befestigten, sieben Meter langen, zehn Zentimeter breiten, Balken steigen, sich dort aufrichten und darübergehen mußte. Das Aufrichten gelang deshalb, weil die Leiter über das Holzgestell hinausreichte und man sich daran festhalten konnte. Zum Gleichgewichthalten benützten wir die Arme und nicht wie beim Seiltanzen eine Stange.

Ich glaube unser Fähnleinführer – oder war er Bannführer? – ich weiß es nicht mehr – konnte die Konsequenzen seiner Befehlsgewalt gar nicht abschätzen. Ursache für dieses geistige und charakterliche Manko war wahrscheinlich seine sadistische Grundhaltung. Er brüllte nur mit uns. Wir Buben hatten für ihn willenlose Werkzeuge zu sein, mit denen er machen konnte, was er wollte.

Aus dieser Charakteristik ist der weitere Verlauf der Mutprobe zu erklären. War es einem von uns Heinis möglich, sich am Balken aufzurichten und einige Schritte zu tun, rüttelte der Häuptling am Holzgestell und man stürzte in die Tiefe.

Der erste überlebte den Sturz, der ihn völlig unvorbereitet traf, unbeschadet, obgleich er vor Schmerzen am ganzen Körper jammerte. Beim zweiten Seiltänzer zeitigte die Mutprobe eine arge Verletzung: Er brach sich ein Bein. Unfähig aufzustehen, lag er als armseliges Bündel wimmernd am Boden.

Einem vorübergehenden Mann, der den Verlauf des Geschehens kopfschüttelnd beobachtet hatte, wurde vom Lagerleiter befohlen, auf das Gemeindeamt zu gehen und die Rettung zu rufen.

„Ich mache das nicht, weil du es mir befielst, du hast mir nämlich nichts zu befehlen, sondern weil mir der Bub leid tut", entgegnete der Mann und entfernte sich raschen Schrittes.

„Schlappschwänze", schrie unser Häuptling, „ich werde euch noch zeigen, was deutsche Jungs ertragen können!" Er unterbrach die Mutprobe und ließ uns nochmals den Leibspruch der Hitlerjugend, den wir

DIE JAHRE DES KRIEGES

jeden Morgen vor dem Frühsport im Chor zu sprechen hatten, schreien: „Hart wie Kruppstahl, zäh wie Leder und flink wie Windhunde!" Ich kannte den Spruch schon.

Die Rettung ließ nicht lange auf sich warten. Der Bub wurde weggebracht. Für ihn war die Aufnahmsprüfung beendet. Wir sahen ihn nie wieder.

Ich überstand die Mutprobe ganz gut, obwohl ich mich davor gefürchtet hatte. Von Vorteil war es, daß wir Kinder zu Hause öfters solche Sprünge im Spiel ausgeführt hatten. So hüpften wir von Bäumen auf die Erde oder vom Überboden auf die Tenne. Als Überboden bezeichnete man daheim jenen Raum, der unter dem Dach lag und von der Tenne durch einen losen Holzplafond, eine Holzdecke, separiert war. Er diente zur Lagerung der Getreidegarben bis zum winterlichen Drusch.

Mit Bangen erwarteten wir die zweite Mutprobe. Sie fand am nächsten Nachmittag in Form von Boxkämpfen statt. Punkt 14.00 Uhr stellten wir uns im Schloßhof in bereits gewohnter Weise auf und marschierten sodann auf eine in der Nähe gelegene Wiese. Dort setzten wir uns in einem Kreis nieder. Der Häuptling teilte mit, daß jeweils zwei Jungens, wie er sich auszudrücken pflegte, die er auswählen werde, drei Runden zu je drei Minuten zu boxen hätten. Der Sieger werde von ihm festgestellt. Wer Fouls begehe, müsse gegen ihn antreten, den werde er dann fertigmachen. Am Ende kämpfen die Sieger so lange gegeneinander, bis der Hauptsieger feststehe.

Ich bildete mit einem Burschen, der um einen Kopf größer und wesentlich stärker war als ich, die vierte Gruppe. Wir setzten uns bis zum Beginn des Kampfes, wie erwünscht, nebeneinander und machten leise sprechend aus, nur ein Scheingefecht zu führen, um uns gegenseitig nicht weh zu tun.

Leider ging das Vorhaben nicht in Erfüllung. Mein Gegenüber schlug in der Hitze des Gefechtes immer härter zu, sodaß ich mich nur noch, um einem KO zu entgehen, mit einem Tritt in den Bauch wehren

DIE JAHRE DES KRIEGES

konnte. Das hat der Lagerleiter bemerkt, und so mußte ich gegen ihn antreten.

Über den Verlauf dieses Kampfes weiß ich nichts. Er schlug mich anscheinend bewußtlos. Als ich wieder zu mir kam, lag ich im Krankenzimmer.

„So ein Rotzbub!" hörte ich eine Frau im weißen Kittel neben meinem Bette schimpfen. „Da spielt er den großen Herrn, hoffentlich wird ihm das einmal heimgezahlt." Gemeint hatte sie mit diesen Worten den Lagerleiter.

Als Folge meiner Niederlage stellten sich Kopfschmerzen ein, die auch am nächsten Tag noch anhielten.

Physikprüfung war angesetzt. Ich war der Kommission B zugeteilt, es gab auch eine Kommission A. Leider fiel mir zu meiner Prüfungsfrage, den Hebelgesetzen, überhaupt nichts ein. Das konnte nur mit „Nicht bestanden" beurteilt werden. Eine plötzliche Eingebung sagte mir, melde dich auch bei der Kommission A.

„Bist du bei B übrig geblieben?" meinte eine Frau Professor, „komm zu mir und erzähl mir etwas über die Dampfmaschine." Eine bessere Prüfungsfrage hätte es nicht geben können. Darüber wußte ich Bescheid. „Genug, genug!" rief die Frau Professor schon nach kurzer Zeit.

Als am Ende des letzten Prüfungstages jeder Bub aufgerufen und das Ergebnis der einzelnen Teilprüfungen bekanntgegeben wurde, erklang mein Name im Gegenstand Physik sowohl bei der Kommission A als auch bei B. Es gab die Beurteilungen „sehr gut" und „ungenügend". Man einigte sich auf die Note „befriedigend". Insgesamt bestand ich diese Aufnahmsprüfung mit gutem Erfolg.

Bei der mündlichen Deutschprüfung hatte ich die Verhältniswörter in den einzelnen Fällen aufzusagen und den Begriff „einfältig" zu erklären. Die Präpositionen bereiteten keine Schwierigkeiten, jedoch, wie sollte ich „einfältig" umschreiben? Im Wörterbuch stehen, wie ich mich später überzeugt habe, als Erklärungen „gutmütig", „arglos" und „ungeschickt".

DIE JAHRE DES KRIEGES

Was würde uns wohl bei der nächsten Mutprobe erwarten? Dieser Gedanke beschäftigte mich bis zum Einschlafen. Eine böse Vorahnung erfüllte mein Denken. Auch andere Buben schien das zu bedrücken. Unsere kindliche Fröhlichkeit war abhandengekommen. Viele Buben schlichen mit gesenkten Köpfen umher. Nicht zu unrecht, wie sich am nächsten Tag herausstellen sollte.

Beim Mittagessen machte das Gerücht die Runde, heute am Nachmittag stehe Schwimmen im Teich von Sitzenberg auf dem Programm. Das ließ nichts Gutes erwarten. Etwa ein Drittel unserer Bubenriege, größtenteils jene Knaben, die vom Lande stammten, konnte mangels an Gelegenheit nicht schwimmen. Auch ich konnte es nicht.

Mit gemischten Gefühlen traten wir den Weg zum Sitzenberger Teich an. Badehosen gehörten zur vorgeschriebenen Ausrüstung. Die Schwimmer wurden sogleich ins Wasser getrieben. Wir Nichtschwimmer hatten uns am Ufer aufzustellen, um das Treiben im Teiche zu beobachten und daraus zu lernen, wie es hieß.

Was nun folgte, würde jeder Turnlehrer als Verbrechen an Schülern bezeichnen. Der HJ-Führer lief nämlich hinter den Stehenden her und stieß sie ins Wasser. Ich erlitt dadurch einen Schock, der mir bis heute in den Knochen sitzt.

Wir schlugen wild umher, um nicht zu ertrinken. „Rettet diese Scheißheinis!" rief der Häuptling den Schwimmern zu. Einer derartigen Aufforderung bedurfte es nicht, denn unsere Kameraden, ebenso erschrocken wie wir, handelten geistesgegenwärtig. Mich zogen zwei Buben ans Ufer, einer davon war mein Boxgegner. Sogleich begann ich zu erbrechen. Es dauerte lange, bis sich jeder Nichtschwimmer von der Katastrophe erholt hatte. Manche von uns begannen zu weinen, was beim Lagerleiter einen Wutausbruch verursachte. „Ein deutscher Junge weint nicht!" schrie er. Jeder von uns sehnte das Ende der Woche herbei. Ein Professor legte zwar bei der Lagerleitung gegen die Freizeitgestaltung Protest ein, wurde jedoch kaltschnäuzig darauf hingewiesen, daß ihn das nichts angehe.

DIE JAHRE DES KRIEGES

Glücklich, die Aufnahmsprüfung bestanden zu haben, kam ich zu Hause an. Die gesamte Hausgemeinschaft freute sich.

„Wås in den Buam åls steckt", sagte die Großmutter und strich dabei liebevoll über mein Haar. Gleich zwei Erfolge in einem Jahr: zuerst der Hauptschulabschluß und dazu die bestandene Aufnahmsprüfung! Nun konnten endlich die verdienten Ferien genossen werden.

Wirtschaftlich hatte sich nach dem Anschluß an das Deutsche Reich bis jetzt nichts geändert. Alle Arbeitsvorgänge liefen wie früher ab. Daß viele Familien in ständiger Angst lebten, einen Angehörigen, der als Soldat an der Front stand, zu verlieren, fiel uns Kindern nicht auf. Freilich hörten wir öfters Tischgespräche, in denen davon die Rede war, daß die oder jene Familie den Vater oder einen Sohn im Krieg verloren habe. Von derartigen Gesprächen kaum berührt, führten wir ein sorgloses Leben.

Das Jahr 1942 bescherte unserer Rotte Geretschlag neben den Meldungen über vermißte oder getötete Soldaten noch ein anderes tragisches Ereignis. Die Nachbars-Mirzl bekäme ein Kind, hieß es. Mein älterer Bruder und ich mußten täglich ins Stübl, wo die Lenamoam und der Luisvejda wohnten, das Nachtmahl tragen; die obligate Milchsuppe und den Erdäpfelsterz. Eines Tages bemerkten wir auf dem Rückweg beim Haus der Mirzl ein parkendes Auto. Es gehörte dem Doktor. Ein auf den Garten hinauszeigendes Stubenfenster war hell beleuchtet. Wir schlichen hin und erspähten durch einen Spalt des Vorhanges, wie der Arzt bei der im Bette liegenden Frau herumhantierte. Am nächsten Tage erfuhren wir, daß die Frau in der Nacht bei der Geburt eines gesunden Sohnes gestorben sei. Alle Dorfbewohner trauerten um diese fleißige Mitbewohnerin.

„Langsam miassen wir uns umschaun, wo der Hansl anfangs September, wånn er nach Wiener Neustadt in die Lehrerbildungsanstalt kummt, wohna wird. Er kaun jo nit tägli hoamfohrn", sinnierte der Vater eines Tages nach dem Nachtmahl. Daran hatten wir bisher noch nicht gedacht. Es kam uns jedoch, wie das halt so ist, bei der Lösung des Problems ein glücklicher Umstand zu Hilfe.

DIE JAHRE DES KRIEGES

Seit einigen Jahren verbrachte im selben Haus, in dem die Mirzl verstorben war, ein Student aus Wiener Neustadt die Sommerferien. Seine Eltern betrieben ein Rauchfangkehrergeschäft in der Gröhrmühlgasse. Der Vater war bereits gestorben. Der Betrieb wurde von der Mutter geführt. Die Familie besaß ein eigenes Haus. Ich war mit dem Sohn befreundet und fragte einmal so nebenbei, ob ich im kommenden Schuljahr bei ihnen wohnen könne. Er werde seine Mutter fragen, antwortete der Freund. Nach einer Woche war das Quartiersproblem gelöst. Mutter und ich fuhren bald darauf nach Wiener Neustadt, um uns bei meiner künftigen Hausfrau vorzustellen. Diese empfing uns sehr freundlich. Schon nach kurzer Zeit wußten wir, daß ich es bei ihr guthaben werde. Meinem Eintritt in die Lehrerbildungsanstalt stand nichts mehr im Wege.

Der Schulbeginn näherte sich mit Riesenschritten. Eine Woche vorher kam die Einberufung. Sie enthielt das genaue Datum und eine Liste mit den Dingen, die mitzubringen waren. Mein ganzes Denken war auf die LBA, die Abkürzung für Lehrerbildungsanstalt, gerichtet. Den ersten Schultag erwartete ich mit Bangen.

Doch zunächst zur Unterkunft. In unserem Haus wohnte im Dachkammerl ein immer freundlicher, gut gekleideter Herr, der seine Wohnstatt nie verließ und in regelmäßigen Abständen, wie mir bald auffiel, ängstlich durch das Fenster auf die Straße blickte. Meine Hausmutter versorgte ihn mit Essen. Auf die Frage, wer das sei und warum der Mann nie aus dem Haus gehe, erhielt ich die stets gleichlautende Antwort, dies habe seine Gründe.

Der erste Schultag in der LBA verlief ohne Höhepunkte. Nach der Klasseneinteilung, der Vorstellung unseres Klassenvorstandes, eines Musikprofessors, und einiger Mitteilungen konnten alle wieder nach Hause gehen. Am nächsten Tag gab es bereits stundenplanmäßigen Unterricht. Kein Zögling durfte zu spät kommen, wahrscheinlich auch kein Professor, denn der Herr Direktor, eine imposante Erscheinung, stand am Eingangstor und registrierte jeden ankommenden Lehrer und Schüler.

DIE JAHRE DES KRIEGES

Eines Tages stürzte er in unsere Klasse. Jedem eintretenden Unglücksraben schrie er ins Gesicht: „Warum kommst du zu spät in den Unterricht!" Er verfügte zwei Stunden Nachsitzen unter seiner Aufsicht von 14.00 bis 16.00 Uhr für die gesamte Belegschaft und schickte sich dann an, den Raum zu verlassen. Im selben Augenblick begann die Schulglocke den Unterricht einzuläuten. Der Direktor hielt inne, drehte sich um und sagte kleinlaut: „Die erste Stunde kann doch noch nicht zu Ende sein." „Nein", antworteten einige von uns, „sie beginnt erst." Nach einer kurzen Entschuldigung und der Rücknahme der Strafe verschwand der Chef so plötzlich, wie er gekommen war.

Es geschah an einem Mittwoch. Ich kam so gegen 14.00 Uhr von der LBA heim. Als ich das Haus in der Gröhrmühlgasse betreten wollte, hielt ein schwarzes Auto neben mir. Vier dunkel gekleidete Männer stürmten in das Gebäude und hinauf zum Mansardenzimmer. Nach wenigen Augenblicken stießen sie meinen freundlichen Mitbewohner förmlich die Stiegen hinunter. „Du Judensau, haben wir dich endlich!" hörte ich eine Stimme. Der Schreier betrat, ohne anzuklopfen, die im Erdgeschoß liegende Küche und drohte meiner Kostfrau: „Sie haben einen Juden beherbergt, das wird für sie nicht ohne Folgen bleiben." Meine Hausmutter ließ sich jedoch nicht einschüchtern. „Was sie nicht sagen", empfing sie den Mann, „wenn sie das nächste Mal irgendwo hineingehen, dann klopfns wenigstens an. Das ist bei uns in Österreich so üblich. Ich erschrecke sehr leicht. Wissen sie, mein einziger Sohn ist nämlich an der Ostfront und ich fürcht' mich täglich. Nicht vor ihnen, sondern vor dem Briefträger, daß er mir eine schlechte Nachricht bringt. Warum sind denn sie noch nicht an der Front, fehlt ihnen etwas?" Mit dieser Frage drängte sie den Eindringling aus der Küche. Sodann ging sie zu ihrem verhafteten Kostgänger, der totenbleich im Auto saß, und verabschiedete sich mit den Worten: „Der Herrgott beschütze sie."

Das Mansardenzimmerl in meiner Unterkunft blieb nicht lange leer. Eines Tages meldete sich ein Herr in Zivil bei meiner Hausfrau. Er stellte sich als französischer Ingenieur vor, gestikulierte, daß er als

DIE JAHRE DES KRIEGES

Gefangener im Flugzeugwerk dienstverpflichtet sei und privat wohnen dürfe. Seine Dienststelle habe ihm diese Adresse gegeben. Woher wußte man, daß das bis vor kurzem von einem Juden bewohnte Mansardenzimmer nun unbewohnt war?

Leider sprach der neue Untermieter kein Wort deutsch. Trotzdem entpuppte er sich für mich als große Hilfe beim Lösen der Rechenaufgaben. Eines Tages beobachtete er, daß ich die Beispiele mit allgemeinen Zahlen, die Algebra, nicht begriffen hatte. Er besserte sie aus, stellte neue Aufgaben zusammen und führte mich solcherart in dieses Gebiet der Mathematik ein.

Die Lehrerbildungsanstalt bereitete mir ebenfalls keine Schwierigkeiten, ausgenommen der sprachliche Ausdruck. Meine Sprache war stark dialektgefärbt. Das hatte zur Folge, daß ich in manchen Wörtern kein reines A sprechen konnte, vor allem dann nicht, wenn nachher ein L folgte. So sagte ich Diagonöle statt Diagonale. Unseren Mathematikprofessor, einen grundgütigen Mann, störte das ganz furchtbar.

„Sinabell", sagte er, wenn er mich an die Tafel nahm, „du kannst alles aussprechen, was du willst, aber sag bitte nicht das Wort Diagonale." Bums, schon war es geschehen.

Besondere Freude bereitete mir der Musikunterricht. Außer der Theorie mußten wir zwei Instrumente erlernen, Klavier und Geige. Meine Hausfrau besaß ein Pianino. Es stand im Speisezimmer und bot mir die Möglichkeit zum Üben.

„Ich weiß, ihr habt keine Geigen", beantwortete der Musikprofessor eines Tages die Frage eines Studenten aus unserer Klasse, woher wir solche Instrumente nehmen sollten. „Morgen bekommt jeder von euch eine Violine von der Schule als Leihinstrument." Tatsächlich! Am nächsten Tag brachten Mitarbeiter der Firma Leistentritt, einem Geigenbauunternehmen aus Wiener Neustadt, für jeden Schüler eine neue Geige. Leistentritt-Geigen erlangten ob ihrer erlesenen Qualität später Seltenheitswert.

Leider enttäuschte ich meinen Klassenvorstand und Musikprofessor in einer besonderen Angelegenheit ganz furchtbar, obwohl mich keinerlei Schuld traf. Eines Tages ließ er mich in sein Dienstzimmer rufen. Er teilte mir mit, daß er mit seiner Frau und dem sechsjährigen Töchterchen im damals einzigen Hotel in Wiener Neustadt wohne. Die Kleine habe zum Geburtstag ein lebendes Kaninchen bekommen, das es über alles liebe. Es sei jedoch schwierig, den Hasen in der Wohnung zu halten. Er suche daher einen Kostplatz, wisse, daß meine Eltern einen Bauernhof besitzen und bitte mich nun, diese zu fragen, ob sie den Hoppel in Kost und Quartier nehmen würden.

Natürlich entsprachen die Eltern dieser Bitte. Der Professor war darüber sehr glücklich. Wir machten aus, das Vieh am folgenden Sonntag mit dem Vormittagsautobus nach Geretschlag zu bringen. Ich könnte mit ihm am Nachmittag wieder nach Wiener Neustadt zurückfahren. So geschah es auch.

Leider verlief die Fahrt für mich nicht problemlos. Ich saß neben dem Professor im Autobus auf einer Bank. Der Käfig mit dem Kaninchen befand sich auf meinem Schoß.

Plötzlich spürte ich etwas Warmes über die Oberschenkel rinnen. „Do stinkts wia in an Hosnstoll", hörte ich jemand sagen. Der Hase hatte, wahrscheinlich vor Aufregung, Wasser gelassen.

Zu Hause angekommen, begaben wir uns nach der Begrüßung sofort in das Nebenkammerl des Kuhstalles, wo schon ein Holzverschlag auf das Kaninchen wartete. Dieses schien sich in seiner neuen Unterkunft sofort wohl zu fühlen, denn es begann nach einem Rundumhopser sogleich an der im Stall liegenden Burgunderrübe zu knabbern.

Nach dreistündigem Aufenthalt, welcher ein köstliches Mittagessen und eine Mostjause beinhaltete, kehrten wir in unseren Schulort Wiener Neustadt zurück.

Der Herr Professor erkundigte sich wöchentlich nach dem Befinden unseres Schützlings. Dem Hasen fehlte nichts, er wurde immer fetter.

Jedoch das Unglück kam wie aus heiterem Himmel. Völlig ahnungslos fuhr ich, es waren bereits mehrere Wochen vergangen, an einem Samstagabend nach Hause. Während ich normalerweise fröhli-

DIE JAHRE DES KRIEGES

chen Menschen begegnete, traf ich diesmal ziemlich ernst dreinblickende Hausbewohner an.

Fünf Cousins von mir standen an verschiedenen Fronten im Dienste der Deutschen Wehrmacht. Neben deren Eltern und den Ehefrauen waren es nicht zuletzt die Großmütter, die um das Leben ihrer Enkel bangten. Gab es gar einen Gefallenen in unserer großen Verwandtschaft? Die Sache klärte sich rasch auf. „Hansl", begann der Vater, als er zu mir in die Küche trat, „i muaß dir wås Schreckliches sågn. Da Hås is varreckt. Er håt wåhrscheinlich des Futter nit vatrogn."

Mich traf diese Botschaft wie ein Keulenschlag. Wie würde das mein Professor aufnehmen? Schließlich einigten wir uns darauf, der Vater sollte ihm einen Brief schreiben. So war ich der verbalen Mitteilung enthoben. Trotzdem fühlte ich mich nicht wohl bei der Sache. Schweren Herzens bangte ich dem Montag entgegen.

Dieser kam schneller als erwartet. Bevor der Unterricht begann, stand der Klassenvorstand vor mir, um sich nach dem Befinden unseres Schützlings zu erkundigen. Ich sprach kein Wort, sondern überreichte den Brief. Er las ihn und wurde dabei bleich und bleicher. Schließlich stöhnte er: „Wie sag ich's unserem Kinde." Aber angesichts des Leides, das der Krieg mit sich brachte, legte sich die Trauer um den toten Hasen schneller als erwartet.

Die Deutsche Luftwaffe begann England zu bombardieren. Täglich hörte man im Radio Erfolgsmeldungen, auch von den Unterseebooten, denen es gelang, immer wieder feindliche Schiffe zu versenken. Besondere Siege wurden im Rundfunk in Form von Sondermeldungen durchgegeben. Eine davon betraf, um ein Beispiel zu nennen, den deutschen Kapitänleutnant und späteren Korvettenkapitän Günther Prien. Als Kommandant eines Unterseebootes drang er schon im Oktober 1939 in den englischen Flottenstützpunkt Scapa Flow ein und versenkte dort ein britisches Schlachtschiff.

„Es wird bald Gegenschläge geben. Die Engländer und Amerikaner werden sich die Bombardements nicht untätig gefallen lassen. Dann wird es auch uns treffen." Solche Worte sprach mit sorgenvoller Miene

DIE JAHRE DES KRIEGES

eines Tages am Beginn der Englischstunde der von uns allen geliebte Englischprofessor, ein schon älterer, besonnener Herr. Er behielt leider recht.

Der Krieg war bereits voll entbrannt. Am 10. Mai 1940 besetzten deutsche Truppen die neutralen Länder Belgien, Luxemburg und die Niederlande, am 10. Juni trat Italien in den Krieg ein und am 14. Juni erreichten die Deutschen Paris. Am 15. September 1940 kam es zur großen Luftschlacht um England, bei der die deutsche Luftwaffe sechsundfünfzig Maschinen verlor. General Ernst Udet, ein bekannter und damals hoch angesehener deutscher Jagdflieger, beging, weil er für das Scheitern der Luftschlacht um England verantwortlich gemacht worden war, am 17. November 1941 in Berlin Selbstmord.

Unser Englischprofessor schien mit seiner Vorhersage die Katastrophe vorauszuahnen. Am 11. Dezember 1941 erfolgte in einem Anflug von Größenwahn die Kriegserklärung Deutschlands an Amerika. Schon in der Nacht vom 28. auf den 29. März 1942 führte die britische Luftwaffe ein Flächenbombardement auf eine deutsche Großstadt durch, zwei Monate später gab es den tausendsten britischen Bombenangriff auf Köln. Doch auch Österreich blieb nicht verschont. Der erste Fliegerangriff auf Wiener Neustadt erfolgte am 13. August 1943, genau um 13.50 Uhr. Ich schrieb über diese Katastrophe die Kurzgeschichte „Kriegserlebnisse" (siehe Seite 209).

Bei dem einen Fliegerangriff blieb es nicht. Wiener Neustadt wurde sukzessive von amerikanischen Bombern angegriffen. Die Zerstörung unserer Schulstadt nahm ein Ausmaß an, das einen regelmäßigen Unterricht nicht mehr zuließ. Schließlich wurde Ende 1943 zunächst die Fernbetreuung der Schüler verfügt und am 12. Jänner 1944 die Anstalt im Rahmen der sogenannten Kinderlandverschickung nach Reichenau an der Rax verlegt.

Die Einquartierung der Zöglinge erfolgte in beschlagnahmten Hotels. Wir Buben erhielten den Kronichhof in Edlach am Fuße der Rax zugeteilt. Die Schlafräume lagen in einem Nebengebäude. Zwei Stockbetten ermöglichten die Unterbringung von vier Knaben pro Zimmer.

DIE JAHRE DES KRIEGES

Der Eßraum und andere Lokalitäten befanden sich im Hauptgebäude, ebenso die Wohnräume für den Heimleiter, einen Biologieprofessor, und dessen Gattin. Hier logierte auch die Verwalterin des Hotels, eine alleinstehende, vollbusige, sehr resolute Dame.

Mit dem Heimleiter hatten wir bald unsere Schwierigkeiten. Seine Erziehungsmethode erschöpfte sich im Drill nach militärischem Muster. Wenn alle zum Frühstück vor ihren Kaffeeheferln stramm bereitstanden, hatte der Tagdienst Meldung zu erstatten. Betrat der Heimleiter den Raum, grüßten wir auf Befehl im Chor mit „Heil Hitler". Sein Kramperlkaffee, so nannten wir das morgendliche Gesöff, mußte ebenfalls auf dem Tische stehen.

Wie es halt bei jungen Leuten ist. Bald ernannte sich ein Spaßvogel selbst zum Vizeheimleiter. Er ließ uns nach dem Einschenken des morgendlichen Getränkes in einer Reihe antreten. Wir marschierten nach seinem Kommando um die lange Frühstückstafel. Jeder tauchte dabei seinen Zeigefinger in den Kaffee des wirklichen Bosses. Dann stellte sich jeder stramm auf seinen Platz und wartete darauf, bis dieser eintraf.

Der Unterricht fand am Nachmittag in der Hauptschule in Reichenau statt. Vormittags gehörte das Haus den Pflichtschülern, am Nachmittag bevölkerten es die Zöglinge der Lehrerbildungsanstalt.

Eines Tages merkten wir, daß der Schulweg nicht ganz ungefährlich war, und das kam so:

In Payerbach fällt sofort der das Schwarzatal überspannende Viadukt auf. Dieser ermöglicht es der Eisenbahn, über den Semmering den Süden zu erreichen; damals ein ganz wichtiger Nachschubweg für die Südfront. Das wußten auch die Westmächte und versuchten nun, den Viadukt durch Bombardements zu zerstören. Es gab daher täglich Fliegerangriffe.

Auf dem Viadukt stand eine Fliegerabwehrkanone, die von sogenannten FLAK-Helfern, also Angehörigen der Hitlerjugend, bedient wurde. Es gelang ihnen in der Zeit, da wir das feststellen konnten, ein einziger Abschuß. Manche als Begleitschutz dienende Jagdflieger wur-

DIE JAHRE DES KRIEGES

den aber doch vertrieben. Einmal erlebte ich, wie ein Pilot unsere Straße – den Schulweg –, auf der ich mich gerade befand, mit Maschinengewehrsalven belegte.

Das Leben am Kronichhof wäre ganz angenehm gewesen, hätte es genug zum Essen gegeben. Die tägliche Sagosuppe und -speise konnten wir schon nicht mehr riechen. Sago ist ein aus Stärkemehl hergestelltes Produkt. Zum Frühstück erhielten wir manchmal als Brotaufstrich Kunsthonig. Eines Tages zierte den Frühstücksraum ein Werbeplakat mit der Aufschrift: „Schont die Biene, eßt Kunsthonig!"

Junge Leute sind nicht nur findig, sondern auch abenteuerlustig. So blieb uns nicht verborgen, daß in einem Gasthof in Hirschwang eine Mädchengruppe einquartiert war. Es stellte sich heraus, daß sich in deren Aufenthaltsraum ein Klavier befand. Die logische Folgerung: Wir veranstalten einen Tanzabend. Einige Mitschüler wußten sofort, wie das bewerkstelligt werden konnte.

Bei uns begann die Nachtruhe wegen der frühen Aufstehzeit bereits um 21.00 Uhr. Gelegentliche Kontrollen durch den Heimleiter fielen zu dessen Zufriedenheit aus, wenngleich es anschließend meist ein Remmidemmi, tumultartiges Herumtreiben, gab. Aus Erfahrung wußten wir, daß sich der Heimleiter nach derartigen Kontrollen sogleich zur Ruhe begab. Wir erkannten das, weil in seinem Schlafzimmer nach einiger Zeit das Licht abgeschaltet wurde.

Der erste nächtliche Besuch bei den Damen in Hirschwang nahm konkrete Formen in der Gestalt eines Abenteuers an, dessen Intensität die in unseren Herzen heimlich schlummernde Angst vor dem Entdecktwerden vollkommen überlagerte. Allein die Vorbereitung beanspruchte unsere ganze Aufmerksamkeit.

Zunächst sollte festgestellt werden, ob nicht an diesem Besuchstag, einem Mittwoch, eine Führerrede im Radio angesetzt war. Führerreden, die manchmal mitten in der Nacht stattfanden, mußten stehend, in voller Bekleidung, geschniegelt und gestriegelt, wie man bei uns daheim sagte, im Gemeinschaftsraum, dem Eßzimmer, angehört

DIE JAHRE DES KRIEGES

werden. Wir begaben uns zwar zur Ruhe, wurden jedoch eine halbe Stunde vor Beginn der Ansprache vom Heimleiter geweckt.

Ob und wann sich Derartiges ereignete, erfuhren wir in der Regel durch die einzige Zeitung, den Völkischen Beobachter, die im Heim täglich auflag. Früher interessierte deren Lektüre von den jungen Leuten niemand. Nunmehr rissen wir uns um das Blatt, was auch vom Heimleiter anerkennend vermerkt wurde. Welch ein Glück, der besagte Mittwoch blieb von der befürchteten nächtlichen Ruhestörung verschont, also stand er als Besuchstag endgültig fest.

Frohen Gemütes erwarteten wir den Kontrollgang des Heimleiters. So diszipliniert wie an diesem Abend verhielten wir uns noch nie. Kaum hatte der Kapo, oberster Chef, das Haus verlassen, hüpften wir wie die Heinzelmännchen aus den Betten, bekleideten uns und schlichen dann durch eine Hintertüre ins Freie.

Kalter Nachtwind umfing die Bubenschar, die Schuhe knirschten im Schnee. Auch der Wald ächzte unter der Last des dicken Rauhreifes. Es war stockfinster. Behutsam tasteten wir von Baum zu Baum weiter, bis endlich die Lichtung des letzten Teiles der Schöllerabfahrt, einer Schipiste, sichtbar wurde. Die Schöllerabfahrt führte durch eine Waldschneise von der Rax in das Tal, und zwar genau auf den großen Platz hinter der Herberge, in der die Mädchen wohnten.

Die Fenster des großen Tagraumes waren hell erleuchtet. Man erwartete uns sehnsüchtig. Noch bevor wir anklopften, öffnete sich die Gartentüre. Halb erfroren drängten wir in das Haus und das warme Zimmer. Vorher zogen wir am Gang die mit Schnee und Eis bedeckten Schuhe aus. In der Wärme begannen diese abzutropfen. Es entstanden größere Wasserlachen.

„Wir können sogleich zu tanzen beginnen", sagte ein Mädchen. „Die Madame", damit meinte sie die Heimleiterin, „wohnt im hinteren Trakt des Hauses und hört uns sicher nicht." An einer Wand stand, wie schon vermerkt, ein kleiner Stutzflügel. Ich setzte mich hin und begann damals aktuelle Schlager zu spielen: La Paloma / Sing, Nachtigall, sing / Heimat, deine Sterne / Wenn die Sonne hinter den Dächern

DIE JAHRE DES KRIEGES

versinkt / Zwei Gitarren am Meer / und andere. Nach einiger Zeit löste mich ein Kollege ab, sodaß auch ich zum Tanzen kam.

Im Trubel des Tanzgeschehens bemerkte niemand, daß die Tür leise aufgegangen war und die Heimleiterin den Saal betreten hatte. Als die Gesellschaft ihrer ansichtig wurde, fiel allen das Herz in die Hosen. Geistesgegenwärtig trat der Herbert, ein mutiger und eleganter Bursche, auf die Frau Professor zu und forderte sie zum Tanze auf. Sie nahm die Einladung an. Ich spielte einen Slowfox. Als der Tanz zu Ende war, bestürmten wir sie, uns nicht zu verraten.

„Ihr braucht keine Angst zu haben", beruhigte uns die verständnisvolle Frau, „ihr könnt noch eine halbe Stunde bleiben, wenn mir die Burschen versprechen, sich dann leise und unbemerkt, so, wie sie gekommen sind, heimzuschleichen." Vielleicht ahnte sie, was uns jungen Leuten noch bevorstand und wollte uns das harmlose Vergnügen nicht vermiesen. Uns Burschen schwoll ob der gelungenen Aktion die Brust. Alle Teilnehmer an dem Tanzabend fühlten sich glücklich.

Die Professoren kamen täglich, sofern die Fliegerangriffe es zuließen, von Wiener Neustadt, Baden oder Wien mit dem Zug angereist. Von Payerbach gingen sie zu Fuß nach Reichenau. Obwohl sie ungeheure Strapazen auf sich nahmen, hörten wir Schüler keine Klagen von ihnen. Sie wußten, daß jede abwertende Äußerung über den Nationalsozialismus oder über Adolf Hitler sehr gefährlich sein, ja sogar zur Hinrichtung führen konnte. Dabei nahm der Krieg immer schrecklichere Formen an. Es kam zu argen Engpässen in allen Bereichen des Lebens. Langsam verlagerte sich das Kampfgeschehen auch auf heimatlichen Boden. Vor allem die fürchterlichen Fliegerangriffe zermürbten die Menschen.

Am Ende des Schuljahres 1943/44 erhielten die Burschen des Jahrganges 1928 die Einberufung zu einem Volkssturmlager nach Neunkirchen. Unterbringung und Verpflegung erfolgten in einem Schulgebäude. Der Zweck bestand in der Erlernung des Umganges mit Waf-

DIE JAHRE DES KRIEGES

fen, Gewehren und Maschinengewehren. Der Tag begann nach dem Frühstück und dem Morgensport mit einer Flaggenparade im Schulgarten. An eine Begebenheit erinnere ich mich, als ob sie sich gestern ereignet hätte: Wie üblich, standen wir eines Morgens vor dem Flaggenmast „habt acht". Wenn unser Kapo „heißt Flagge" kommandierte, mußten wir die rechte Hand zum Deutschen Gruß erheben, außerdem die Augen nach rechts oder links richten. Anschließend sangen wir das Horst-Wessel-Lied.

Horst Wessel wurde 1907 in Bielefeld geboren. Er gehörte seit 1926 der NSDAP, Nationalsozialistische Deutsche Arbeiterpartei, an und starb 1930 als Student an den Folgen eines Überfalles in Berlin. Das von ihm verfaßte Lied „Die Fahne hoch" wurde neben dem Deutschlandlied, dessen Melodie mit jener der Österreichischen Kaiserhymne identisch war, zur zweiten Nationalhymne erhoben.

An jenem Morgen ging außerhalb des Schulgartens, der durch einen Zaun von der Straße getrennt war, ein Soldat an der gehißten Fahne vorbei. Unser Kommandant sah, daß er die rechte Hand nicht zum Gruß erhoben hatte, lief zu ihm hin und schnauzte ihn an: „Sie Scheißheini, können Sie unserem heiligen Symbol, dem Hakenkreuz, nicht die Ehre erweisen! Sagen Sie ihren Namen und die Einheit" – damit meinte er den Truppenkörper, dem der Uniformierte angehörte – „ich werde Sie beim Kreisleiter anzeigen!"

Ohne ein Wort zu erwidern, ging der Gemaßregelte weiter. Plötzlich stand er im Garten vor unserem Lagerleiter und schlug diesen mit einem gezielten Kinnhaken der linken Hand zu Boden.

„Tachinierer!" schrie er, „während wir an der Front zu Krüppeln geschossen werden, schiebst Du in der Heimat eine ruhige Kugel!" Erst jetzt sahen wir, daß der Unteroffizier rechtsseitig eine Arm- und Beinprothese trug. „Ihr tut mir leid", meinte er noch zu uns gewendet, „daß ihr solchen Kreaturen gehorchen müßt." Dann ging er so, als ob nichts gewesen wäre, seines Weges.

Von diesem Lager nach Hause zurückgekehrt, verbrachte ich den Rest der Ferien auf unserem Bauernhof. Die Ernte fiel gut aus. Erst-

DIE JAHRE DES KRIEGES

Mähmaschine

mals sah ich zwei neue Landmaschinen im Geräteschuppen im Krautgarten: eine Mähmaschine und einen Kartoffelroder. Leider konnten sie nicht verwendet werden, weil Zugochsen, Pferde hatten wir ja nicht, zu langsam dahingingen.

Unsere Gemeinde gehörte damals zum Kreis Oberpullendorf im Burgenland. Da es an Arbeitskräften mangelte, erhielten wir zwei Beamte der Kreisleitung Oberpullendorf als Erntehelfer zugeteilt. Sie fühlten sich bei uns sehr wohl, schon deshalb, weil es genug zu essen gab.

Kartoffelroder

Alles war kontingentiert, auch die Zahl der Schweine, welche auf einem Bauernhof geschlachtet werden durften. Jede Schlachtung mußte gemeldet werden. Am selben Tage kam dann der Fleischbeschauer, der die Rechtmäßigkeit bestätigte. Es soll vorgekommen sein, daß jemand dem Fleischbeschauer zwei gleiche Schweinehälften auf der Remm präsentierte. Das Enthaaren eines Schweines vollzog man im Sautrog. Man brauchte dazu Saupech. In früheren Jahren ge-

DIE JAHRE DES KRIEGES

wannen die Bauern das Pech, Baumharz, selber von bestimmten Föhren im Walde. Unser Luisvejda war in seiner Jugend noch als Pecher tätig. Zu meiner Zeit erwarben die Bauern das Saupech, wie sie es nannten, beim Greißler.

Wie viele andere Orte blieb auch meine Heimatgemeinde Wiesmath vom Kriegsgeschehen nicht verschont. Die Front rückte näher und näher. Es kam immer öfter zu Luftkämpfen über dem Gemeindegebiet, mehrere Kampfflugzeuge stürzten im Laufe der Zeit ab. Ich beobachtete 1944 in den Ferien einige Male, wie deutsche Jagdflieger amerikanischen Bombern und deren Jagdschutz Gefechte lieferten. Dumpfes Dröhnen und Aufheulen von Motoren erfüllte die Luft.

Ein Ereignis, bei dem die gesamte Hausgemeinschaft zusammenlief, trat ein, als der Vater einen Volksempfänger, ein Radio, heimbrachte. Nachdem es keinen elektrischen Strom gab, mußte das Gerät mit einem Akkumulator betrieben werden. In einem Sägewerk im Schlattental gab es das Aufladegerät. Wir besaßen zwei Akkus, einen für den Betrieb und den anderen zum Aufladen. Eines Tages, als ich mit dem Reserveakku heimkam, wiesen der Rucksack und das Hemd große Löcher auf. Die Schwefelsäure war ausgeschwappt und hatte die Textilien verätzt.

Gleich zu Beginn des Schuljahres 1944/45 trafen eines Abends zwei Offiziere der Deutschen Wehrmacht am Kronichhof ein. Im Speisesaal forderten sie uns auf, freiwillig einer Meldung als ROB, Reserveoffiziersbewerber, zuzustimmen. Außerdem teilten sie mit, daß am nächsten Tag SS-Leute kämen, die uns ebenfalls als Freiwillige gewinnen wollten. Bereits freiwillig Gemeldete dürften sie jedoch nicht mehr anwerben. Wie andere Kameraden überlegte ich nicht lange und entsprach dem Wunsche der Offiziere.

Nach etwa einer Woche erhielten wir die Vorladung zur Musterung nach Neunkirchen. Einer nach dem andern kam an die Reihe. Ich wurde nicht aufgerufen. Schließlich saß ich alleine im Vorraum des Untersuchungszimmers. Endlich erblickte mich ein uniformierter Helfer. „Du Blödmann, warum hast du dich denn nicht gemeldet!" brüllte er.

DIE JAHRE DES KRIEGES

„Die Musterungskommission ist bereits am Weggehen!" Er lief zu den Herren und machte Meldung, daß im Wartezimmer noch so ein Heini säße. Ich wurde aufgerufen und schon nach wenigen Minuten wußte ich, daß ich tauglich war.

„Sturm", hörte ich am nächsten Tag, nach dem Mittagessen, meinen Spitznamen rufen, „du sollst in die Kanzlei der Wirtschaftsleiterin kommen!"

Woher der Name Sturm kam, weiß ich nicht mehr. Jedenfalls meldete ich mich bei der Chefin. Sie empfing mich überaus freundlich und bot mir sogar einen Platz zum Niedersetzen an.

„Ich erwarte am Abend Gäste, einige Damen und Herren. Wir wollen ein paar gemütliche Stunden mitsammen verbringen. Ich habe gehört, du spielst Ziehharmonika, das Akkordeon. Wenn du mir versprichst, nichts von dem, was du siehst und hörst, zu erzählen, darfst du zum Tanz aufspielen. Natürlich kannst du essen und trinken, soviel du willst. Der Heimleiter ist damit einverstanden. Wenn du willst, darfst du am nächsten Tag von der Schule zu Hause bleiben. Der Abend wird länger dauern."

Ohne zu zögern, sagte ich zu, schon wegen des Essens. Punkt neun Uhr meldete ich mich bei der Wirtschaftsleiterin. Sie führte mich in einen kleinen Saal, den ich noch nie gesehen hatte. In der Mitte stand eine gedeckte Tafel. Zu den Gästen zählten mehrere Offiziere und einige Herren in Zivil. Ebenso viele hübsch gekleidete Damen bildeten die Zierde der Gesellschaft. Während des Essens mußte ich die angeregte Diskussion mit leiser Musik beflügeln. Ich saß abseits, in der Nähe des Einganges, an einem kleinen Tischchen.

Nach Beendigung des Mahles und dem Wegräumen der Eßtische begann die Tanzunterhaltung. Diese wurde immer ausgelassener. Wein und Sekt flossen in Strömen. Woher die damals raren Getränke kamen, weiß ich nicht. Trotz aller Fröhlichkeit hatte ich den Eindruck, den Abend überstrahlte eine gewisse Endzeitstimmung.

Plötzlich wurde es im Raum finster. Irgend jemand hatte für kurze Zeit das Licht abgedreht. Dabei blieb es jedoch nicht. Anscheinend war

DIE JAHRE DES KRIEGES

man auf den Geschmack anonymer Ausgelassenheit gekommen. Die Perioden der Dunkelheit dehnten sich bis zur Unendlichkeit. Ich hörte nur ein Kichern, Stöhnen und lautes, frivoles Lachen. Nachdem dies kein Ende zu nehmen schien, schlich ich mit meiner Harmonika leise von dannen. Wer nun glaubt, meine Schulkameraden hätten sich im tiefsten Schlafe befunden, der irrt. Die ganze Horde erwartete mich hellwach bei der Eingangstür. „Erzähl', erzähl', was hast du erlebt", bestürmten sie mich. Es gab mehrere derartige Gelage.

Das Jahr 1944 neigte sich dem Ende zu. Die Spatzen pfiffen es von den Dächern, daß der Krieg nicht mehr zu gewinnen war. Burschen mit dem sechzehnten und Männer ab dem sechzigsten Lebensjahr wurden zum Volkssturm einberufen. Auch wir am Kronichhof blieben davon nicht verschont. Ein pensionierter Oberförster, Teilnehmer des Ersten Weltkrieges, bemühte sich, uns im Gebrauch der Waffen zu unterweisen. Im Burgenland wurden Tausende von Menschen aller Altersgruppen, Männer und Frauen, beim Bau des unnötigen Ostwalles eingesetzt, der letztlich überhaupt nichts bewirkt hatte.

Zu den letzten Maßnahmen, auch Jugendliche für den Kriegseinsatz vorzubereiten, zählte die Abhaltung von sechswöchigen Wehrertüchtigungslagern. Einige Schulkameraden und ich erhielten dazu die Einberufung nach Tarvis in Norditalien. Einige Tage später folgte eine zweite Einberufung nach Lunz am See. Diese Abänderung muß eine Fügung des Schicksals gewesen sein, denn das Lager in Tarvis war Ziel eines Partisanenangriffes, bei dem der Großteil der Insassen den Tod fand.

Lunz am See galt damals als der kälteste Ort in Mitteleuropa. Das spürten wir alltäglich. Das Lager befand sich in einer Holzbaracke direkt am See. Es herrschte tiefster Winter, was bei dem Termin, nämlich von Anfang Jänner bis Mitte Februar 1945, auch nicht anders zu erwarten war. Als Lagerleiter lernten wir einen schon äußerlich unheimlich erscheinenden Mann kennen. Den Namen möchte ich gar nicht aussprechen. Er wurde nach 1945 zum Tode verurteilt, weil er ungarische Juden, die ihm zugetrieben wurden, hinrichten ließ. Dies

DIE JAHRE DES KRIEGES

geschah nach uns und spielte sich vor dem bereits herannahenden Kriegsende ab.

Wir schliefen im Obergeschoß in Stockbetten. Mein Bettnachbar wollte, das hat er damals schon gesagt, den Beruf eines Schauspielers ergreifen. Er begegnet mir heute öfters in Fernsehfilmen.

Als Instruktoren bemühten sich schwerstens verwundete Soldaten, die für Fronteinsätze nicht mehr zu gebrauchen waren. Sie sollten uns mit der Wehrtechnik, verschiedenen Angriffsformen, mit Tarnmethoden und dem Gebrauch von Waffen, zum Beispiel der Panzerfaust, vertraut machen. An einen Ausbildner erinnere ich mich noch gut. Sein Wesen und Verhalten kennzeichneten nervöse, teils manische, teils depressive Zustände. Er muß Furchtbares erlebt und nicht verkraftet haben. Welche Aufgabe er zu erfüllen gehabt hätte, weiß ich nicht mehr, weil er jede Stunde dazu benützte, uns die obszönsten Witze zu erzählen. Um so besser blieben die disziplinären Methoden des Lagerleiters in meinem Gedächtnis haften. Es herrschte bei allen Mahlzeiten strengstes Sprechverbot. Den ganzen Tag den Mund zu halten, ist für junge Leute schwierig. So kam es immer wieder vor, daß irgendeiner von uns beim Essen ganz unbewußt zu sprechen begann. Postwendend stellten sich die Folgen ein. Wir mußten die Mahlzeit unter den Eßtischen fortsetzen. Bei dem Gedränge, unter die Tische zu gelangen, entstand, ganz automatisch, wieder Lärm.

„Sofort ins Freie mit euch", kommandierte der Boß. Also taumelten wir mit dem Kaffeehäferl, dem Suppen- oder Hauptgerichtteller in der Hand vor die Baracke und versuchten, die schon nach kurzer Zeit gefrierenden Speisen zu essen. Als Folge stellten sich Verkühlungen und fieberhafte Erkrankungen ein.

Immer öfter bestand die Beschäftigung darin, in den nahen Wald zu gehen und Holz zu schlägern. Mir taugte das gar nicht. Es gab, wie sich nach einigen Tagen herausstellte, die Möglichkeit, der Tortur zu entgehen.

Unser Lager bewohnte auch eine Studentengruppe vom Franzisko Josephinum, einer landwirtschaftlichen Lehranstalt in Wieselburg an der Erlauf. Die Burschen spielten in einer schuleigenen Musikkapelle. Sie hatten ihre Blasinstrumente mitgebracht. Das blieb nicht unbemerkt. Bald erwirkten die Ausbildner beim Lagerleiter, daß die Musiker, anstatt im Walde Holz zu schlägern, für abendliche Tanzunterhaltungen üben durften. Das war meine Chance, der Waldarbeit zu entgehen.

„Braucht ihr keinen Gitarristen?" fragte ich so nebenbei den Leiter der Kapelle, obwohl ich wußte, daß ein derartiges Instrument bei einer Blasmusik fehl am Platze war.

„Kannst du Gitarre spielen?" war die Gegenfrage. „Ich glaube schon." „Dann rede ich mit dem Kapo." Das war der Chef der Ausbildner, ein Feldwebel.

Nach dem Mittagessen wurde mein Name ausgerufen und der Befehl erteilt, ich sei nun jeden Nachmittag bis auf weiteres für den Innendienst abkommandiert.

Die erste Probe verlief zu meiner Zufriedenheit. Eine Gitarre war vorhanden. Ich tat so, als ob ich spielen könnte. Am verschmitzten Lächeln der Musikerkollegen erkannte ich, daß sie mich durchschaut hatten. Für die abendliche Tanzunterhaltung unserer Ausbildungscrew gab es nun zumindest die musikalischen Voraussetzungen.

Ein Manko offenbarte sich allerdings dadurch, daß der Wein ausgegangen war. „Wer von euch kann Wein besorgen? Der bekommt drei Tage Urlaub!" meldete sich eines Tages während des Frühstückes der Chef der Ausbildner. Sogleich erhoben vier Burschen die Hand. Sie sagten, ihre Eltern seien Weinhauer. Fünf Liter sei die geringste Menge, die jemand bringen müsse, hieß es. Sie könnten noch heute heimfahren. Wir beneideten die Glücklichen. Besonders ich, obwohl es mir durch das Musizieren besser ging als den anderen Lagerinsassen. Nach drei Tagen trudelten die vier Weinlieferanten wieder ein. Drei von ihnen schleppten Weingebinde mit, sogar ein kleines Fäßchen war darunter. Einer kam allerdings mit leeren Händen. Auf der Fahrt habe jemand in dem Gedränge beim Einsteigen in den überfüllten Zug die Flasche zerbrochen, stammelte er, gut gespielt, mit betrüblicher

DIE JAHRE DES KRIEGES

Miene. Wir lachten innerlich über diesen Schmäh. Niemand konnte ihm beweisen, daß er gelogen hatte. Der groben Beschimpfung eines Ausbildners hielt er mit gesenktem Haupte stand.

Vor Fliegerangriffen brauchten wir in Lunz am See keine Angst zu haben, obwohl untertags immer leises Dröhnen in der Luft lag. Am 6. Jänner, dem Heiligen-Drei-Königs-Tag, schien es, als fände ein Angriff auf unser Lager statt. Wir saßen beim Mittagessen, ich mit Blickrichtung zum See. Plötzlich hörten wir über unseren Köpfen das Aufheulen eines Motors. Bevor es noch gelang, in Deckung zu gehen, sah ich, wie am zugefrorenen Lunzer See ein englisches Militärflugzeug notlandete. Der Pilot kletterte aus dem Cockpit und versuchte, über das Eis schlürfend, die Baracke zu erreichen.

Im selben Augenblick stürzten unsere an einem Seitentisch sitzenden Instruktoren aus dem Hause und der Maschine entgegen. Das jedoch nicht, weil sie dem etwas benommenen Flieger helfen wollten, sondern, um aus dem Flugzeug möglichst viel zu ergattern. Einer kam mit einem Fallschirm zurück, ein anderer mit mehreren Konservendosen, ein dritter hatte ein Fliegermesser und eine Armbanduhr in der Hand.

Der Engländer wurde, nachdem er das Ufer erreicht hatte, vom Lagerleiter persönlich gefangen genommen und in seine Kanzlei zum Verhör geführt. Nach etwa einer Stunde erhielt unser Feldwebel den Befehl, den Gefangenen in den Ort Lunz zu bringen und am Gendarmerieposten abzuliefern. Ich wurde dazu ausersehen, die Eskorte zu begleiten.

Der Feldwebel muß ein gutes Herz gehabt haben, denn er gab seinem Schützling, nachdem wir uns außer Sichtweite befanden, Zigaretten. Außerdem kehrten wir in einem Gasthaus ein. Der heiße Tee tat dem Gefangenen gut.

Wir überstanden das Lager. Wieder auf den Kronichhof zurückgekehrt, nahm alles seinen Gang wie früher. Es gelang sogar, noch einen Tanzabend zu organisieren; diesmal im Schloß Wartholz. Zwischen Edlach und Hirschwang gelegen, beherbergte es ebenfalls eine Mädchengruppe.

DIE JAHRE DES KRIEGES

Ob es den anderen Burschen ebenso erging, weiß ich nicht. Ich jedenfalls mußte oft an zu Hause denken und daran, daß die Front immer näher kam. Als ich meine Sorge einem Freund mitteilte, sagte er: „Weißt was, wir hauen einfach ab und gehen heim. Am besten am Abend, wenn alle schlafen. Außerdem sieht uns in der Nacht niemand. Bis der Morgen anbricht, sind wir schon über alle Berge."

Gesagt, getan! Am nächsten Tag erfüllte mich eine große Spannung. Ich konnte es kaum erwarten, bis die Dunkelheit anbrach. Endlich war es soweit. Wir begaben uns zur Ruhe. Es paßte alles, sogar der Heimleiter oblag seiner abendlichen Inspektion. Als nur noch leises Schnarchen zu vernehmen war, stand ich auf, bekleidete mich und wartete dann vor der Haustür auf den Freund.

Eiskalter Wind wehte von der Rax herunter, fraß sich durch die Kleider und ließ mich innerhalb kurzer Zeit erstarren. Die Minuten, bis mein Fluchtgefährte kam, schienen endlos zu sein. Plötzlich stand er vor mir. Rasch und leise entfernten wir uns in Richtung Schöllerabfahrt. Wir wollten zunächst nach Hirschwang hinunter zur Hauptstraße und dann nach Schlöglmühl marschieren. Leider erfüllten sich diese Träume nicht. Tiefste Finsternis herrschte im Wald. Wir konnten uns nur von Baum zu Baum vorwärtstasten. Dabei mußten wir vom Weg abgekommen sein, denn plötzlich hörte ich meinen Freund stöhnen: „I håb mir den Fuß verstaucht, i kånn nimma weiter." Mühsam erreichte ich ihn endlich. Er saß unter den Ästen einer Föhre. Was sollten wir tun? An ein Weiterkommen war nicht zu denken. Also blieben wir zunächst sitzen und schmiegten uns aneinander, um uns gegenseitig zu wärmen.

Wir beschlossen schließlich, die Aktion abzubrechen und wieder in das Heim zurückzukehren. Endlich gelang es dem Kumpel, sich mit meiner Hilfe aufzurichten und auf mich gestützt vorwärts zu humpeln. Nach einiger Zeit erblickten wir ein Licht, dort mußten wir hin. Je näher wir kamen, umso bekannter kam uns die Gegend auch in der Dunkelheit vor. Endlich hatten wir das Ziel erreicht. Allerdings nicht jenes, das vorausgeplant war. Wir standen wieder vor unserer Unterkunft. Der Eßraum des Kronichhofes war hell erleuchtet. Ich schlich zu einem Fenster und sah, daß eine Rundfunkansprache stattfand, der unsere Kollegen stehend zu lauschen hatten. Es war eine der letzten Hitlerreden.

Natürlich blieb es dem Heimleiter nicht verborgen, daß wir fehlten. Er apostrophierte unser Verschwinden als Fahnenflucht, die schwerstens zu verurteilen und zu bestrafen sei. Mir blieb nichts anderes übrig, als im Freien abzuwarten, bis die Ansprache zu Ende war, dann anzuklopfen und einzutreten. Totenstille herrschte im Raum, als man meiner ansichtig wurde. „Was hast du zu sagen", waren die ersten Worte, die der Heimleiter an mich richtete.

Ich bekannte freimütig, daß wir nach Hause abhauen wollten, uns jedoch das Gewissen, die Gemeinschaft in schwerer Stunde verlassen zu haben, wieder zurücktrieb. Eine bessere Ausrede hätte mir wahrlich nicht einfallen können. Mein Freund und ich wurden nicht gemaßregelt sondern am nächsten Tag vor vollzählig versammelter Belegschaft als leuchtende Beispiele der Treue für Führer, Volk und Vaterland hingestellt.

Die Tage verflogen. Einige der Schulkameraden meines Alters erhielten Einberufungen. Letztlich blieben nur wenige, darunter auch ich, davon verschont.

Aus dem Rundfunk erfuhren wir, daß die Front immer näherrückte.

Am 23. März 1945 erreichten die russischen Truppen im Rahmen einer Großoffensive bei Lembach in der Buckligen Welt erstmals niederösterreichischen Boden. Nervosität machte sich bemerkbar. Niemand wußte, was uns in den nächsten Tagen erwarten würde.

Der 23. März fiel auf einen Freitag. Als wir von der Schule gegen Abend heimkamen, fanden wir ein Chaos vor. „Rette sich, wer kann", hieß die Parole. Der Lagerleiter und seine Frau hatten sich bereits abgesetzt, von der Wirtschaftsführerin war weit und breit nichts zu sehen.

DIE JAHRE DES KRIEGES

„Komm mit mir", sprach mich ein Kollege an, „wir gehen zu meinen Eltern. Die wohnen im Stübl eines Bauernhofes am Grillenberg. Es ist nicht allzu weit von hier. Du kannst, bis die Front vorübergezogen ist, bei uns bleiben." Also packte ich die wenigen Habseligkeiten in meinen Rucksack und marschierte mit dem Hans, so hieß der Schulkamerad, zunächst nach Hirschwang und dann Richtung Gahns, einen nordwestlich gelegenen Berg. Am späten Abend trafen wir bei den Eltern des Freundes ein.

Von der freundlichen Aufnahme überrascht, fühlte ich mich bei den braven Leuten gleich geborgen. Nach einer Stärkung, die uns beiden guttat, gingen wir zum Bauernhaus, einem stattlichen Einschichthof. Der Bauer und die Bäuerin empfingen uns ebenfalls zuvorkommend, obwohl schon etwa fünfundzwanzig Flüchtlinge verschiedener Nationalitäten hier Unterschlupf gefunden hatten.

Nach kurzer Zeit wurde mir bewußt, warum mir die Hausfrau besonders zugetan war. Der einzige Sohn, ein bereits ausgebildeter Lehrer, war gefallen. Ich sah ihm angeblich ähnlich. Vielleicht war es die Erinnerung an ihren Buben, die mir die besondere Fürsorge der noch immer tief trauernden Mutter zuteil werden ließ.

Das Leben der vielen Menschen auf dem Hofe vollzog sich in bewundernswerter Harmonie. Es brauchte niemand zu hungern. Vor jedem Mittagessen wurde andächtig ein Tischgebet gesprochen. Man hätte meinen können, der Krieg gehe spurlos an uns vorüber.

Dem war leider nicht so. Schon bald erfuhren wir, daß der große Eisenbahnviadukt in Payerbach die Frontgrenze bildete. Östlich davon lagerten die Russen, im Westen die Deutschen. Wir lebten sozusagen im Niemandsland. Das hatte zur Folge, daß wir abwechselnd von deutschen und russischen Spähtrupps heimgesucht wurden.

Mir fiel unter unseren Flüchtlingen besonders ein Mann auf, der sich kaum blicken ließ. Den Grund erfuhren wir durch ein schockierendes Erlebnis. Eines Tages kam wieder einmal ein deutscher Spähtrupp auf den Hof. Angeführt von einem Leutnant, verhielten sich die Soldaten diesmal sehr abweisend.

DIE JAHRE DES KRIEGES

„Ich möchte den Bauern sprechen", befahl der Leutnant. Als dieser zur Stelle war, sagte der Offizier in barschem Ton: „Auf ihrem Hofe befindet sich ein Deserteur. Entweder sie führen den Mann vor, oder wir durchsuchen das Haus." „Mir ist davon nichts bekannt", lautete die bestimmte Antwort des Angesprochenen.

Also durchsuchten die Soldaten das Haus. Schon nach kurzer Zeit schleppten sie jenen Menschen in die Küche, der mir ob seiner Ängstlichkeit aufgefallen war. Er zitterte am ganzen Körper, wahrscheinlich wußte er, was ihm bevorstand. Die Soldaten nahmen den Deserteur in ihre Mitte und marschierten grußlos in Richtung Reichenau.

Nach einiger Zeit hörten wir Schüsse. Die Bäuerin bekreuzigte sich weinend. „Wieder ein Kriegsopfer", sagte sie mit trauriger Stimme, „auch er hat eine Mutter, die sich um ihn ängstigt. Sie wird vergeblich auf die Heimkehr ihres Sohnes warten."

Am Abend machten sich einige von uns auf die Suche. Schon bald fanden wir den Toten am Wegrand. Wir begruben ihn im nahen Walde. All seine Taschen waren leer, niemand kannte daher seinen Namen. Nur ein schlichtes Holzkreuz, das der Bauer angefertigt und aufgestellt hatte, kündete davon, daß an dieser Stelle ein Mensch begraben worden war. Am Abend betete die Schicksalsgemeinschaft einige „Vater unser", „Gegrüßet seist Du Maria" und das „Glaubensbekenntnis" für die arme Seele.

Wir lebten in der ständigen Angst, daß einmal zwei feindliche Spähtrupps in dem Bauernhaus zusammentreffen könnten. Unvorstellbar, welche Folgen das nach sich ziehen würde. Gottlob trat eine derartige Katastrophe nie ein. Allerdings, auch die Russen blieben nicht aus.

Schon am nächsten Tag, gegen Abend, sahen wir die Russen wieder einmal anrücken, fünf Mann und einen Offizier, der sie befehligte. Leider konnte niemand von uns ihre Sprache. Aus den Gesten der Infanteristen, um solche handelte es sich, erkannten wir, daß sie ebenfalls das Haus durchsuchen wollten. Mit schußbereiten Gewehren betraten jeweils zwei von ihnen ein Zimmer. Außer einem Akkordeon,

DIE JAHRE DES KRIEGES

dem Maturageschenk für den Sohn der Bauersleute, fanden sie nichts. Nun sollte jemand darauf spielen. Irgendwer zeigte auf mich. Ein Russe hängte mir das Instrument um und ich intonierte den zweiten Teil des Wolgaliedes „Hast Du dort droben vergessen auf mich" aus der Operette „Der Zarewitsch" von Franz Lehar.

Der Russe muß das Lied gekannt haben. Begeistert klatschte er in die Hände und deutete mir an, mitzukommen. Er packte die Ziehharmonika in den Koffer, mich an der Hand und dann ging es ab, Richtung Schlöglmühl. „Bring die Harmonika wieder zurück, sie ist ein Andenken an unseren Sohn!" rief mir der Bauer nach.

Ich hatte keine Angst, war jedoch neugierig, was mich erwarten würde. Nun, diese Neugierde wurde bald gestillt. In Schlöglmühl angekommen, führte mich der Russe in ein Gebäude, welches seiner Einheit als Unterkunft diente. Die Soldaten saßen gerade beim Nachtmahl. Mir wurde ein Platz zugewiesen, Essen, Wein und Wodka standen zur Genüge auf dem Tisch. Ich hatte nichts anderes zu tun, als die Gesellschaft musikalisch zu unterhalten. Ich spielte alle mir bekannten Melodien.

Langsam brach die Dunkelheit ein. Meine Zuhörer tanzten und grölten entweder zu zweit oder alleine. Sie wurden immer ausgelassener. Schließlich kam es so weit, daß mich kein Mensch mehr beachtete. Ich packte daher das Instrument in den Koffer und gab, so schnell es ging, Fersengeld. Gegen Mitternacht kam ich auf dem Bauernhof an. In der Küche brannte noch Licht. Die Bauersleute erwarteten mich schon ungeduldig. Sie waren glücklich, uns beide zu erblicken, mich und das Akkordeon.

Anscheinend hatte sich die Front am Talübergang in Payerbach festgefressen. Es ist bekannt, daß es dem deutschen General Ringel mit seiner Heeresgruppe gelungen ist, den Vormarsch der Russen über den Semmering in die Steiermark zu verhindern.

Die Sowjets versuchten mit allen Mitteln, die Verteidigungslinie der Deutschen beim Viadukt über das Schwarzatal zu durchbrechen. Aus diesem Grunde setzten sie auch schwere Waffen ein.

DIE JAHRE DES KRIEGES

Wir erlebten das in der Karwoche hautnah. Am Gründonnerstag saßen alle nach dem Mittagessen vor dem Hoftor, um den warmen Tag zu genießen. Plötzlich drang ein eigenartiges Grollen an unsere Ohren, das in mehreren Detonationen oberhalb des Anwesens im Walde den Höhepunkt fand.

„Das kann nur die Stalinorgel sein, am besten, wir verkriechen uns irgendwo und beten, daß der Hof nicht getroffen wird, sonst sind wir verloren", meinte jemand. Ich spürte Angst in mir, wie ich sie erstmals bei den Fliegerangriffen auf Wiener Neustadt empfunden hatte. Nach einiger Zeit verstummte die Stalinorgel. Warum die Russen damit auf den Gahns geböllert hatten, blieb unerklärlich. Vielleicht vermuteten sie deutsche Stellungen in diesem Bereich.

Die Karwoche 1945 neigte sich dem Ende zu. „Wir gehen nach Prigglitz zur Auferstehung", eröffnete uns die Hausmutter beim Mittagessen, „wer will, kann sich anschließen." Für mich eine willkommene Abwechslung. Nur die engsten Familienangehörigen und meine Wenigkeit traten den Gang zur Kirche an. Mit kindlichem Glauben und dem grenzenlosen Vertrauen auf die Allmacht Gottes, wie ich sie später nie mehr in dieser Überzeugung empfunden habe, beteten die Menschen um Erlösung von der Not und Pein des Krieges. Mich bestärkte die Auferstehungsfeier in der Hoffnung, daß meine Angehörigen die Kriegswirrnisse gut überstanden hatten.

Heimkehr

Insgeheim beschäftigte mich längst der Gedanke, den Heimweg anzutreten. Ein unbekannter Besucher bestärkte mich in meinem Vorhaben. Er teilte nämlich mit, in Schlöglmühl gäbe es ein Amt, welches Passierscheine ausstelle. Diese, in deutscher und russischer Sprache abgefaßt, erlaubten es, die Straße zu benützen. Man konnte sich damit bei Anhaltungen ausweisen. Am Ostermontag ging ich dorthin, das Amt war offen, und schon nach wenigen Minuten war ich im Besitze eines derartigen Dokumentes. Am Tage des Heimganges mußte ich nochmals vorsprechen, weil das Antrittsdatum einzutragen war.

Ich informierte die Hausleute von meinem Vorhaben. Sie bedauerten den Entschluß, auch die beiden erwachsenen Töchter, die sich recht um mich angenommen hatten. Meine Habseligkeiten waren schnell im Rucksack verstaut, dazu auch einiger Proviant. Dienstag nach Ostern, zeitig in der Früh, verabschiedete ich mich, nicht ohne die besten Wünsche für eine gute Heimkunft und mein weiteres Leben empfangen zu haben.

Zunächst führte mich der Weg nochmals zur Ausweisstelle. Dort lernte ich ein Mädchen kennen, das die Absicht hatte, nach Wiener Neustadt zu ihrer Tante zu gehen. Bald war ich überredet, es zu begleiten und ihm beim Tragen eines Koffers behilflich zu sein. Bei der Tante könnte ich übernachten. Der Koffer war ziemlich schwer. Wir mußten daher öfters rasten.

Auf der Straße begegneten wir keinem Menschen. Erschauern ließen uns allerdings tote, aufgedunsene Pferde und einige gefallene deutsche Soldaten, über die wir steigen mußten.

Todmüde kamen wir am späten Nachmittag in Wiener Neustadt an. Die Stadt war nicht mehr zu erkennen. Ihre Hausruinen boten einen schrecklichen Anblick. Auf dem Wasserturm, dessen Dachkuppel abgetragen war, stand ein Volkswagen. Wahrscheinlich hatte ihn die Druckwelle einer Bombendetonation dort hinaufgeschleudert.

„Warte hier auf mich", sagte meine Begleiterin, „da hinten wohnt eine andere Tante von mir, bei ihr möchte ich den Koffer einstellen."

HEIMKEHR

Sie verschwand in einer Hausruine. Ich wartete und wartete, jedoch das Mädchen ließ sich nicht mehr blicken. Nach einiger Zeit schleppte ich mich weiter.

Mein Tagesziel war nun Klein Wolkersdorf, der nächste Ort auf der Straße nach Wiesmath. Dort befand sich das Gasthaus eines entfernten Verwandten meines Vaters. Da wollte ich einkehren und nächtigen.

Es brach bereits die Nacht herein, als ich das Wirtshaus erreichte. Alle Türen standen offen. Trotz anhaltenden Rufens, ließ sich kein Mensch blicken. Ich ging in jeden Raum, so auch in das Schlafzimmer. Mein Herz jubelte, weil sich da zwei Betten befanden. Nachdem ich alle Türen zugemacht hatte, versperren konnte ich sie nicht, weil die Schlüssel fehlten, legte ich mich nieder. Kaum kuschelte ich unter der warmen Tuchent, schlief ich auch schon ein.

Beim Erwachen nach einer traumlosen Nacht wußte ich zunächst nicht, wo ich mich befand. Plötzlich hörte ich vertraute Geräusche. Eine Katze miaute unter meinem Bett. Ich stand auf, zog mich an und hielt nochmals vergeblich nach Bewohnern des Hauses Ausschau. Sodann setzte ich mich in der Küche an einen Tisch und verspeiste zum Frühstück das letzte Stück Brot, welches sich noch im Rucksack befand. Ich wollte mich gerade auf den Weg machen, als eine Frau die Küche betrat. „Wer bist denn du?" fragte sie erstaunt. „I bin der Kloanråtn Hansl von Geretschlåg. I håb då genächtigt. Mei Våta is der Georg Sinabell und a Vawåndta von eahnan Månn." Die Tante, die ich erstmals in meinem Leben gesehen hatte, sagte noch, daß sie in der Nacht nicht alleine in ihrem Hause bleiben wolle und bei einer Freundin nächtige. Von ihrem Manne sprach sie nicht. Sie wisse auch nicht, wo er sich befinde. Zu essen könne sie mir nichts geben, weil sie selber nichts habe. Mein Eindruck war derart, daß sie sich bemühte, mich baldigst loszuwerden. Also verabschiedete ich mich.

Im Freien umfing mich eine laue Frühlingsluft. Das Gras begann zu sprießen, die Bäume setzten Knospen an. Tiefer Friede lag über der ganzen Landschaft. Langsam wanderte ich die Straße entlang nach

HEIMKEHR

Frohsdorf. Der Ort schien ausgestorben zu sein. Nicht einmal ein Hund oder eine Katze kreuzten meinen Weg. Nach einiger Zeit erreichte ich Ofenbach, dann Schleinz.

Nun begann der Marsch durch den Kuhwald. Die schmale Sandstraße führte den Schlainzer Berg hinan. Dichter Nadelwald, dessen würzige Luft mir besonders guttat und dessen Rauschen meine Schritte beflügelte, säumte die Straße. Meine Gedanken waren bereits daheim. Was werde ich da wohl antreffen. Ich sah die Mutter und die Großmutter vor mir, ihr glückliches Lächeln, den Buben wieder bei sich zu haben. Auch in Hochwolkersdorf hätte ich Verwandte aufsuchen können, was ich jedoch unterließ. Meine Gedanken eilten voraus, dem Elternhaus zu.

Mangels einer Armbanduhr wußte ich nicht, wie lange ich schon unterwegs war. Endlich erspähte ich die Annakirche. Wie konnte es möglich sein, daß beim Anblick des in friedlicher Stille daliegenden Gotteshauses und der grünenden Felder in diesem Augenblick noch Menschen in einem unsinnigen Krieg sterben mußten?

Am Annaberg angekommen, begegnete mir ein russisches Militärauto. Es hielt neben mir an. Zwei Soldaten sprangen aus dem Wagen, rissen mir den Rucksack vom Rücken, stiegen wieder ein und brausten davon. Eine besondere Freude werden sie mit dem Beutestück nicht gehabt haben, weil ihnen außer einigen unbedeutenden Habseligkeiten nichts in die Hände gefallen war.

In Wiesmath erblickte ich erstmals wieder vertraute Gesichter, jedoch die Frage nach meinem Elternhaus blieb unbeantwortet. Niemand wußte, was sich in letzter Zeit in Geretschlag zugetragen hatte. Ich konnte es kaum noch erwarten, heimzukommen. So begann ich die letzten zwei Kilometer zu laufen. Manchmal blieb ich stehen, um zu lauschen, ob vielleicht Schüsse fielen. Man konnte ja nicht wissen! Der Krieg wütete noch immer, in der Heimat und anderswo.

Alles hat einmal ein Ende, auch dieser Heimgang. Da lag unser Bauernhof vor mir. Nun lief ich nicht mehr. Langsam bog ich in den Hohlweg ein, der zum Haus führte.

HEIMKEHR

Die Augen füllten sich mit Tränen. Da stand doch der Großvater bei der Holzhütte.

"Großvater, Großvater!" rief ich, "Gott sei Dånk, sie lebn noch, wo san denn ålle?" Ich verwendete die Anrede mit "Sie", wie ich es von früher her gewohnt war. Der Großvater bekam ganz große Augen, als er mich sah. Umarmungen bei männlichen Personen waren in unserer Gegend nicht üblich. Der feste Händedruck jedoch ließ mich spüren und erahnen, was der alte Mann in diesem Augenblick meiner Heimkehr empfand. Mir wurde richtig bewußt: "Du bist wieder daheim!" Trotzdem betrübte etwas die Freude, das Ziel erreicht zu haben. "Der Franzl", mein älterer Bruder, "fehlt no", hörte ich den Großvater sagen. Er war eingerückt und niemand wußte in diesem Augenblick, wo er sich befand.

Irgend jemand, der gerade am Heimkommen war, mußte mich erblickt haben. Er drehte sich um, lief wieder in Richtung Feld, auf dem die Hausbewohner arbeiteten und schrie, wie ich später erfuhr: "Der Hansl is hoamkemman!"

Es dauerte nicht lange, da rückten auch die Eltern mit dem Gesinde an. Mutter und Großmutter weinten vor Freude. Mein Glücksgefühl, wieder daheim zu sein, ließ sich kaum in Worte fassen, wenngleich das Leid, das die Menschen betraf, noch immer kein Ende gefunden hatte. Natürlich wollten alle wissen, was ich erlebt hatte. So setzten wir uns an den Tisch und ich begann zu erzählen.

Die Dunkelheit brach herein. Mutter kredenzte das Nachtmahl: Milchsuppe und Erdäpfelsterz. Erst jetzt, im Kreise der Hausgemeinschaft, wurde mir bewußt, daß ich alle gesund und wohlbehalten angetroffen hatte. Es war schon spät, als wir zu Bette gingen. Mir fiel auf, daß alle Türen unversperrt blieben. "Woaßt", sagte der Vater, "då miaßn die Russn nix eintretn, wånns in da Nåcht eina wolln."

In den nächsten Tagen erfuhr ich, daß die russische Armee am Karfreitag, dem 30. März, unter Beschußnahme des Ortes und der Umgebung, nach Hollenthon vorgerückt war. Die Bevölkerung flüchtete in die Wälder oder in einschichtig gelegene Bauernhöfe. Von Hollenthon

HEIMKEHR

zogen die Truppen weiter nach Geretschlag und nach Wiesmath. Noch am Karfreitag trafen sie hier auf ein kompaniestarkes Panzerjagdkommando der Fahnenjunkerschule Wiener Neustadt. Es gab zahlreiche Tote. Wenn ich daran denke, welchen Gefahren meine Leute zu Hause ausgesetzt waren, wird mir heute noch übel.

Bei einem Kleinhäusler in der Nachbarschaft hatte sich ein Mann eingenistet. Die Keusche lag an der Straße und war daher der Belästigung durch russische Soldaten besonders ausgesetzt. Nun glaubte der fremde Mann, er könne sie ablenken, indem er darauf hinwies, daß „da drinnen" – er zeigte auf unseren Bauernhof – ein Nazi wohne. Unser Vater, der sich ob seiner Hilfsbereitschaft und gelebten Menschlichkeit bei der bäuerlichen Bevölkerung eines hohen Ansehens erfreute, wußte was ihm bevorstand, wenn er in die Hände russischer Soldaten fiele. Es waren nicht die Kampftruppen, die Angst und Schrecken verbreiteten, sondern der sogenannte Troß, die Nachhut. Man hatte von Vergewaltigungen und Greueltaten gehört.

Vater beschloß daher, für einige Tage unterzutauchen. Am Ostersonntag, dem 1. April 1945, verließ er das Haus. Wohin er ging, wußte man nicht. Erst nachträglich, als er wieder heimkam, erzählte er von einer Tragödie, die in unserer Gegend blankes Entsetzen hervorrief:

In Horndorf lebte auf einem Bauernhof eine Schwester meines Vaters. Sie hatte sechs Kinder. Ihr Mann war Ortsgruppenleiter. Diese Tante mußte mitansehen, wie zwei Hollenthoner Soldaten von Russen malträtiert, mißhandelt, wurden. Sie befürchtete nun, daß ihrer Familie Gleiches widerfahren könnte. Vor allem deshalb, weil russische Soldaten auch ihr Haus durchsucht und dabei ein Parteiabzeichen gefunden hatten. Der Onkel war bereits geflüchtet. Am nächsten Tag, dem Ostermontag, nahm die Tante ihre sechs Kinder, um sich mit ihrem Manne beim „Hohen Stein" im Saurüsselwald zu treffen. Der zwölfjährige Franzl dürfte etwas geahnt haben und weigerte sich, mitzugehen, leider vergeblich. Auch die Dienstmagd war dabei. An die Kinder wurden Schlafpulver ausgegeben. Nach deren

HEIMKEHR

Wirkung erschoß der Onkel seine Familie und zuletzt sich selbst, insgesamt neun Personen.

Als unser Vater auf seiner Flucht, die ihn ebenfalls in den Saurüsselwald führte, einige Stunden später zu dieser Stelle kam, fand er die Leichen. Was wird in ihm wohl vorgegangen sein? Er hat nie darüber gesprochen. Noch heute erinnert ein schmiedeeisernes, schon verrostetes Kreuz an diese Familientragödie.

Nachdem der Vater das Anwesen verlassen hatte, fürchtete sich die Mutter davor, länger in Geretschlag zu bleiben. Sie packte am Ostersonntag ihre fünf Kinder zusammen, die beiden ältesten, Franzl und ich, waren noch nicht zu Hause, um bei ihren Eltern, am Gullnerhof, Unterschlupf zu suchen. Wenigstens so lange, bis die ärgste Bedrängnis vorüber war. Wahrscheinlich hatte sie das mit dem Vater abgesprochen. Das jüngste Kind, der Fredi, lag noch im Kinderwagen.

So ähnlich muß einst der Gang auf den Ölberg gewesen sein. Neben den Wagenkolonnen des russischen Militärs wanderte die tapfere Frau, die in ihre Gedanken sicherlich auch den Vater mit einschloß, am Straßenrand Richtung Wiesmath. Dabei war sie ständig der Gefahr ausgesetzt, von einem Wagen niedergestoßen zu werden. Von Wiesmath ging sie zunächst Richtung Annaberg. Am Fuße des Berges zweigte der Weg zum Gullnerhof ab. Sie fand in ihrem Elternhaus freundliche Aufnahme.

Großvater und Großmutter versorgten einstweilen das Vieh auf dem Bauernhof. Den Großvater schienen einige Tage lang die Schutzengel besonders aufmerksam zu begleiten. In seiner Rechtschaffenheit, den Besitz verteidigen zu müssen, marschierte er mit dem Jagdgewehr tagsüber um den Hof herum. Natürlich wollte er damit auch die Großmutter vor Belästigungen schützen. Hätte ihn dabei ein russischer Soldat angetroffen, wäre er sicherlich erschossen worden.

Nachdem sich die Front von der unmittelbaren Heimat entfernt hatte, kehrten alle in das Haus zurück. Der Frühjahrsanbau war längst fällig. Die Lenamoam und der Luisvejda tauchten eines Tages auf. Sie

HEIMKEHR

hatten sich in der schwersten Zeit in ihrem Stübl verkrochen. Von meinem Bruder erhielten wir die Nachricht, daß er sich als Kriegsgefangener in Kärnten im Einsatz bei einem Bauern befände.

Gelegentlich überraschten uns Soldaten oder Zivilpersonen auf dem Hof, um Lebensmittel oder Tiere, vor allem Schweine, zu beschlagnahmen. Auch Hamsterer besuchten uns. Das waren bedauernswerte Stadtmenschen, die allerlei Habseligkeiten gegen Lebensmittel eintauschen wollten. Manche von ihnen trennten sich, um dem Hunger zu entgehen, schweren Herzens von liebgewordenen Erinnerungsstücken. Auf diese Weise kam ich zu meiner ersten Armbanduhr. Einen Buben aus Wiener Neustadt, der besonders mager war, behielt die Mutter gleich im Haus.

Allerorts regte sich wieder das Leben. Eines Tages kam ein Mann in lumpigen Kleidern auf unser Anwesen. Er bat um Aufnahme, sagte, er sei deutscher Soldat gewesen und von seiner Truppe abgekommen. Wir nannten ihn einfach Sepp und taten so, als ob er schon seit Jahren auf dem Hofe als Knecht dienen würde. In Wirklichkeit hieß er Otto Haupt und stammte aus der Gegend von Dresden. Er erwies sich als recht brauchbarer Mann. Ich arbeitete viel und oft mit ihm. Nach dem Mittagessen brauchte Sepp täglich eine kleine Fufzehn, das heißt, er mußte, um wieder fit zu sein, fünfzehn Minuten ruhen.

Nach der Feldarbeit sagte mir Sepp eines Tages, ich solle seinen Oberarm ansehen, ob den rechten oder linken, weiß ich nicht mehr. Einigermaßen erstaunt stellte ich fest, daß an der Innenseite seines Oberarmes zwei Nullen eingebrannt waren. Was das bedeute, fragte ich. Sepp klärte mich auf: er habe bei der Waffen-SS gedient. Jeder von ihnen bekam dieses Zeichen eintätowiert. Ihm gehe es darum, es wieder loszuwerden. Er fragte mich, ob ich ihm dabei helfen könne. Mir fiel dazu nichts ein.

„Ich weiß mir selbst zu helfen", sagte der Sepp.

Und er wußte sich zu helfen, allerdings ganz brutal. Wir saßen nach dem Nachtmahl noch im Vorhaus beisammen. Da ging der Sepp in die Küche, nahm einen Kienspan und steckte diesen in die Glut des Her-

HEIMKEHR

des. Als der Kienspan glühte, kam der Sepp wieder ins Vorhaus und brannte sich das trügerische Kennzeichen vor unseren Augen aus dem Oberarm.

Die Frauen, Mutter, Großmutter und die Mirzl, schrien entsetzt auf. Dann liefen sie in die Küche, brachten Ehrenhöfersalbe und ein sauberes Leinentüchlein, um damit die furchtbare Brandwunde zu verbinden. Leider begann sich der ganze Arm zu entzünden und die Brandstelle beängstigend zu eitern. Einen Arzt zu Rate zu ziehen, war nicht möglich, weil es keinen gab. Also mußte die Lenamoam mit ihren Tinkturen und Salben in Aktion treten. Es gelang ihr tatsächlich, den Arm auszuheilen. Heute weiß ich, wovor Sepp sich fürchtete. Von seiner Truppe in Ungarn desertiert, schlug er sich bis zu uns durch, lebte jedoch ständig in der Angst, von den Russen oder Deutschen aufgegriffen zu werden. Beides hätte für ihn den Tod bedeutet.

Man gewöhnt sich an alles. Wir nahmen zur Kenntnis, gelegentlich von fremden Soldaten visitiert zu werden und Beschlagnahmen von Tieren oder Feldfrüchten ertragen zu müssen. Wir schickten uns jedoch an, das Leben auf dem Bauernhof zu normalisieren. Ich erlernte verschiedene Tätigkeiten, die ich bisher nicht kannte: das Ackern, mit der Grassense und den verschiedenen Kornsensen mähen, Garben binden, Melken und vieles mehr.

Auf unserem Hofe befanden sich vier Arten von Pflügen. Da ruhte in einem Schuppen der Einscharpflug. Er stand zu Großvaters Zeiten in Verwendung und hatte bereits ausgedient. Ausgestattet mit einer eisernen Pflugschar und einem Sech, leistete dieser Pflug durch Jahrzehnte gute Dienste. Das Sech war vor der Pflugschar angebracht, ähnelte einem Messer und durchschnitt die Erde senkrecht, die Schar waagrecht. Alle Vorrichtungen des Pfluges, auch die Griffe, Sterzen genannt, waren auf dem Grindel angebracht. Der Grindel bestand aus einem eineinhalb bis zwei Meter langen rundlichen Hartholzbalken. An manchen Stellen war er mit Eisen beschlagen. Mit der Vorderseite lag er auf dem Grettert. Das Grettert, ein Holzgestell mit zwei Rädern, diente dazu, den Pflug waagrecht zu

HEIMKEHR

halten. Auf seiner Vorderseite befand sich die Zugstange, an welche die Ochsen gespannt wurden.

Noch während des Krieges hielt der Zweischarpflug in unserem Gebiet Einzug. Der Grindl trug die zwei wichtigsten Vorrichtungen zum Ackern: das Sech und die Pflugschar. Drei Griffe ermöglichten es, den Pflug jeweils in die richtige Lage zu bringen. Schließlich kehrte auf unserem Hof der Wendepflug ein. Ab diesem Zeitpunkt waren sowohl der Pflug als auch das Grettert aus Eisen gefertigt. Von den zwei Pflugscharen konnte jede mittels eines Gelenkes in die richtige Lage gebracht und fixiert werden.

Zuletzt verdient noch der Häuflpflug Erwähnung. Man brauchte ihn zum Anhäufeln der Erdäpfel und der Rüben. Er hatte kein Sech und unterschied sich von den anderen Pflügen durch die Form der Schar. Diese war auf dem Grindl befestigt. Zwei nach oben hin verschweißte und nach unten offene Scharteile liefen vorne in einer Spitze zusammen. Damit konnte das Erdreich gelockert und aufgehäufelt werden.

Häuflpflug und Einscharpflug

Es entstanden Furchen, Längsvertiefungen. In der aufgehäuften Erde warteten die Knollen der Erdäpfel oder Rüben auf das Austreiben der Blätter, wie der Bauer sagte, und auf das Wachstum – bis zur Reife.

Der Pflug hat eine jahrtausendalte Entwicklungsgeschichte und zählt sicherlich zu den ältesten bäuerlichen Geräten.

Wie es dazu kam, blieb uns verborgen. Jedenfalls ging das Gerücht um, es würden in den nächsten Tagen Zugochsen beschlagnahmt wer-

HEIMKEHR

den, und zwar nicht von der Arbeit am Felde weg, sondern erst am Abend aus dem Stall. Das hatte zur Folge, daß wir für die Ochsen eine andere Übernachtungsmöglichkeit suchen mußten. Die konnte nur im Walde sein. Ich erklärte mich sofort bereit, die Zugtiere vor dem Zugriff der Soldateska zu bewahren.

Als sich die Sonne anschickte, das Firmament zu verlassen und die Abenddämmerung hereinbrach, spannten wir unsere Zugochsen, zwei Paar, in die Jöcher und weisten, führten, sie in den Wald des Brunngrabens. Dort suchten wir, der Vater und ich, eine geeignete Stelle zum Übernachten. Zunächst wurden die Tiere ausgespannt, von den Jöchern befreit, und dann mit längeren Stricken an Baumäste gebunden. Auch ich fand in unmittelbarer Nähe ein Platzerl, wo ich mich hinsetzen und, in eine Decke gehüllt, schlafen konnte. Verlassen und einsam fühlte ich mich nur in dem Augenblick, da sich der Vater verabschiedete und mich verließ. „Måchs guat!" waren seine Worte.

Es dauerte nicht lange; die Ochsen legten sich nieder und begannen wiederzukäuen. Ich setzte mich zu ihnen und lehnte mich an den warmen Körper eines Tieres. Bald fühlte ich mich geborgen. Das leise Rauschen der Bäume, geheimnisvolles Rascheln rundherum und das vertraute, gleichmäßige Geräusch des Eindrückens, wie das Wiederkäuen bei uns hieß, ließen mich einschlummern und versetzten mich schließlich in einen tiefen, traumlosen Schlaf. Als ich zeitig am Morgen aufwachte, das Leben im Walde regte sich schon, saß ich noch immer zwischen meinen Ochsen, von diesen behütet und gewärmt. Kaum hatte ich mir den Schlaf aus den Augen gerieben, hörte ich Schritte. Der Vater kam, um mich und meine Schlafgefährten abzuholen. Noch zwei Abende verbrachte ich mit den Tieren im Walde. Nachdem sich das erwähnte Gerücht nicht bewahrheitet hatte, wurde die Aktion abgebrochen.

Der Arzt meiner Heimatgemeinde hatte Selbstmord verübt. Die Menschen standen daher ohne medizinische Betreuung da. Besonders bewußt wurde uns das, als ein Nachbar mit einer schweren Krankheit darnieder lag. Gerade an jenem Tag, da das Leiden den armen Mann

HEIMKEHR

besonders peinigte, erfuhren wir, daß sich in Wiesmath zwei Ärzte niedergelassen hätten. Natürlich wurden sie konsultiert und gebeten, einen Hausbesuch vorzunehmen. Das taten sie auch. Ob sie wirklich helfen konnten, weiß ich nicht mehr. Jedenfalls wurde der Nachbar wieder gesund. Die Ärzte verschwanden, wie sie gekommen waren. Es hieß, es habe sich um Scharlatane gehandelt. Einer mir unbekannten Krankenschwester sei jedoch an dieser Stelle ein Denkmal gesetzt. Sie half kranken Menschen in der schweren Zeit wo und wie sie nur konnte.

Leider funktionierte unser Radioapparat nicht mehr. Zeitungen gab es auch keine, so wußten wir nicht, wie es um den Krieg stand. Immer wieder zogen Militärkolonnen auf der Straße Richtung Wiener Neustadt. Uns fiel öfters auf, daß jener Mann, der sich in der schon erwähnten Keusche eingenistet und mit der ältesten Tochter ein Verhältnis angefangen hatte, auf der Straße Spaziergänge unternahm. „Hoffantli passiert ihm nix!" hörte ich die Mutter sagen. Es passierte ihm etwas. Eines Nachmittages hörten wir eine Maschinengewehrsalve. Bald kam die Nachricht, der Himmelreich, so der Name des Mannes, sei erschossen worden.

Endlich kam die erlösende Nachricht. Wer sie gebracht hatte, weiß ich nicht mehr. Am 8. Mai 1945 war der Krieg zu Ende gegangen. Das Deutsche Reich hatte kapituliert. Letzte Kämpfe fanden im Raum um die Burg Kreuzenstein statt. In Erlauf trafen amerikanische Truppen aus dem Westen und sowjetische Truppen aus dem Osten zusammen. Die Front verlief zuletzt von Lilienfeld über die Höhen zwischen Traisen und Pielach zum Dunkelsteiner Wald, von Korneuburg über Ernstbrunn bis Laa an der Thaya. Einen Tag später, am 9. Mai, hatte der Gauleiter von Niederösterreich, Dr. Hugo Jury, Selbstmord begangen.

Wir zu Hause feierten das Kriegsende nicht. Nach wie vor zogen russische Truppen auf der Straße Richtung Westen. Wenige Tage nach dem Kriegsende kamen drei berittene Soldaten auf den Hof. Sie requirierten einen Leiterwagen, den wir mit Heu beladen mußten. Natürlich

HEIMKEHR

bemühte ich mich, das Heu ziemlich lose auf dem Wagen zu verteilen. Zuletzt mußte es, wie üblich, mit einem sogenannten Wiesbaum auf dem Wagen fixiert werden. Das geschah auf folgende Art: Der Wiesbaum hatte einen Kopf. Der wurde vorne, oberhalb der Deichsel, in eine Kette gesteckt. Sodann wurde der Baum, dessen Länge über den Wagen hinausreichte, niedergedrückt und am Ende mit einem Strick an der Schleifen, dem Gestänge der Bremse, befestigt. Einem Russen schien diese Befestigung des Wiesbaumes nicht stark genug zu sein. Er kletterte auf den Wagen, hieß mich diesen zu verlassen, nahm den Baum ziemlich weit hinten und zog wiederholt ruckartig an, wobei er ihn niederdrückte. Die Katastrophe blieb nicht aus. Der Kopf löste sich von der Kette und der Soldat schoß mit dem Wiesbaum im selben Augenblick, da er angezogen hatte, wie eine Rakete am Ende des Wagens hinaus zu Boden. Wimmernd und vor Schmerzen stöhnend räkelte er sich empor. Er mußte sich ein Schlüsselbein gebrochen haben. Seine Kameraden halfen ihm auf das Pferd und ohne noch einen Blick auf das Heu zu werfen, ritten die Soldaten von dannen.

Die Feldarbeit war in vollem Gange. Der Sepp und ich arbeiteten mit den Ochsen, der Vater mit den Sterzen, Jungochsen. Am Christi Himmelfahrtstag tauchten abermals zwei Berittene bei uns auf. Sie sprengten, galoppierten, mit ihren Pferden einer zum Sepp und einer zu mir. Wir mußten mit unseren Gespannen heimfahren, vier große Zwilchsäcke, Säcke aus grobem Leinen, mit Hafer füllen, sie auf einen Bretter- und einen Leiterwagen laden, die Ochsen einspannen und uns dann zur Abfahrt bereithalten. Den Vater ließen sie unbehelligt. Es dauerte nicht lange, und wir sahen eine ganze Wagenkolonne auf der Straße abwärts ziehen. Bei der Kreuzung Kirchschlag-Hollenthon wurde sie angehalten. Sepp und ich mußten uns mit unseren Gespannen hinten anreihen. Dann ging es weiter Richtung Hollenthon. Hier kamen neue Ochsenwägen dazu. Anführer der Armada war der Höllbertl aus Wiesmath. Einen besseren Mann hätten wir uns nicht wünschen können. Er wußte nicht nur das für Ochsengespanne richtige Tempo vorzulegen sondern auch, wann Rastpausen einzulegen waren.

HEIMKEHR

Außerdem gab er mir wichtige Hinweise für die Fütterung der Tiere. Bevor die Straße sich in das Tal der Spratzau abzusenken begann, zweigte ein Weg nach Spratzeck ab. Ich bemerkte, wie die Ochsen mit dem Sepp in diesen Weg einlenkten. Die Begleitmannschaft der Russen befand sich an der Spitze des Zuges und bemerkte das daher nicht. Es dauerte nicht lange und das Gefährt mit dem Sepp war unseren Blicken entschwunden.

Unsere Wagenkolonne erreichte inzwischen das Tal der Spratzau. Hier ging es weiter in Richtung Untereck und dann Obereck. Die Dämmerung legte sich über die Landschaft. Bei einem großen Bauernhof wurde der Zug gestoppt. Wir mußten uns für die Nacht einrichten. Ich spannte die Ochsen vom Wagen und von den Jöchern, band sie jedoch mit Stricken an die Wagendeichsel. Dann setzte ich ihnen einen Bund Heu vor, den ich mithatte. Die Tiere begannen zu fressen. Ich blickte mich inzwischen um. Die russischen Begleiter waren damit beschäftigt, Hühner einzufangen, denen sie mit einem Beil die Köpfe abschlugen. Auch ein kleines Schwein wurde aus einem Stall gezerrt und geschlachtet. Das Herrichten der geschlachteten Tiere zum Braten dauerte eine geraume Zeit. Schließlich war es so weit. Zum Nachtmahl gab es gebratene Hühner oder ein gebratenes Spanferkel.

Leider verlief die Nacht nicht angenehm. Ich lag bei meinen Ochsen, konnte jedoch nicht schlafen. Ich dämmerte so vor mich hin. Plötzlich hörte ich ein Geräusch. Es war ziemlich dunkel. Da sah ich einen Mann, der sich an meinem Bretterwagen zu schaffen machte. Wie elektrisiert sprang ich auf, weil ich erkannte, daß der Mensch mein Heu stehlen wollte. Nun wußte ich, wer es war. „Wås suachst du då?" herrschte ich ihn an. „Håst du vielleicht die Buam vom" – er sagte einen bestimmten Namen – „gsehgn?" fragte er scheinheilig. „Du willst mein Heu stehln", entgegnete ich, „verschwindt!" Und er verschwand. Am nächsten Tag konnte er mir nicht in die Augen schauen. Zeitig in der Früh ging es weiter, den Bergrücken entlang, Richtung Hochneukirchen. Angeblich, so hörte ich es, sei das Ziel die Stadt Güns gewesen, von wo wir schwere Granaten abholen sollten.

HEIMKEHR

Gegen Abend kamen wir in eine kleine Ortschaft, die ausgestorben dalag. Weder ein menschliches noch ein tierisches Wesen ließ sich blicken. Wir lagerten in einem Obstgarten vor einem Bauernhaus. Die Türen standen offen. Ich spannte meine Ochsen aus. Sie legten sich, nachdem sie noch ein wenig Gras gefressen hatten, nieder und begannen wiederzukäuen. Während die anderen Fuhrleute bei ihren Wägen blieben, ging ich in das Haus, fand dort einen Raum mit einem Bett und kroch einfach mit dem Gewande, das ich am Körper trug, unter die Tuchent. Bleierne Müdigkeit lähmte meine Glieder. Mir fielen die Augen zu. Ein ohnmachtsähnlicher Schlaf ließ mich die Welt um mich herum vergessen. Als ich am späten Vormittag des nächsten Tages erwachte und gestärkt aus dem Bette sprang, lachte mir die Sonne entgegen. Totenstille lag über dem Hof. Von draußen war kein Laut zu hören. Das erstaunte mich zunächst. Ich brauchte eine geraume Zeit, bis mir überhaupt bewußt wurde, wo ich mich befand. Sehr überrascht war ich, als ich ins Freie trat. Alle Fuhrwerke waren mitsamt den Russen verschwunden. Nur mein Wagen befand sich dort, wo ich ihn hingestellt hatte. Daneben standen wiederkäuend die Ochsen und warteten darauf, eingespannt zu werden. Auch die Hafersäcke lagen auf dem Wagen. Ich überlegte nicht lange, spannte die Ochsen ein und auf ging es Richtung heimzu. Ein Gefühl der Befreiung befiel mich. Ohne daran zu denken, was mit den anderen Fuhrleuten wohl sein mochte, begann ich ein Liedchen zu pfeifen. Auch meine braven Ochsen mußten spüren, daß sich das Blatt gewendet hatte, denn sie beschleunigten ihren Schritt, ohne daß ich sie dazu aufgefordert hatte.

Gegen Abend erreichte ich jenen Bauernhof, auf dem wir bei der Hinfahrt genächtigt hatten. Die Bauersleute empfingen mich überaus freundlich, luden mich zum Abendessen ein und versorgten meine Tiere im Stall mit Futter. Sie sagten mir, daß bereits am frühen Nachmittag der Fuhrmannszug Richtung Spratzau vorbeigefahren sei. Was die Russen dazu bewogen hatte, die Aktion abzubrechen, wußten sie auch nicht. Mir bot die Bäuerin an, im Knechtkammerl zu schlafen. Am Nachmittag des nächsten Tages kam ich nach Hause. Meine Eltern

HEIMKEHR

hatten sich Sorgen gemacht, und zwar deshalb, weil ich nicht schon am Abend mit dem Haupttroß heimgekommen war. Niemand von den Fuhrleuten wußte, wo ich mich aufhielt. Manche glaubten sogar, die Russen hätten mich mitgenommen. Wie dem auch sei, das Hausgesinde war glücklich, mich wieder bei sich zu haben. Der Sepp sagte mir, er sei auf dem Wagen eingetunkt, eingeschlafen. Als er aufwachte, standen die Ochsen vor dem Stockbauernhof in Spratzeck. Er habe umgedreht und sei heimgefahren.

Kaum hatten wir uns zum Mittagessen niedergesetzt, klopfte es an der Tür. Der Briefträger, ein Mann in ziviler Kleidung, stand draußen. Er klärte uns auf, daß er auf das Postamt gegangen sei, die durch die Kriegswirren liegen gebliebene Post geordnet habe und sie nun austrage. Für mich brachte er einen Brief vom Wehrkreiskommando Wiener Neustadt. Er enthielt meine Einberufung in die Breitenseer Kaserne nach Wien. Das war nun hinfällig, nicht jedoch das andere Schreiben, das ich an einem der folgenden Tage, ebenfalls an mich gerichtet, erhielt. Als Absender zeichnete die Lehrerbildungsanstalt in Wiener Neustadt. Es wurde mitgeteilt, daß im Herbst der Unterricht wieder aufgenommen werde. Ich müßte allerdings eine vom Bürgermeister unterzeichnete Bestätigung über meine politische Unbescholtenheit vorlegen.

Wie sollte ich dazu kommen? Mein Vater war Ortsbauernführer gewesen. In der Gemeinde Wiesmath fungierte – eigenmächtig oder von der Besatzungsmacht eingesetzt, das entzog sich meiner Kenntnis – der einzige im Ort ansässige Kommunist als Bürgermeister. Der würde mir die Unterschrift wohl verweigern. Nach längerem Nachdenken fand ich folgenden Weg, um zur gewünschten Bestätigung zu gelangen: Jeden Sonntag nach dem Frühgottesdienst hielt der Bürgermeister im Gemeindewirtshaus, welches es damals noch gab, Sprechstunden ab. Dabei feierte man zu Recht das wiedererstandene, unabhängige Österreich. Auch genügend Wein war vorhanden. Dieser mußte so gut versteckt gewesen sein, daß ihn die Russen nicht finden konnten. Gegen Ende der Sprechstunden tat der Alkohol seine Wirkung. Diesen

HEIMKEHR

Augenblick nützte ich, um dem Gemeindeoberhaupt die Bestätigung, mit dem von mir vorgeschriebenen Text, zur Unterschrift vorzulegen. Meine Freude schien grenzenlos, als ich zu Hause vom Gelingen des Unternehmens berichtete. Nun mußte das Schriftstück in die Lehrerbildungsanstalt nach Wiener Neustadt gebracht werden. Auch das schien möglich. An einem bestimmten Tag in der Woche fuhr frühmorgens von Wiesmath ein Pferdefuhrwerk nach Wiener Neustadt und am Nachtmittag wieder zurück. Diese Gelegenheit nützte ich, um die Bestätigung in die LBA zu bringen.

Wie ein Keulenschlag traf uns die Nachricht, der Vater müsse zum Bezirksgericht Wiener Neustadt. Ein Mann aus Wiesmath habe ihn bei der russischen Kommandantur angezeigt und gemeldet, daß er das Amt eines Ortsbauernführers ausgeübt habe. Daraufhin wurde eine Untersuchung gegen ihn eingeleitet. Er war etwa vier Wochen inhaftiert. Während dieser Zeit oblag mir zusammen mit der Mutter die Führung der Wirtschaft. Ich verrichtete jede Arbeit, angefangen vom Ackern bis zum Melken der Kühe. Letzteres zu erlernen, war gar nicht so einfach. Die Mutter zeigte es mir. Anfangs schwollen meine Hände derart an, daß sie wie zwei Fleischklumpen aussahen. Mit der Zeit verschwand die Geschwulst von selbst und das Melken bereitete mir sogar Freude. Sehr gerne war ich mit den Ochsen auf dem Felde. Ein Gefühl grenzenloser Freiheit in der freien Natur stellte sich ein. Erstmals wurde mir so richtig bewußt, was es bedeutet, ein freier Bauer sein zu können. Selbstverständlich erlernte ich auch das Mähen. Um sich dabei nicht unendlich plagen zu müssen, bedurfte es neben der guten Schneid des gleichmäßigen Führens der Sense. Sie mußte dabei ständig auf der Ham gehalten werden. Auf der Ham halten bedeutete, darauf zu achten, daß die Sense mit der Spitze in einem bestimmten Abstand nach oben zeigte und am anderen Ende, dort, wo sie am Woadl, Stiel, befestigt war, ganz leicht auf dem Boden auflag. Ein guter Lehrmeister bei diesen und vielen anderen Arbeiten war der Großvater. Was ich nicht richtig erlernte, war das Dengeln. Dazu fehlte wahrscheinlich die Zeit.

HEIMKEHR

Der Vater kam heim. Alle, mit denen er in Wiener Neustadt zu tun hatte, wunderten sich, warum er eigentlich inhaftiert war. Es lag überhaupt nichts gegen ihn vor. Im Gegenteil. Seine Kontroverse mit dem Kreisleiter, der Vater bereits bei der GESTAPO angezeigt hatte, war am Bezirksgericht bekannt. Schließlich sagte ein Richter zu ihm: „Herr Sinabell, gehen sie heim. Ein Bauer gehört auf seinen Hof. Viele Menschen hungern. Wir brauchen etwas zu essen."

Es kam der Tag, da der Sepp von uns Abschied nahm. Es zog ihn nach Hause. Mir ging er besonders ab, denn ich war oft mit ihm zusammen. Leider ließ er nichts mehr von sich hören. Wir wissen daher nicht, ob er seine Heimat jemals wiedergesehen hat.

Der Alptraum Krieg war von uns allen gewichen. Auch die Natur, so schien es mir, begann aufzuatmen. Das Korn stand gut, Klee und Gras sprossen aus dem Boden, als könnten sie es nicht mehr erwarten, ihr sattes Grün in der Sonne zu zeigen. Das reife Korn wurde wie eh und je mit der Sense geschnitten, zu Garben gebunden und für den winterlichen Drusch eingeschobert, in den Scheunen gelagert. Die Stoppelfelder warteten darauf, gestürzt, umgeackert, zu werden. Alle Arten von Tieren bevölkerten die Natur: Feldhasen, Rebhühner, Vögel und auch die Insekten schwirrten in Scharen durch die Luft. Die Zeit verflog, auch die Kartoffeln warteten darauf, geerntet zu werden. Ich erinnerte mich an den noch unbenützten Kartoffelroder. Für die Kartoffelernte bedurfte es vieler Leute, meist Frauen. Sie fanden sich auch ein, Landleute und Städter. Zum Ausgraben der Grumbirn, Grundbirnen, wie die Erdäpfel bei uns genannt wurden, verwendete man Kramperl, das waren Hauen mit zwei Eisenzinken.

An einem Mittwoch versammelte sich unter dem Kommando der Lenamoam auf unserem Kartoffelacker eine Schar Frauen. Jede stellte sich an den Anfang einer Furche und begann zu graben. Mir ging das zu mühsam und zu langsam. „Lenamoam", sagte ich, „i hol den Kartoffelroder und probiers." „Wånnst moanst", antwortete sie. Also lief ich heim, spannte ein Paar Ochsen an die Maschine und fuhr dann erwartungsvoll auf das Feld. Leider mißlang der erste Versuch vollkommen. „Woaßt wås, måchn mas wieder händisch!" meinte die Lenamoam verständnisvoll, ohne auf die hämischen Bemerkungen mancher Frauen zu achten. „Man kånns von ihm jå nit valånga, er is jå a Gstudierter!" sagten sie, mit bedauernder Anteilnahme. Mir ließ die Sache keine Ruhe. Ich stellte das Gespann zur Seite und rannte nochmals heim, um die Gebrauchsanweisung für die Maschine zu holen. Auf den Acker zurückgekehrt, erkannte ich rasch die Ursache für das Mißgeschick.

Der Kartoffelroder funktionierte so, daß der Erddamm mit einer Art Pflugschar hebend unterfahren wurde. Ein kreisendes Rad mit gabelförmigen Werkzeugen schleuderte sodann die Kartoffeln aus dem gehobenen Erdreich. Sie brauchten dann nur noch aufgeklaubt zu werden. Bald merkte ich, daß der Fehler im Einstellungswinkel der sogenannten Pflugschar gelegen war. Ich korrigierte das mit einem Spezialschlüssel aus der beigefügten Werkzeugtasche und siehe da – die Maschine funktionierte einwandfrei. Da staunte die Damenriege. „Studiert ist halt studiert", hieß das auf mich gerichtete Lob.

An den Blättern der Obstbäume, die sich langsam zu verfärben begannen, merkten wir, daß der Herbst ins Land zog. Nach der Kartoffel- und der Rübenernte wartete nun im bäuerlichen Arbeitsjahr die Obsternte auf ihre Einbringung. Der Herbstwind riß die Mostäpfel und Mostbirnen haufenweise von den Bäumen. Der Rest wurde abgebeutelt. Als Most bezeichnete man bei uns daheim den bereits vergorenen Saft der ausgepreßten Birnen und Äpfel. Es war ein Getränk, das den Menschen Kraft und Ausdauer bei der Arbeit verlieh. Die Mostäpfel, eine eigene Sorte, waren klein und hart, ebenso die Mostbirnen, ausgenommen die Scheiberbirnen. Diese hatten eine runde Form und schmeckten, überreif, besonders den Kindern auch als Speiseobst gut.

Für mich änderte sich in dieser Zeit das Leben. Anfang Oktober 1945 brachte der Briefträger die schriftliche Nachricht vom Unterrichtsbeginn in der Lehrerbildungsanstalt. Wir auswärtigen Studenten wurden zunächst in einem Saal im Neukloster provisorisch unterge-

HEIMKEHR

bracht. Mittags gab es eine Ausspeisung in der Schule durch das Schwedische Rote Kreuz oder eine Hilfsgemeinschaft mit ähnlichen Zielen. Um die Aktion vorzubereiten, fand sich eine Kommission in der Schule ein. Diese wollte sich von der Notwendigkeit dadurch überzeugen, daß ihr von der Direktion ausgehungerte und magere Zöglinge eindrucksvoll vorgeführt wurden. Also eilte der Schuldiener durch das Haus und rief: „Von jeder Klasse ein Mädchen und ein Bursch in die Kanzlei!" Leider war ich der Erste, der dort eintraf. Und zwar deshalb, weil mein Erscheinen als völlig kontraproduktiv, wie man heute zu sagen pflegt, bewertet werden mußte. Als Bauernbub kannte ich keinen Hunger. Bei einer Größe von 165 Zentimeter wog ich damals ca. 80 Kilogramm. „Ohhh", ließen sich die Damen und Herren der schwedischen Delegation vernehmen. „Wahnsinniger", brüllte der Direktor, „verschwinde!" Zunächst wußte ich nicht, was ich verbrochen hatte, die Sache klärte sich jedoch rasch auf.

Nachdem die Unterkunft im Neukloster aufgelöst worden war, logierte ich einige Tage im wiedereröffneten Hotel Zentral auf dem Hauptplatz. Das konnte ich mir aus folgendem Grunde leisten: Langsam normalisierte sich das Leben. Die jungen Leute wollten sich, was sie so lange entbehren mußten, auf Tanzveranstaltungen unterhalten. Dazu bedurfte es jedoch eines Musikanten. Irgend jemand kam auf mich. „Der Kloaråtn Hansl kånn Ziehharmonika spielen!" hieß es. So begann meine Laufbahn als Musikant. Der erste Tanzabend fand in einem Gasthaus in Wiesmath statt. Zu essen und zu trinken gab es vorerst nichts. Ich spielte auf einem ausgeliehenen Akkordeon ländliche und moderne Stückeln der damaligen Zeit. Der Abend verlief ganz wunderbar. Am Ende ging jemand mit einem Hut absammeln und steckte mir dann den Erlös, das damalige Militärgeld, in die Rocktasche. Damit konnte ich nicht nur meinen Aufenthalt im Hotel finanzieren, sondern es blieb auch noch ein Betrag für den Kauf von amerikanischen Zigaretten übrig, die im Schwarzhandel sündteuer erhältlich waren: Lucky Strike und Palmal. Diese waren stark parfümiert. Ich bekam daher, sobald ich eine rauchte, starke Kopfschmerzen.

HEIMKEHR

Das Geschäft mit dem Musizieren entwickelte sich für mich sehr einträglich. Man holte mich jeden Samstag mit einem Pferdefuhrwerk von zu Hause ab, meistens in einen anderen Ort und ein anders Lokal. Es war ein richtiges Griß um mich. Einmal bekam ich außer dem abgesammelten Geld einen großen Lederfleck, das damals so begehrte Sohlenleder. Natürlich mußte das in bare Münze umgesetzt werden. Der größte Erlös war von den Russen zu erzielen. Also machte ich mich eines Abends mit einem Freund in Wiener Neustadt zu einer russischen Soldatenunterkunft auf den Weg. Diese lag ziemlich am Rande des noch völlig zerstörten Häusermeeres. Wir zeigten dem Torposten das Leder. Ohne Schwierigkeiten gelangten wir in eine verrauchte und nach Wodka stinkende Baracke. Nun geschah etwas, was mir heute noch unglaublich erscheint. Die Soldaten hätten uns das Leder abnehmen und uns dann zum Teufel jagen können. Sie taten es nicht. Im Gegenteil, wir schacherten eine geraume Weile und erzielten schließlich einen ganz schönen Erlös, obwohl wir der russischen Sprache nicht mächtig waren.

Ich fiel aus allen Wolken, als ich an einem Freitag zum Direktor gerufen wurde. „Sinabell", begann er ziemlich aufgebracht, „es liegt eine Anzeige gegen sie vor, daß sie an jedem Wochenende als Tingeltangelmusikant von Wirtshaus zu Wirtshaus ziehen. Sie schädigen damit das Ansehen unserer Schule und des gesamten Lehrerstandes." „Aber Herr Direktor, ich muß mir ja etwas Geld verdienen, sonst kann ich in Wiener Neustadt nicht leben." „Das interessiert mich nicht", schnaufte er, „verschwinden sie und lassen sie sich bei uns nie mehr blicken!"

In diesem Augenblick wußte ich nicht, wie mir geschah. Ich ging in die Klasse, packte meine sieben Zwetschken zusammen und verließ dann das Schulhaus. Erst auf der Straße wurde mir bewußt, was mir widerfahren war. Völlig verzweifelt irrte ich Richtung Bahnhof. Du kannst kein Lehrer werden! Immer wieder blockierte mir dieser furchtbare Gedanke die Entschlußkraft. Was hab ich denn verbrochen, das meinen Verweis aus der LBA rechtfertigen würde? Nach dem erbarmungslosen, grausamen Krieg bescherte ich einigen Leuten durch mein Musizieren ein paar fröhliche Stunden.

HEIMKEHR

Nur heim! Instinktiv marschierte ich vom Bahnhof Richtung Wasserturm. In der Nähe befand sich ein Gasthaus, Ankunfts- und Abfahrtsstelle des Fuhrwerkes von und nach Wiesmath. Es war gegen zwölf Uhr mittags. Die Pferde standen bereits da. Sie hatten ihre Futterkörbe mit Hafer umgehängt. Der Kutscher befand sich in der Wirtsstube. „Die Abfahrt erfolgt um zwei, du hast Glück, ein Platz ist noch frei." Diese Worte des Fuhrmannes beruhigten mich einigermaßen. Hunger verspürte ich keinen, so schlenderte ich in der Gegend des Wasserturmes umher, immer von der Angst gepeinigt, was meine Eltern wohl sagen würden.

Endlich war der Zeitpunkt der Abfahrt gekommen. Gegen Abend erreichten wir Wiesmath. Den Weg nach Geretschlag mußte ich zu Fuß zurücklegen. Der Vater stand im Hof beim Misthaufen. Er war auf dem Weg in den Stall zur abendlichen Fütterung der Tiere. „Wås måchst denn du schon då?" war seine Frage. „Håbts denn morgen keine Schul?" Ich antwortete, wie auch auf alle anderen Fragen, die bei meinem Eintreffen an mich gestellt wurden, mit einer Ausrede. Ich schlich sogleich in das Stübl zum Großvater. Ihm beichtete ich unter Tränen mein Mißgeschick. „Nimm's nit zu hårt", beruhigte mich der lebenserfahrene alte Mann. „Du fåhrst am Sunntåg nach Wr. Neustådt und gehst am Montåg in die Schul, so åls ob nix gwesn war. Der Direktor håt des längst vagessn." Diese Worte des Großvaters beruhigten mich. Ich sagte zu niemandem eine Silbe über meinen Anstaltsverweis. Am Sonntag ging ich noch vor dem Mittagessen, wie damals üblich, zu Fuß nach Scheiblingkirchen und fuhr von dort mit der Eisenbahn am Abend nach Wiener Neustadt (siehe „Nacht voller Angst" Seite 212).

Am Montag war mir nicht wohl zumute. Mit gemischten Gefühlen betrat ich die Klasse. Ich vermied es, dem Direktor zu begegnen. Angst bereitete mir der Donnerstag, da stand Geschichte auf dem Stundenplan. Diesen Gegenstand unterrichtete der Herr Direktor persönlich. Über jede Stunde mußte von einem Schüler ein Protokoll angefertigt werden, welches dann der Verfasser am Beginn der Einheit vorzulesen hatte. Der Zufall wollte es so, diesmal war diese Aufgabe mir zugekommen. Selbstverständlich nahm ich meinen ganzen Geist zusammen, um ja den Vortrag des Chefs möglichst genau zu dokumentieren. Mein Herz klopfte, als der Direktor nach dem Läuten, pünktlich wie immer, mit der Geschichtsstunde begann. „Wer hat das Protokoll vorzutragen?" schnarrte er. Ich stand auf und begann sofort zu lesen, laut und deutlich, so wie es der Herr Direktor verlangte. „Ausgezeichnet", sagte er, als ich geendet hatte. „Wie heißen sie?" „Sinabell, Herr Direktor." „Sinabell, Sinabell, war mit ihnen in letzter Zeit etwas?" „Nein, Herr Direktor." „Dann ist es gut. Tun sie so weiter, wie ich das heute von ihnen lobend feststellen konnte." „Selbstverständlich, Herr Direktor." Mir fiel ein Stein vom Herzen. Mein Verbleib in der Lehrerbildungsanstalt war gerettet. Inzwischen kannte ich auch den Namen des Denunzianten. Er hat sich selbst verraten, als er mich fragte, ob ich noch immer die LBA besuchen dürfe. Es war der Sohn eines Oberlehrers aus unserer Gegend.

Das Hotel Zentral als Wohnstätte war für die Dauer doch zu teuer. Ich suchte daher ein neues Domizil und fand ein solches bei einer netten Familie. Da blieb ich ein Jahr, dann übersiedelte ich zu zwei älteren Damen in die Ungargasse, bei denen ich ebenfalls sehr gut aufgehoben war. Die jüngere hatte ein kleines Seifengeschäft, die ältere führte den Haushalt. Das Essen war zwar einfach, aber gut zubereitet. Die Miete wurde in Naturalien abgegolten. Die beiden Damen sprachen ein sehr akzentuiertes Hochdeutsch. Ihr Vater hatte in Rußland einen Industriebetrieb geleitet, mußte jedoch mit seinen beiden Töchtern in der Revolutionszeit 1917/18 nach Österreich fliehen. Er hatte sich auch als Erfinder einen Namen gemacht. Eine seiner Erfindungen betraf einen auswechselbaren Schuhabsatz. Dieser bestand aus einem auf dem Schuh befestigten Blechgehäuse, in das bei Bedarf ein neues Absatzleder geschoben werden konnte. Die Mutter der beiden Damen verstarb noch vor der Revolution.

Es dauerte doch eine gewisse Zeit, bis sich der Unterricht in der LBA normalisierte. So wurden wir Zöglinge öfters zur Beseitigung des Schuttes im Esparanto-Park eingesetzt, wo sich ein Splittergraben befunden hatte, der abgetragen werden mußte. Besonders beliebt war

HEIMKEHR

die Stunde Chorgesang, geleitet vom Pädagogikprofessor. Auftrittsmöglichkeiten gab es genug. In trauriger Erinnerung blieb mir das Singen bei der Ankunft von Kriegsgefangenen im Bahnhof Wiener Neustadt. Diese wurden von Rußland in das ungarische Auffanglager Marmaros Sziget gebracht und von dort mit österreichischen Zugsgarnituren abgeholt. Nach deren Ankunft – es spielten sich dabei unbeschreibliche Szenen beim Zusammentreffen mit den Angehörigen ab – wurden die Entlassenen zunächst im Hause der Gewerkschaft bewirtet.

Eine tragische Begebenheit werde ich nicht vergessen. Von einer Frau befragt, wie es ihm in der Gefangenschaft ergangen sei, sagte ein ziemlich abgemagerter Ankömmling: „Sehen sie mich an, dann wissen sie alles." Im Nu waren Männer in Zivil zur Stelle, die ihn in ihre Mitte nahmen und abführten. Anscheinend sollte ein Exempel statuiert werden, wohin es führen konnte, wenn man sich über die Behandlung in der Gefangenschaft abfällig äußerte. Dabei empfand ich die Worte des armen Gefangenen nicht so abwertend. Jeder von uns wußte, daß die Gefangenschaft kein Honiglecken war. Der Vorfall erregte damals großes Aufsehen. Bei der nächsten Ankunft hörten wir plötzlich, als der erste Heimkehrer den Zug verließ, den Ruf junger Leute: „Geben sie fremden Leuten keine Auskunft, sprechen sie mit ihren Angehörigen leise." Viele der Heimkehrer überstanden die Strapazen der Fahrt nicht, die oft wochenlang dauerte. Sie starben an Hunger, Durst oder Erschöpfung. Sie kannten die Bedingungen der Heimreise nicht. Die Züge blieben auf dem weiten Weg von Sibirien nach Ungarn meist weit außerhalb einer Station tagelang stehen. Kein Gefangener durfte die Viehwaggons, um solche handelte es sich, verlassen. Niemand konnte sich waschen, man denke an die sanitären Verhältnisse. Einziger Trost: Es gibt kaum ein Problem, ausgenommen von der Vorsehung vorherbestimmte Gegebenheiten, das der menschliche Geist nicht mildern oder lösen könnte. So auch hier.

Eines Tages erhielt ich einen Brief aus Bayern. Als Absender zeichnete der Kamerad eines nahen Verwandten. Dieser befand sich noch in

HEIMKEHR

einem Gefangenenlager in Sibirien, jener hatte die Heimkehr ohne größeren Schaden überstanden. Der Mann schrieb mir, ich solle meinem Cousin ein Paket mit haltbaren Lebensmitteln, wie Schokolade, Zwieback, Kekse und fünfzig Stollwerk-Zuckerl, schicken. Das waren eingewickelte Karamelzuckerl in der Größe von etwa eineinhalb Zentimeter im Quadrat und einer Höhe von einem Zentimeter. Den Inhalt eines Zuckerls sollte ich nun durch eine Mitteilung über das Verhalten bei der Heimfahrt ersetzen. Das ging so vor sich, daß ich den vorgegebenen Text mit einer Spitzfeder auf ein kleines Blatt Papier schrieb und dieses so oft faltete und mit einem Bügeleisen preßte, bis es die Größe eines Zuckerls erreicht hatte. So unterschied es sich in keiner Weise von den anderen derartigen Süßigkeiten. Jedes Paket durchlief eine Zensurstelle, wurde geöffnet und kontrolliert. Um jedoch jedes Zuckerl auszuwickeln, dazu fehlte die Geduld. Es wurden nur Stichproben gemacht. Meine Mitteilung erreichte ihr Ziel. Sie wurde von jedem Lagerinsassen gelesen. Wie viele Leben auf diese Art gerettet werden konnten, entzieht sich meiner Kenntnis. Einige Briefschreiber, die glücklich die Heimat erreicht hatten, bedankten sich brieflich für meine Informationen. An die Gefahr, in die ich mich begeben hatte, dachte ich nicht. Es hätte auch die ganze Sache auffliegen können. Mein Absender stand auf dem Paket. Man weiß, daß der Arm der Besatzungsmächte in ihrer Zone in Österreich bis in das kleinste Dorf reichte.

Langsam gewöhnten wir uns an den Schulalltag. Mein Wirken als Musikant war ebenfalls nicht mehr zu stoppen. Kaum war ich am Samstag nach Hause gekommen, kam jemand, der mich einlud, hier oder dort zum Tanze aufzuspielen. Auch mein „Freund" und Denunziant ließ sich gelegentlich bei einer derartigen Unterhaltung blicken.

Arge Sorgen bereiteten uns die Winter, weil es kein Brennmaterial gab. In meinem Zimmer in Wiener Neustadt war es derart kalt, daß das Wasser im Waschkrug fror und ein Waschen nach dem Aufstehen daher unmöglich war. Um in der Nacht nicht zu erfrieren, lud ich einen Kollegen aus dem Burgenland ein, bei dem ähnliche Verhältnisse

HEIMKEHR

herrschten, mit mir das Bett zu teilen. Wir konnten uns auf diese Art gegenseitig wärmen.

In unserer Klasse bestand eine verschworene Gemeinschaft von Schülern, deren Freundschaft auch noch heute, im Pensionsalter besteht. Unterrichtet wurde nach den alten Grundsätzen der Pädagogik. Während in der Hitlerzeit zwischen den Professoren und den Studenten das Du-Wort erwünscht war, was mir bedeutendes Unbehagen bereitete – mir kam eine derartige Anrede auch nie über die Lippen –, wurden wir nunmehr wieder mit Sie angesprochen.

Meine Mithilfe bei der Arbeit am Bauernhof beschränkte sich nun vorwiegend auf die Ferienzeit. Die Menschen schufteten genauso wie früher. Urlaub oder Kuraufenthalte waren unbekannt. Der Misthaufen befand sich nach wie vor mitten im Hof, bevölkert von Schwärmen von Fliegen.

Eine neue Zeit bricht an

Von der Besatzungsmacht spürten wir auf dem Lande kaum etwas. Die Requirierungen wurden eingestellt. Eine Neuerung gab es allerdings. 1946 begann man damit, in unserer Gegend die Elektrifizierung vorzunehmen. Eines Tages erschienen Bautrupps aus Wien, die sich anschickten, Masten zu setzen. Im zweiten Bauabschnitt montierten sie die Drähte, bauten Transformatoren und zuletzt gingen sie daran, die Höfe und Wohnhäuser zu installieren. Die Monteure nächtigten auf Bauernhöfen und wurden dort auch verpflegt. Mit der Elektrifizierung unserer Region vollzog sich wohl eine der bedeutendsten öffentlichen Investitionen in unserer Gegend.

Als erhebender Augenblick kann wohl die Inbetriebnahme der Beleuchtung angesehen werden. Auf unserem Hof geschah dies zuerst in der Küche. Das gesamte Gesinde war versammelt, als der Vater zum ersten Mal das Licht aufdrehte. Dann begaben sich die Familienangehörigen in das Stübl zu den Großeltern. Die Großmutter hielt Zünder bereit, für den Fall, daß etwas nicht funktionieren sollte. Das Haus war hell beleuchtet, kein Vergleich mit dem Licht, welches die Petroleumlampen spendeten. Die älteren Leute hatten längere Zeit Hemmungen, den Strom einzuschalten. Man traute der Sache nicht ganz. Außerdem glaubten sie, das käme zu teuer. Für mich war das verständlich. Einmal sagte die Lenamoam, sie könne bei den Birnen, so die Bezeichnung der Glühlampen, den Docht nicht schneuzen, wie sie das bei der Petroleumlampe regelmäßig besorgen mußte. Der Abschluß der Arbeiten wurde mit einem Dorffest beim Grafen auf dem Gutshof in Geretschlag gefeiert.

In den Wirtshäusern gab es nach wie vor als billigste Speise die Kuttlfleck, einen wie Beuschel zubereiteten Rindsmagen. Eine Plage bildeten, was die Staubentwicklung betraf, nach wie vor die Sandstraßen, obwohl die Wegeinräumer unablässig bemüht waren, sie in gutem Zustande zu erhalten.

An schulfreien Tagen konnte es geschehen, daß ich mit einem Ochsengespann Brotgetreide in eine der fünfundzwanzig Mühlen, die

EINE NEUE ZEIT BRICHT AN

es in unserer Gegend nach dem Zweiten Weltkrieg noch gab, bringen mußte. Die meisten von ihnen waren im Spratzbachtal angesiedelt. Auch jene, und zwar die Mandl- oder Summerauermühle, deren Dienste von uns in Anspruch genommen wurden. In die Mühle fahren tat ich gerne. Man konnte auf dem Bretterwagen sitzen und sich seinen Gedanken hingeben. Die Ochsen kannten den Weg und trotteten, ohne daß ein Fuhrmann notwendig gewesen wäre, dahin. Einmal hielt ich auf dem Rückweg im Spratzbachtal neben einer saftigen Wiese an, um mir, was damals zum Statussymbol junger Burschen zählte, eine Zigarette zu wutzeln, drehen. Ganz in Gedanken versunken, merkte ich nicht, daß sich der Äußere, der rechts von der Wagendeichsel gehende Ochse, mit dem Namen Hölm, aus dem Joch ausgespannt hatte. Erschrocken sah ich zunächst gar nicht, wo er sich befand. Er konnte ja nicht gestohlen worden sein. Dann entdeckte ich, daß er, von dem saftigen Gras angelockt, in der Wiese stand und genüßlich fraß. Der Handige, der links gehende Ochse, mit dem Namen Wiga, schbaüte in seinem Joch an der Wagenstange, das heißt er stand, durch das Gewicht der Deichsel mit dem Kopf abwärts gezogen, ganz verrenkt da. Was tun? Nach einigem Nachdenken fand ich die Lösung. Ich stieg vom Wagen, spannte auch den Wiga aus und trieb ihn auf die Wiese. Nachdem die Tiere einige Zeit gegrast hatten, spannte ich sie wieder ein und fuhr mit dem eingetauschten Mahlgut heim.

Langsam merkten auch wir, daß eine neue Zeit anbrach. Von Wiener Neustadt über Hochwolkersdorf, Wiesmath, Hollenthon nach Kirchschlag wurde eine Autobuslinie eingerichtet, die Züge verkehrten ebenfalls regelmäßig. Das Leben verlief wieder in geordneten Bahnen, die ständige Angst vor Fliegerangriffen und die Ungewißheit, hervorgerufen durch die herannahende Front, waren gewichen. Mein älterer Bruder Franz war aus der Gefangenschaft und dem damit verbundenen Arbeitseinsatz bei einem Kärntner Landwirt in der Gegend von Völkermarkt nach Hause zurückgekehrt.

Das Studium in der Lehrerbildungsanstalt bereitete mir keinerlei Schwierigkeiten. Verglichen mit der schweren Arbeit auf einem Bau-

EINE NEUE ZEIT BRICHT AN

ernhof, empfand ich das Lernen direkt als Erholung. Fräulein Rosa und Fräulein Mitzi, meine Quartiergeberinnen, lernten mir gesellschaftliche Umgangsformen und trugen dazu bei, weil ich nur hochdeutsch mit ihnen sprechen durfte, daß ich in der Buckligen Welt gebräuchliche Dialektausdrücke langsam vermied.

Im Schuljahr 1946/47 befand ich mich in der fünften Klasse, im Maturajahrgang. Außer der schriftlichen Prüfung in den Gegenständen Deutsch, Mathematik und Englisch hatten wir mündlich in dem neugeschaffenen Gegenstand Österreichkunde zu maturieren, das heißt in österreichischer Geschichte, Geographie und Literatur. Die schriftliche Matura in Englisch wäre aus folgendem Grunde beinahe schiefgegangen: Am Tage vorher, einem Sonntag, hatte ich auf einer Hochzeit zu spielen. Ich kam daher sehr spät nach Hause, mußte jedoch am nächsten Tag sehr früh mit dem Autobus nach Wiener Neustadt fahren, um zur Englischmatura zurechtzukommen. Die Mutter gab mir ein dickes Schmalzbrot mit, meine Quartierdamen bescherten mir einige Kaffeebohnen, die ich kauen sollte, um nicht einzuschlafen. Es gab drei Themen, von denen eines zur Bearbeitung ausgewählt werden konnte. Ich entschied mich für die Übersetzung über den ersten Einsatz der Notbremse bei der Eisenbahn in England. Als ich die Arbeit eine halbe Stunde vor dem gesetzten Zeitlimit beendet hatte, nahm ich mein Schmalzbrot aus der Rocktasche und begann zu essen. Es war bereits gegen Mittag, die Sonne brannte durch das Klassenfenster. Ich bedachte leider nicht, daß sich Schmalz in der Wärme leicht verflüssigt. Schon war es geschehen. Ein großer Schmalztropfen fiel auf die Unterseite des dritten Arbeitsblattes und verursachte einen riesigen Fettfleck. Was sollte ich tun? Um ein neues Blatt beidseitig zu beschreiben, war die Zeit zu kurz. Plötzlich kam mir der rettende Gedanke. Ich hatte zufällig die Kleberänder eines Briefmarkenbogens einstecken, den ich einige Tage vorher für die Direktion von der Post holen mußte. Also ging ich her, beschrieb die letzten vier Zeilen eines leeren Blattes beidseitig und klebte sie mit den Briefmarkenenden an die abgetrennte Stelle der Fettfleckzeilen.

EINE NEUE ZEIT BRICHT AN

Mit einem mulmigen Gefühl im Bauch harrte ich der kommenden Tage. Ängstlich wartete ich darauf, zum Englischprofessor gerufen zu werden. Es blieb nicht aus. Zitternd stand ich vor ihm. „Hans", sagte er verärgert, „mir ist in meiner langjährigen Dienstzeit schon viel untergekommen. Eines jedoch noch nicht, daß jemand mit Briefmarkenrändern eine Maturaarbeit verunstaltet. Weil sie gut gelungen ist, habe ich mich bemüht, sie vom Vorsitzenden fernzuhalten. Ich habe sie positiv bewertet. Danke dem Herrgott für meine Barmherzigkeit." Geduldig ließ er sich von meinem Mißgeschick, das ich offen darlegte, berichten. Der Vorsitzende der Prüfungskommission, ein großer hagerer Hofrat, verkündete am Ende des letzten Prüfungstages, an dem ich dran war, das Ergebnis. Ich hatte die Matura bestanden. Mit einem unbeschreiblichen Gefühl der Erleichterung begab ich mich zu meinen Hausdamen.

Am Abend veranstalteten wir Maturanten im Brauhof eine Maturafeier. Am nächsten Tag, einem Samstag, fuhr ich mit dem Autobus heim. Die Mutter war gerade mit dem Aufwaschen der Fußböden im Wohntrakt beschäftigt. Das war eine sehr belastende Hausarbeit, weil man dabei knien mußte.

Noch während der Maturatage hatten wir über den Bezirksschulrat beim Landesschulrat um eine Stelle als Volksschullehrer angesucht. Mein Bestreben war es, mit fortgeschrittenen Dienstjahren Oberlehrer in einem Bauernort der Buckligen Welt zu werden. Schon nach wenigen Tagen kam für das Schuljahr 1947/48 der Zuweisungsbescheid an die einklassige Volksschule nach Gleichenbach, einer kleinen entlegenen Katastralgemeinde von Hollenthon. Ich war überglücklich. Allerdings währte das Glück nicht allzu lange. Es dauerte keine vierzehn Tage; ein neuer Bescheid traf ein. Die Anstellung in Gleichenbach ist aufgehoben, als neuer Dienstort wurde die Volksschule in Tulln genannt, wo ich mich am Beginn des neuen Schuljahres, also am 1. September, zu melden hätte. Mein Glücksgefühl verflog. In Tulln, einer Stadt, deren Namen ich nur aus dem Nibelungenlied kannte, sollte ich meine erste Stelle als Lehrer antreten.

EINE NEUE ZEIT BRICHT AN

Gegen Ende August erfuhr ich von unserem Oberlehrer, daß der Schulbeginn generell aus unbekannten Gründen um einen Monat hinausgeschoben wurde. Für mich bedeutete das, einen ganzen Monat länger daheim bleiben zu können. Ich wußte damals nicht, daß Schulbeginn und Dienstantrittsdatum nicht gleichzustellen waren. Mein erster Direktor in Tulln wunderte sich daher sehr über meine Abwesenheit. Es hätte nämlich sehr viel Vorbereitungsarbeit gegeben, bei der meine Mitarbeit notwendig gewesen wäre. Als grundgütiger Mensch und wahrscheinlich darüber froh, daß er und seine Familie den Krieg überlebt hatten, bestätigte er mir den Dienstantritt auf dem ersten Anstellungsdekret mit 1. September 1947.

An die erste Zeit am neuen Dienstort erinnere ich mich nicht gerne. Mich plagte nämlich fürchterliches Heimweh. Allein die Fahrt in die Donaustadt Tulln verlief erlebnisreich. Ein erschütternder Vorfall in dem großen Speiseraum am Wiener Franz-Josephs-Bahnhof versetzte mich in Angst und Schrecken. Weil ich länger als eine Stunde auf die Abfahrt des Zuges nach Tulln warten mußte, kehrte ich im Restaurant ein und nahm an einem bereits mit drei Personen besetzten Tisch Platz. Bald erkannte ich, daß es hier für jeden, der ankam, kostenlos eine Mittagsausspeisung, nämlich einen Teller Erbsensuppe, gab. Als meinen Nachbarn die Suppe serviert worden war, bemerkte ich neben den Erbsen kleine, schwarze Punkte, die sich zum Teil bewegten. Auf einmal schrie ein Mann ganz laut: „Da sind ja lauter Würmer in der Suppe!" So lange diese Beobachtung niemand angesprochen hatte, aßen die Leute mit großem Appetit. Nun aber, da die grausliche Verunreinigung der Suppe bekannt geworden war, legten die meisten von ihnen die Löffel nieder. Manche beschimpften den Schreier unflätig, einige griffen ihn sogar tätlich an, sodaß er fliehen mußte.

Gleich in den ersten Schulferien traf uns auf dem Bauernhof ein Schicksalsschlag, den wir lange nicht verwinden konnten. An einem Montag, es war der 26. Juli 1948, stand die Großmutter in der Früh nicht auf. Sie rief nach unserer Mutter, ihrer Schwiegertochter. „Wettl", sagte sie, „mir gehts heit nit guat, i glaub i muaß sterbn.

EINE NEUE ZEIT BRICHT AN

Tuats mi wåschn." Die Mutter rief die Lenamoam zu Hilfe. Gegen Abend zu war die Großmutter tot. Nachbarsfrauen kamen ins Haus und halfen dabei mit, die Verstorbene in der Stubn, im Schlafzimmer der Eltern, aufzubahren. Als die Nacht hereinzubrechen begann, kamen die Nachbarsleute zum Leichhüatn, das heißt, sie beteten bei der Großmutter für deren Seelenheil. Nach der Betstunde ergab sich das Problem, wo alle schlafen würden. Da meinte der Vater, er schlafe in seinem Bett in der Stube, er möchte die Nacht gerne bei seiner toten Mutter verbringen. Ich erwirkte die Erlaubnis, in dieser Nacht beim Vater sein zu dürfen. So hielten wir gemeinsam bei der Verstorbenen Wache. Ob der Vater einschlafen konnte, weiß ich nicht. Ich kuschelte mich zu ihm und hatte dabei das Gefühl, der Großmutter ganz nahe zu sein. Manchmal glaubte ich sogar, sie atmen zu hören. Nachdem es zu dieser Zeit noch keine Leichenbestattung gab, mußte die Verwandtschaft mündlich von dem Todesfall und dem Begräbnistermin benachrichtigt werden. Ich mußte nach Schwarzenberg zu den Leuten des Elternhauses der Großmutter gehen und von dort nach Wiesmath und in die Hölle weiterwandern, wo ebenfalls Verwandte oder Bekannte zu verständigen waren.

Ganz besonders freute ich mich auf mein erstes Gehalt. Es betrug etwa 200 Schilling. Was wollte ich damit doch alles kaufen! Letztlich erwarb ich ein Nähzeug, welches ich für einen ganz bestimmten Zweck benötigte. Mir wurde in der Volksschule eine erste Klasse mit dreißig Schulanfängern zugeteilt. Damals gab es noch keine Koedukation. Der Raum befand sich neben der Direktionskanzlei im Erdgeschoß. Der Herr Direktor, ein kleiner rundlicher Mann, litt ständig Hunger. Er kam aus Wien, brachte ein Reindl voller Speisen mit und wärmte diese auf einem Elektrokocher. Wenn er sich bücken mußte, was fast täglich vorkam, rissen die zwei hinteren Hosenknöpfe ab, weil sich alles spannte. Damals trug man noch Hosenträger. Meine Aufgabe bestand nun darin, die Hosenknöpfe wieder anzunähen, wozu ich ein richtiges Nähzeug benötigte. Schließlich entstanden an jenen Stellen, wo die Knöpfe ausrissen, Löcher. Ich mußte daher etwas unterlegen.

EINE NEUE ZEIT BRICHT AN

Dem Tag, da ich das erste Mal heim in die Bucklige Welt fahren konnte, galt meine einzige Sehnsucht. Vor allem deshalb, weil ich mit dem Vater in die Kirche gehen und ihn dann in das Gasthaus zu „Kudlfleck" und einem Viertel Wein einladen wollte. Noch heute überkommt mich ein Glücksgefühl, wenn ich daran denke, wie stolz der Bauer damals auf seinen Sohn gewesen ist. „Håst gsegn, dem Kloaråtnbauern håt sei Bua wås zan Essn kåft!"

Zwei Jahre hatte ich das Vergnügen, meine Kinder in der ersten Klasse zu unterrichten. Allerdings war es damit nicht abgetan. Zu den sechzehn Stunden in der Volksschule kamen noch sechzehn Stunden in der Hauptschule in den dritten und vierten Klassen: Englisch, Geographie und Turnen. In diesen Klassen saßen bis zu fünfundvierzig Schüler. Wie bei Junglehrern damals üblich, wurde ich bald als Springer eingesetzt. Auf diese Art lernte ich mehrere Schulen des Bezirks Tulln kennen.

Erstmals kam ich auch mit unangenehmen Dingen meines Berufes in Berührung. Der Schulleiter einer einklassigen Volksschule in einem kleinen Dorf war verhaftet worden, weil er sich Mädchen unsittlich genähert hatte. Ich wurde als provisorischer Leiter an diese Schule versetzt. Die Bevölkerung verhielt sich zwiespältig. Die einen meinten, ich verdränge als Protektionskind ihren beliebten Oberlehrer. Sie konnten seine Verfehlungen nicht glauben. Die anderen waren froh, daß sie ihn los waren. So befand ich mich in einer Zwickmühle und war glücklich, als ich den Ort wieder verlassen durfte.

Langsam wurde mir bewußt, daß ich mich wohl für immer von meiner Heimat, der Buckligen Welt, verabschieden

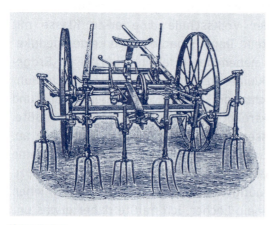

Heuwender

EINE NEUE ZEIT BRICHT AN

müßte und in meinem Wirkungsbereich eine zweite, neue Heimat finden würde. Wenn ich solchen Gedanken nachhing, wurde mir ganz wehmütig zumute. Der Bauernhof mit seinem pulsierenden Leben, die Geborgenheit in einer Großfamilie, die mütterliche und großmütterliche Fürsorglichkeit, die vertraute Umgebung im Kreise meiner Geschwister, der Schutz durch den Vater und Großvater gehörten der Vergangenheit an. Wohin sollte ich mich wenden, wenn mich etwas bedrückte. Ein Bauernbub war in eine fremde Gegend verpflanzt worden, so wie man etwa einen jungen, aufblühenden Baum versetzt.

Eine neue Zeit war angebrochen, man spürte es allenthalben. Um 1950 war die Aera des nackten Überlebens überwunden. Zwei Jahre vorher, am 14. März 1948, fand im Niederösterreichischen Landhaus noch eine Ernährungskonferenz statt. Eine Untersuchung ergab, daß sechzig Prozent der Kinder an Unterernährung litten. Die Zahl der an Lungentuberkulose Erkrankten stieg. Die Landwirte wurden aufgefordert, alle verfügbaren Lebensmittel rasch und restlos abzuliefern. Nunmehr war das Ärgste überwunden.

Vorerst trat bei uns daheim kaum ein nennenswerter Wandel ein. Man konnte so wie früher beim Greißler einkaufen, es gab noch immer den Schmied und den Schuster. In den ersten Nachkriegsjahren sprach auch die Stadthandlerin auf den Bauernhöfen vor, um Butter und Eier für die Stadtleute einzukaufen. Das hörte sich bald auf. In den Ferien, die ich zu Hause verbrachte, setzten wir in der Erntezeit die neue bislang noch unbenützte Mähmaschine ein. Die Ochsen gewöhnten sich an eine schnellere Gangart. Der Großvater sprach es aus: „I woaß nit, ålls wird åndarscht." Die Motorisierung in der Landwirtschaft ließ sich auch in unserer Gegend, der Buckligen Welt, nicht aufhalten. Ochsengespanne verschwanden langsam, Traktoren nahmen ihren Platz ein. Vater

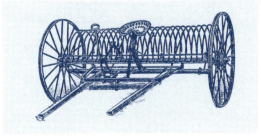

Heurechen

EINE NEUE ZEIT BRICHT AN

kaufte eine Dreschmaschine mit doppelter Putzerei. Windmühle und Trieur wurden überflüssig. Nur die Lebensgewohnheiten waren noch die gleichen wie vor dem Krieg. Sie änderten sich erst nach Jahren. Fast in jedem größeren Ort entstanden Kinos, so auch in unserem Schulort Hollenthon. Gezeigt wurden vorwiegend amerikanische Filme. Immer mehr Kriegsgefangene kehrten in ihre Heimat zurück. Das Bedürfnis nach Unterhaltung, auf die so lange verzichtet werden mußte, stieg.

Noch in keinem anderen Jahrhundert gab es so rasante Umstellungen wie in unserer Zeit. Ich wurde in Tulln ansässig, heiratete und baute ein Haus. Doch meine erste Heimat bleibt die Bucklige Welt, eine Welt die man einfach gern haben muß. Hier gibt es auch heute noch Plätzchen von unberührter Natur. Man wird zum Verweilen eingeladen. Die Gedanken schweifen in die Kindheit und Jugendzeit, Erinnerungen werden wach, man begegnet längst verstorbenen Menschen und erinnert sich ehrfurchtsvoll an deren Schicksal: den Eltern, den Großeltern, dem Bauern, der Bäuerin, der Moam und dem Vejda, der Dirn und dem Quartierer.

KURZGESCHICHTEN

Die Lieslmoam – Schicksal einer Bauernmagd

Die Liesl ist als Kind in den Dienst meines Urgroßvaters, des Kloarátbauern Johann Sinabell, getreten. Dienstboten- und Kleinhäuslerfamilien waren etwa bis zum Ende der Dreißigerjahre mit einer besonders reichen Kinderschar gesegnet. Um die kleinen Esser durchzubringen, wurden die älteren von ihnen, so ab dem zehnten Lebensjahr, auf Bauernhöfe für Kost und Quartier in den Dienst gegeben. Sie verrichteten dort mit den Kindern ihres Brotherrn kleinere Arbeiten. Von einer höheren Warte aus betrachtet könnte man sagen, daß die bäuerlichen Regionen in der Buckligen Welt ihre sozialen Probleme in Eigenregie, ohne fürsorgliches Zutun des Staates, lösten. Kinderbeihilfe gab es damals nicht.

Unserer kleinen Liesl war ein derartiges Schicksal beschieden. Sie zeigte sich sehr riegelsam, brauchbar, und so geschah es, daß sie bald in die Familie integriert wurde. Mit den Kindern ihres Brotgebers vertrug sie sich gut, sie war anspruchslos und sehr anhänglich.

Im Lohn mit inbegriffen waren, außer der Unterkunft und Verpflegung, auch die notwendigen Kleider einschließlich der Schuhe. Allerdings, neue Sachen gab es nicht. Sie mußte das tragen, was dem größeren weiblichen Nachwuchs zu klein geworden war. Dem Mädchen machte das nichts aus.

Im Laufe der Zeit wuchs die Liesl zu einem sauberen, kräftigen Dirndl heran, was sicherlich auch auf das nahrhafte Essen und die frische gute Landluft zurückzuführen war. Es blieb nicht aus, daß die Burschen bald auf sie aufmerksam wurden. Leider hatte man es nur mit einer Dienstmagd zu tun. Man mußte jedoch nicht gleich ans Heiraten denken, wenn man mit der Liesl ein Pantscherl, eine Liebschaft, beginnen wollte.

Um das Jahr 1890 übergab der Urgroßvater den Hof meinem Großvater, seinem ältesten Sohn Anton. Neben allen beweglichen und

DIE LIESLMOAM – SCHICKSAL EINER BAUERNMAGD

unbeweglichen Gütern samt Grundzubehör war die Liesl als lebendes Inventar in die Übergabe mit eingeschlossen, ohne jedoch im notariellen Vertrag vermerkt zu sein.

Zu dieser Zeit gab es in unserem Dorf ein gräfliches Gut. Wegen des umfangreichen Waldbesitzes oblag die Führung des Betriebes einem Oberförster. Ihm zur Seite stand ein fescher Jäger. Der Zufall wollte es, daß sich die jungen Leute, die Liesl und der Weidmann, kennenlernten und Gefallen aneinander fanden. Erstmals aufmerksam auf die Liesl wurde der Jäger anläßlich des Besuches des Gutsherrn in Geretschlag. Es war Winter. Eine dicke Schneedecke lag auf der Landschaft. Von gemeindeamtlichen Mitteilungen wurde die Bevölkerung durch den Pfarrer am Ende der Predigt bei den sonntägigen Gottesdiensten unterrichtet.

Eines Sonntages verkündete der Priester: „Mitteilung der Gemeinde: Der Gutsherr von Geretschlag, Graf Wurmbrand, hat für Mitte der nächsten Woche seinen Besuch angesagt. Die Bevölkerung wird aufgefordert, dem hohen Herrn von Wiesmath aus bis nach Geretschlag einen Weg auszuschaufeln, damit er mit dem Pferdegespann seinen Gutshof erreichen kann. Jeder, der mitschaufelt, erhält dafür von der Gutsverwaltung einen Stundenlohn von fünfzig Groschen.

Natürlich war auch die Liesl mit von der Partie. Den Jäger, dem die Aufsicht über die Schneeschaufler oblag, zog die fesche Bauernmagd direkt magisch an. Er konnte sich an ihr nicht genug sattsehen. Wie es halt so ist, die Bekanntschaft blieb nicht ohne Folgen. Ein gesunder, kräftiger Bub stellte sich ein. Als dessen Vater die Kunde von der Geburt seines Sohnes vernahm, suchte er das Weite. Er ließ, wie man bei uns sagte, die junge Mutter mit ihrem Kinde sitzen.

Glück und Enttäuschung hielten sich zunächst bei der Liesl die Waage. Ihre Frau, die Bäuerin, ließ sie jedoch nicht im Stich. Sie freute sich mit der Liesl über den Nachwuchs und meinte, verhungern werde der Bub sicher nicht. Mit der Zeit verblaßte die Enttäuschung. Jahre zogen in das Land und der Knabe wuchs zur Freude seiner Mutter, der Bauersleute und des gesamten Hofgesindes zu einem kräftigen jun-

DIE LIESLMOAM – SCHICKSAL EINER BAUERNMAGD

gen Mann heran. Die Zukunft schien vorausbestimmt. Wie die Mutter würde auch er bis zum Ende des irdischen Daseins Dienstbote bleiben.

Bei uns auf dem Lande gab es damals noch keine Zeitungen, so blieb die Bevölkerung von Weltnachrichten und Meldungen über nationale Ereignisse verschont. Anders verhielt es sich beim Ausbruch des Ersten Weltkrieges. Schon am Tage nach dem Attentat in Sarajewo, dem der österreichische Thronfolger Erzherzog Franz Ferdinand und dessen Gemahlin Herzogin Sophie von Hohenberg zum Opfer fielen, prangten an einigen Stellen der Marktgemeinde Wiesmath Plakate, die von den tragischen Ereignissen berichteten. Der Mord geschah am 28. Juni 1914. Die Kriegserklärung des Kaisers Franz Joseph an Serbien ließ nicht allzu lange auf sich warten. Sie erfolgte einen Monat später, am 28. Juli 1914.

Auf unserem Bauernhof blieben die bedrohlichen Ereignisse nicht unbesprochen. Doch niemand dachte zunächst an einen Weltkrieg. „Hoffantli übalebns unsare Månna", sinnierte die Lieslmoam beim Mittagessen mit sorgenvoller Miene, „Treffn wirds den Anton", den älteren Bruder meines Vaters, „den Schursch", meinen Vater Georg, „und mein Buam." Die Voraussagen der Dienstmagd erfüllten sich. Seit sie Mutter geworden war, zierte ihren Namen das Grundwort „Moam". Die drei jungen Männer mußten ziemlich gleichzeitig einrücken. Im Vertrauen auf die Güte Gottes fügten die Frauen nun an das tägliche Tischgebet ein Vaterunser für die im Felde stehenden Angehörigen.

Bald trübten Angst und Sorge den Alltag. Die lokalen Auseinandersetzungen mit Serbien weiteten sich zum Weltkrieg aus. Die Ursache lag in der vorangegangenen Bündnispolitik des ausgehenden 19. Jahrhunderts. Diese gipfelte in der Entente (Frankreich, Rußland, Großbritannien) und dem Dreibund (Österreich, Deutschland, Italien). Das Ziel der Bündnisse bestand in der gegenseitigen Hilfe bei militärischen Auseinandersetzungen mit anderen Staaten. Obwohl der russische Zar anderer Meinung war, setzten sich seine Generäle durch. Rußland mischte sich in den Konflikt mit Serbien ein und erklärte Österreich

DIE LIESLMOAM – SCHICKSAL EINER BAUERNMAGD

den Krieg. So begann sich das verhängnisvolle Rad gegenseitiger Kriegserklärungen zu drehen.

Väter und Söhne starben, wie es so schön hieß, den Heldentod. Trauer und Verzweiflung schlichen sich in viele Bauernhöfe der Buckligen Welt. „Mein Gott", lamentierte die Bäuerin, „wånn wird uns a solches Unglück treffn." Vielleicht verursachte eine Vorahnung diese Sorge, denn am nächsten Tag, nach dem Mittagessen, steuerte der Briefträger dem Hofe zu.

„Vom Föld is was kemman", sagte er. Böses ahnend, nahm die Großmutter den Brief in die Hand, ohne zu merken, daß er eigentlich an die Lieslmoam adressiert war. Sie brach ihn auf, entnahm eine amtliche Mitteilung, las diese und fiel schmerzlich stöhnend auf einen Stuhl. „Heilige Mutter Gottes, da Bua von der Lieslmoam is gfålln", jammerte sie in sich hinein. Die Liesl befand sich auf einem Felde bei der Arbeit. Ohne es zu wissen, was sie bei der Heimkunft erwarten würde, betrat sie am Abend die Küche.

„Guat daßd då bist, Lieslmoam, i muåß dir wås Furchtbårs sågn. Dein Bua is gfålln. Setz die nieda, i måch dir an Tee." Nur mühsam und unter Tränen brachte die Bäuerin diese Worte hervor. „I wüll koan Tee, Frau", stöhnte die Liesl mit versteinertem Gesicht, „i möcht mi niedalegn." Sie stand auf und schleppte sich in ihre Kammer.

Eine Woche lang war die bedauernswerte Dienstmagd unansprechbar. Sie aß, trank und redete nichts. Die rechte Hand lag auf ihrem Herzen. Nach sieben Tagen stand sie am Morgen plötzlich in der Küche, so als ob nichts gewesen wäre. Nur ihr volles, schönes schwarzes Haar war ergraut. Sie war abgemagert und schien um Jahre gealtert. Auch ihre natürliche Fröhlichkeit hatte sie verloren. Ihren Sohn erwähnte sie mit keinem Wort, als ob es ihn nie gegeben hätte. Auch ihren einzigen Besitz, eine kleine hölzerne Truhe, die sie als Kind beim Dienstantritt auf unserem Hofe von zu Hause mitbekommen hatte, ließ sie unbeachtet. Wir Buben standen oftmals neugierig vor dieser Truhe, getrauten uns aber nicht, sie zu öffnen und hineinzuschauen.

DIE LIESLMOAM – SCHICKSAL EINER BAUERNMAGD

Im Jahre 1933 starb die treue Seele in betagtem Alter. Noch heute denke ich in Liebe und Ehrfurcht an sie, war sie doch für uns Kinder wie eine zweite Mutter. Immer hatte sie für uns Zeit. Sie heilte jeden Kummer und jedes kleine oder größere Wehwehchen. Auf dem Ortsfriedhof am Annaberg fand sie in einem eigenen Grab ihre letzte Ruhestätte.

Als der Sarg im Grabe stand, sagte der Vater: „Geh, Muatta, bring der Lieslmoam ihr oanzigs Håb und Guat." Die Mutter ging und holte vom Leichenwagen die kleine hölzerne Truhe, die mitgeführt worden war. Sie reichte diese unter Tränen dem Totengräber, der sie vorsichtig auf den Sarg gleiten ließ. Vielleicht befand sich in der Truhe der Lieslmoam ein Bild ihres Kindes und von dessen Vater, den sie geliebt hatte. Wir wissen es nicht und werden es nie erfahren.

In der Adventzeit

Bei uns daheim fiel der erste Schnee meistens Anfang November. Der Winter hüllte die Landschaft in ein blütenweißes Kleid. Verunreinigungen von oben, aus der Luft, gab es damals nicht. Die bäuerliche Welt veränderte sich damit; das Leben auf dem Bauernhof reduzierte sich auf den häuslichen Bereich.

Der Großvater arbeitete in der warmen Küche des Ausnahmsstöckels auf seiner Hoazlbank, auf der er mit dem Roafmesser, Messer mit Holzgriffen an den Enden, nicht nur Holzschindln sondern auch verschiedene andere Gerätschaften aus Holz anfertigte.

Hoazlbank

In einer Ecke saß die Großmutter beim Spinnrad und verarbeitete das Werg, die Hanffasern, zu Garn.

Von der Tenne her erklang die Melodie des Drischldreschens oder das Rumpeln der Trommeldreschmaschine. Zum Drischldreschen waren wir Buben noch zu klein, bei der Dreschmaschine waren wir jedoch zum Zureichen der Korngarben gut zu gebrauchen. Das waren typische Winterarbeiten.

Wann immer es möglich war, nützten wir die Freizeit zum Rodeln oder Schifahren. Rodeln erzeugte der Zimmermann, zum Schifahren verwendeten wir Faßdauben, gebogene Bretter eines Fasses. Die Schuhe steckten wir in Lederschlaufen, die in der Mitte der Dauben querüber angenagelt waren. Mit einer Holzstange zwischen den Beinen konnten wir uns vorwärts schieben. War es zum Schifahren zu kalt, saßen wir in Großmutters warmer Küche. Besonders heimelig war es, wenn der Sturm an den Fenstern rüttelte und der Großvater sagte: „Ös brauchts koa Angst håbn, er kånn nit eina."

IN DER ADVENTZEIT

Sobald die Adventzeit anbrach, etablierte sich eine eigenartige Stimmung auf dem Bauernhof. Es schien so, als würden die Menschen spüren, daß ein Wunder bevorstand. Auch die Tiere fühlten sich auf ihren Ständen im Stall wohl. Jeden Abend wurden sie während der Fütterung in den Hof zum Gråund, einem gemauerten Wassertrog, zur Tränke getrieben. Der Schöpfer des Brunnens befand sich in der Küche, der Brunnen neben der Außenmauer. Von der Küche führte ein Rohr zum Gråund hinunter in den Hof. Vor dem Wassern, Tränken, mußte der Gråund von der Küche aus vollgeschöpft werden. „Buam, tuats Wåsserleitn", Wasser schöpfen, wies uns der Vater jeden Abend an.

Besonders gern hatten wir die Abende, wenn alle beim Tische saßen, um das Nachtmahl einzunehmen. Auch der Haushund lag unter dem Tisch. Mutter brachte die dampfende Milchsuppe und den Erdäpfel-, Grumbirnsterz. Draußen herrschte tiefste Finsternis. Damals gab es noch kein elektrisches Licht, wir waren auf die Petroleumlampe angewiesen. Es roch nach gebratenen Äpfeln, die wir Kinder noch vor dem Abendessen aus dem Bratrohr geholt und gegessen hatten. Nach dem Nachtmahl kuschelten wir Kinder uns zwischen die Erwachsenen. Im Ofen knisterte das Feuer, besonders dann, wenn ein Scheit mit Pech durchsetzt war. Wir fühlten uns sicher und aufgehoben. Manchmal wurde auch eine Geschichte erzählt. Jedes Geräusch werteten wir Kinder als ein Zeichen des Christkindes. Es mußte sich doch überzeugen, ob wir uns brav verhielten und der Mutter folgten.

Alle vier Wochen kamen mein Bruder und ich zum Ministrieren dran, meistens Anfang November und in einer Adventwoche. Das bedeutete, daß wir schon um fünf Uhr in der Früh aufstehen mußten. Noch vor dem Frühstück, einer heißen Einbrennsuppe, bekamen wir von der Mutter die gefürchtete Schmalzmilch zu trinken. Das war ein viertel Liter heiße Milch, in die man einen gestrichenen Eßlöffel Schweineschmalz rührte. Angeblich schützte dieses Getränk vor Verkühlungen. Es hatte den Stellenwert eines wirksamen Hausmittels.

IN DER ADVENTZEIT

Wintermäntel kannten wir nicht. Zum Schutz vor eisigen Winterstürmen stülpte uns die Mutter Zwilchsäcke über. Diese wiesen drei Löcher auf. Eines am Sackboden für den Kopf und zwei etwas darunter zum Durchstecken der Arme. Um die Leibesmitte wurden die Säcke mit kurzen Stricken zusammengehalten. Wir sahen aus wie die Hirten, die einst dem Stern nach Bethlehem folgten. Bei großer Dunkelheit trug einer von uns eine Windlaterne. Um überhaupt auf die Straße zu gelangen, mußte der Vater eine Spur auf dem Zufahrtsweg ausschaufeln.

Die Adventmesse, Rorate genannt, begann täglich um sieben Uhr und dauerte eine halbe Stunde. Sie wurde hauptsächlich von älteren Frauen besucht. Der Text des Liedes „Tauet Himmel, den Gerechten", bereitete mir Sorgen. Es hieß da nämlich in der ersten Strophe „In von Gott verfluchten Gründen herrschten Satan, Tod und Sünden. Fest verschlossen war das Tor zu des Heiles Erb' empor". Immer, wenn die Weiberleute das sangen, meistens mit sehr heinenden, lauten, schneidenden Stimmen, berührte ich mit einer Hand den Meßkittel des Herrn Pfarrers. Da fühlte ich mich beschützt. Der Text ließ mir jedoch keine Ruhe. So schlich ich eines Abends, während die Hofleute im Stall die Tiere fütterten, zur Großmutter in das Stübl. „Großmuatta", begann ich, „in da Kirchn singans, daß die Tür in Himml aufi fest zua is. Unter uns, in den von Gott vafluchtn Gründn, wohnt da Teifi, Teufel. Moanst, daß ma da amol obisumpan (unbeholfen hinunterstürzen)?" Die Großmutter beruhigte mich. Sie sagte, daß zu Weihnachten das Jesukind zu uns auf die Erde komme, um die Menschen, die einen festen Glauben haben, vor allem Bösen zu beschützen. Damit gab ich mich zufrieden.

Wunderbare Rettung

Traumverloren saß ich an einem Samstag, Ende Jänner 1942, in der dritten Klasse der Hauptschule in Kirchschlag. Der Herr Direktor, aus heutiger Sicht ein hilfsbereiter, edler Mann, bemühte sich in der letzten Stunde, die um dreiviertleins endete, uns in Geschichte die Französische Revolution des Jahres 1789 aus der Sicht des Dritten Reiches beizubringen.

Mein Blick schweifte allerdings zum mittleren Fenster, in dessen Nähe ich saß. Es mußte draußen eine grimmige Kälte herrschen, denn die spärlichen Schneeflocken, die der Wind herwärts trieb, schmolzen nicht an den Fensterscheiben, sondern sie taumelten zu Boden.

Nach dem Unterricht ging ich nicht in mein Quartier zum Mittagessen. Wahrscheinlich hätte es wieder nur Reisfleisch gegeben, von dem mir grauste. Hungrig und abgespannt machte ich mich sogleich auf den Heimweg nach Geretschlag. Wie schon so oft wanderte ich die schmale Sandstraße Richtung Klausriegl hinauf. Bei jeder der steilen Serpentinen, es waren vier, blieb ich stehen, um zu rasten. Der Autobus kam nicht mit einer Anfahrt um die Reit, Kurve, er mußte zweimal zurückschieben, um diese zu bewältigen.

In Stang, einem kleinen Dorf, angekommen, suchte ich das einzige Wirtshaus auf, das es dort gab. Nicht, um mir etwas zu kaufen, ich hatte ja kein Geld, sondern um mich ein wenig zu wärmen. Die Frau Wirtin war sehr freundlich zu mir. Ein Mann jedoch greinte, grantelte: „Bua, wånnst koa Göld håst, muaßt wieda gehen." Wahrscheinlich hatte ich, weil ich mich zum Ofen drängte, die Wärme von den spärlichen Gästen abgehalten. Mehr holpernd als gehend erreichte ich auf verschneiten und vereisten Abstechern durch den über dem Stanger Berg sich ausbreitenden Wald, dort wo der Thalbach in den Spratzbach mündet, die kleine Ansiedlung Blumau. Von hier führte der Weg entlang des Spratzbaches bis zur Neumühle, einem einzigen, strohgedeckten Haus, in das man ebenfalls einkehren konnte, was ich jedoch nicht tat. Obwohl schon müde und hungrig, stapfte ich weiter.

WUNDERBARE RETTUNG

Die Landschaft bot einen märchenhaften Anblick. Von Nordwesten her grüßte, auf einer Anhöhe gelegen, der kleine Ort Spratzeck. Wie Bienenstöcke klebten die Häuser an dem Abhang. Die Eiskristalle auf den Dächern lagen in der Sonne und blendeten die Augen, sodaß man den Blick gerne abwendete und auf den Weg richtete. Dies war auch notwendig, um nicht auszurutschen.

Ziemlich ermattet stand ich nach längerer Gehzeit vor dem Moaßnberg am Fuße des Saurüssels, wie der Wald hieß, der den Hügel bedeckte. Mit dem Ausdruck Moaß meinten wir in unserer Dialektsprache einen mit Sträuchern durchsetzten Jungmischwald.

Kein Lebewesen war mir bisher begegnet, ausgenommen ein Rotfuchs, der über die Straße schlich. Auch zwei Rehe wechselten über eine Lichtung. Der aufkommende Wind trieb einem die Kälte bis in die Knochen. Grund genug, um unter dem Geäst eines Baumes Schutz zu suchen und ein wenig auszuruhen. Nachdem ich mich niedergesetzt und zusammengekrümmt hatte, spürte ich die Kälte weniger und auch das Hungergefühl verschwand. Nach kurzer Zeit überfiel mich eine bleierne Müdigkeit, die Augen fielen mir zu.

Dann war es mir, als befände ich mich in einem warmen Stall, inmitten meiner Tiere, den Kälbern, Kühen und Ochsen. Sie beschnupperten mich. Ihr Fell war ganz warm. Die Stalltür ging auf und Hausleute kamen zu mir, die Eltern und Großeltern. Eine warme Hand streichelte über mein Gesicht. Auf einmal hörte ich von weit her die Stimme der Mirzl, die an Stelle der verstorbenen Lieslmoam bei uns in den Dienst getreten war und die wir Kinder bald ins Herz geschlossen hatten: „Er lebt, er lebt!" rief sie, „Gott sei Dank."

Als ich die Augen öffnete, wurde mir bewußt, daß ich zu Hause in Mutters Bett lag. Verwundert fragte ich die Umstehenden, wie ich da hergekommen und was denn eigentlich los sei. „Mir san froh, daßd dä bist, die Mutter und d'Mirzl werdn dir sågn, wås g'wesen is", sagte der Vater. Es war bereits dunkel geworden. Die Petroleumlampe spendete ein spärliches Licht. Beide Frauen begannen zu erzählen und schilderten meine wunderbare Errettung vor dem Erfrierungstod.

WUNDERBARE RETTUNG

Ein verwandter Gastwirt aus Wiesmath brachte mit seinem Pferdegespann Mahlgut in die Raumamühl, Rammermühle, des Spratzbachtales. Dabei benützte er die Straße über den Moaßnberg. Auf der Heimfahrt hielt er am Fuße des Berges eine kurze Rast, damit die Steigung dann mühelos bewältigt werden konnte. Er warf den Rössern, weil sie dampften, stark schwitzten, einen Kotzen über, damit sie sich nicht verkühlten. Als er weiterfahren wollte, widersetzten sich die Tiere der Aufforderung. Sie blieben stehen und begannen mit den Vorderhufen zu scharren. Der Fuhrmann stieg vom Schlitten, um nach dem Grund des sonderbaren Verhaltens zu forschen. Dabei entdeckte er auf dem gefrorenen Boden unter dem Geäst eines mit Schnee bedeckten Baumes einen bewußtlosen Buben.

Mein Retter merkte bald, daß sich noch Leben in mir regte. Er hob mich behutsam auf den Schlitten und stülpte dann die vom sattlichen, also dem rechten, Pferd vorgewärmte Decke über mich. Von den Heften in der Schultasche, die neben mir lag, konnte er meinen Namen ablesen. Vielleicht war es ein Schutzengel, der die Pferde am Weitergehen gehindert hatte. Ich weiß es nicht.

Auf unserem Hofe angekommen, trug mich der Fuhrmann in die stets warme Küche, wo mich die Mutter, zutiefst erschrocken, in Empfang nahm. Auch die Mirzl und die Großmutter waren sogleich zur Stelle. Ohne gerufen worden zu sein, erschien die Lenamoam, von einer inneren Unruhe getrieben, im Hause und in der Stubn. Mutter und Großmutter begannen mich abzureiben, während die Mirzl zwei Ziegelsteine suchte, am Herd aufwärmte, in zwei Tücher wickelte und zu mir ins Bette legte.

Inzwischen hatte sich meine Ankunft herumgesprochen. Die Hofleute fanden sich in der Küche ein, um zu erfahren, wie es mir gehe, ob ich überleben würde. Als alle die Gewißheit über mein Wohlbefinden erlangt hatten, beteten sie zur schuldigen Danksagung für die wunderbare Errettung drei Vaterunser und Gegrüßet seist Du, Maria.

Am nächsten Tag, dem Sonntag, machte ich mich nach dem Mittagessen wieder zu Fuß auf den Weg nach Kirchschlag, denn „Die Schul darf nit versäumt werdn", meinte der Vater.

Der gestohlene Christbaum

Im Jahre 1944 erlebte ich die traurigsten Weihnachten, an die ich mich erinnern kann. Infolge der anhaltenden Fliegerangriffe auf Wiener Neustadt konnte der Unterricht an der Lehrerbildungsanstalt nicht mehr aufrechterhalten werden, sie wurde daher nach Payerbach/Reichenau verlegt. Mädchen und Burschen wurden in diesem Bereich in Hotels untergebracht.

Ich befand mich zu Weihnachten 1944 im dritten Jahrgang. Unsere Heimstatt lag im Hotel Kronichhof, Gemeinde Edlach, am Fuße der Rax. Der Unterricht fand immer nachmittags in der Hauptschule Reichenau statt. Vormittags stand das Gebäude den Pflichtschülern zur Verfügung.

In Deutsch unterrichtete uns eine Professorin, in die wir Buben unsterblich, jedoch hoffnungslos, verliebt waren. Allein von ihr angesprochen zu werden, jagte uns prickelnde Schauer über den Rücken. Sie war unheimlich gescheit, schlank und, nach unseren damaligen Begriffen, immer toll gekleidet. Insgesamt schien sie jedoch unnahbar. Nie kam ein Wort des Bedauerns über die unleidlichen Zustände oder eine Klage über den sinnlosen Krieg über ihre Lippen.

Nur einmal, in der vorletzten Schulwoche vor den Weihnachtsferien des Jahres 1944, richtete sie eine ganz persönliche Bitte an uns Buben. „Ich habe in meiner Wohnung in Wien meine alte Mutter bei mir und würde sie gerne mit einem Christbaum überraschen. Kann mir von euch jemand einen solchen besorgen?" fragte sie am Ende einer Deutschstunde. „Es soll nur ein kleines Bäumchen sein."

Mich riß es förmlich vom Sessel. „Ich, Frau Professor, ich kann ihnen ein Bäumchen bringen. Ich bin ein Bauernsohn, wir haben einen großen Wald." „Gut, nächste Woche am Freitag nimmst du ihn mit in die Schule. Fragst deine Eltern, was er kostet. Ich möchte ihn unbedingt bezahlen. Als Geschenk nehme ich den Baum nicht an." „Natürlich, Frau Professor." Alle Klassenkameraden blickten neidisch auf mich. „Der Sturm", flüsterte einer. Sturm war mein Spitzname, warum

DER GESTOHLENE CHRISTBAUM

weiß ich nicht mehr. „Wo willst du denn den Baum hernehmen?" fragte mich jemand in der Pause, „du kommst ja übern Sonntag nicht heim." Um Gottes willen, daran hatte ich gar nicht gedacht.

Die Frau Professor konnte ich nicht enttäuschen, zu Hause anzurufen war nicht möglich, weil es weit und breit kein Telephon gab. Auch die briefliche Verständigung meiner Eltern hätte nichts gebracht. Es war Winter und daher ungewiß, ob diese zeitgerecht eingetroffen wäre. Das Elternhaus konnte nicht helfen. Also zermarterte ich mir den Kopf, wie ich zu einem Baum kommen könnte. Welcher Heilige mir dabei geholfen hat, entzieht sich meiner Kenntnis. Jedenfalls kam mir eines Nachts, als ich nach einem Traum schweißgebadet erwachte, der rettende Gedanke.

Ich begleitete gelegentlich ein Mädchen nach der Schule von Reichenau nach Hirschwang zu ihrer Unterkunft und ging dann auf der Schöllerabfahrt, einer damals sehr bekannten Schipiste, hinauf auf den Kronichhof. Dabei fiel mir ein Tannenbäumchen auf, etwa zwei Meter hoch, das vom Kronichhof nicht allzu weit entfernt im Walde stand. Den Wipfel dieses Bäumchens mußte ich in der Nacht holen.

Wir Buben logierten in einem Nebengebäude des Kronichhofes. Täglich beobachtete ich, wie ein schon älterer Hausarbeiter in einem Kammerl Brennholz aufbereitete. Dazu benützte er auch eine Säge. Diese benötigte ich, um den Wipfel des Bäumchens abschneiden zu können. Nun ging es nur noch darum, den Baum in der Finsternis auch zu finden. Darauf bereitete ich mich vor, indem ich mir den Weg und einige Markierungen genau einprägte. Der letzte Schultag vor Beginn der Weihnachtsferien war ein Freitag, also mußte der Baum in der Nacht vorher geholt werden.

Die Nacht brach herein. Mit großer Anspannung wartete ich darauf, daß nicht nur in meinem Zimmer, sondern im Hause alle schliefen. Vorsichtig verließ ich das Bett, kleidete mich, so gut es in der Dunkelheit eben möglich war, an und verließ dann den Schlafraum. Leise

DER GESTOHLENE CHRISTBAUM

schlich ich in das Erdgeschoß, um die Säge aus der Holzkammer zu holen. Zu meinem Glück war die Tür nicht versperrt. Nun der Schritt ins Freie, in die kalte Nacht. Davor hatte ich ein bißchen Angst. Den nahen Wald erfüllten allerlei Geräusche, das Ächzen der Bäume unter der schweren Schneelast und ein unerkläliches Klirren. Mir schien es so, als würde mir eine Schar Waldgeister entgegenschlürfen. Auch menschliche Laute vermeinte ich zu hören. Es blieb mir nichts anderes übrig, ich mußte da hinein.

Also los! Vom Beginn des Waldweges bis zu einer mächtigen Fichte, auf deren Stamm ein leicht erreichbares Marterl dahinmoderte, waren es fünfzig Schritte. Hier mußte ich links abbiegen und zwanzig Schritte im rechten Winkel zum Hauptweg vorwärts schreiten. Bis jetzt ging alles gut. Vor mir stand ein kleines Bäumchen. Das mußte es sein. Ich befreite die Äste vom Schnee und betastete die Zweige. Ja, es war eine Tanne. Langsam gewöhnten sich die Augen an das fahle Licht, welches, durch den weißen Schnee verstärkt, dem Wald ein gespenstisches Aussehen verlieh. Ich nahm meine Säge und schnitt den Wipfel unterhalb der vierten Astreihe ab. Dabei überkam mich ein flaues Gefühl im Magen. Großvater sagte einmal, und das kam mir in den Sinn, wer den Wipfel eines Baumes abschneidet, begehe einen Frevel. Dieser komme der mutwilligen Verunstaltung eines Menschen gleich.

Von Angst und schlechtem Gewissen geplagt, trat ich mit dem Wipfel des Bäumchens den Heimweg an. Ganz leise schlich ich in das Haus, verstaute das Bäumchen und die Säge im Holzkammerl, zog mich drinnen gleich aus und schlüpfte dann ins Zimmer und in mein Bett. Ich glaube nicht, daß mich jemand gehört hat.

Am Freitag, nach dem Mittagessen, machten wir uns auf den Weg nach Reichenau. Ich trug außer der Schultasche auch das Bäumchen. „Woher håst denn des?" fragten einige Kameraden ganz verwundert. „Woascheinli håt ers im Wåld gstohln", ließ sich einer hören. Ich schwieg.

DER GESTOHLENE CHRISTBAUM

In der Klasse stellte ich die Weihnachtsfreude neben mich. Gespannt wartete ich auf das Erscheinen der Frau Professor. Wir hatten gleich in der ersten Stunde Deutsch. Es läutete, die Tür ging auf. Die von uns allen so sehr verehrte Lehrerin betrat den Raum. Sie ging, ohne nach links oder rechts zu blicken, sogleich zum Katheder. „Hans Sinabell", sagte sie plötzlich erfreut, „du hast mir wirklich ein Weihnachtsbäumchen gebracht. Was bin ich denn schuldig?" Einer schrie: „Nichts, Frau Professor, er hat es ja gestohlen!" Das Gesicht der Frau versteinerte sich. „Das darf nicht wahr sein", stöhnte sie. „Am Ende der Stunde reden wir weiter."

Endlich nahte das Ende. Die Frau Professor verließ den Raum, ohne mich eines Blickes zu würdigen. Nach einer Zeit kam ein Mädchen zu mir in die Klasse und sagte, ich solle ins Konferenzzimmer kommen. Mit gesenktem Kopfe trat ich ein. „Hans", hörte ich die Stimme meiner Deutschlehrerin, „nun sage mir, wie das mit dem Bäumchen gewesen ist." Ich berichtete alles wahrheitsgetreu. Die Anrede mit meinem Vornamen beruhigte mich. „Ich erkenne den guten Willen an, mir helfen zu wollen. Trotzdem kann ich das Bäumchen auch gegen Bezahlung nicht annehmen. Am besten, du stellst es wieder dorthin, wo du es abgeschnitten hast." Auf dem Heimweg von der Schule tat ich das auch.

Langsam wurde mir bewußt, welch armseliges Leben wir eigentlich führten. Ich wollte etwas Gutes tun, bewirkte damit jedoch das Gegenteil, und das gleich in zweifacher Hinsicht. Einerseits zerstörte ich das natürliche Wachstum eines Waldbaumes, andererseits brachte ich zwei Frauen um ihre Weihnachtsfreude. Deprimiert trat ich die Heimreise in die Weihnachtsferien an. Wie immer führte mich mein Weg zur Großmutter, der ich mein Mißgeschick klagte. Die Mutter wollte ich nicht damit belasten. Es wäre nicht meine Großmutter gewesen, hätte sie nicht sofort begütigende Worte gefunden. Alles schien so trostlos zu sein, schon allein die Angst, was der Krieg noch bringen würde. Die Fronten rückten immer näher.

DER GESTOHLENE CHRISTBAUM

Einige Tage vor dem Heiligen Abend saß ich mit der Mutter in der Küche. Alle anderen Hausgenossen, auch der Vater, waren bereits zu Bett gegangen. Mutter buk Kekse, und ich wickelte für den Christbaum halbe Stückerl Würfelzucker in Zuckerlpapier, das noch vom Vorjahr übrig geblieben war. Neben mir stand der Volksempfänger. Ich schaltete ihn ein. Auf einmal hörte ich eine Stimme: „Hier meldet sich London, sie hören Nachrichten in deutscher Sprache." Eigentlich war ich in diesem Augenblick ein Todeskandidat, denn auf das Abhören von Feindsendern stand die Todesstrafe. Der Sprecher sagte, daß die von Hitler am 16. Dezember 1944 befohlene Ardennenoffensive zum Scheitern verurteilt sei. Die Übermacht der alliierten Streitkräfte ermögliche es, immer weiter nach Westen vorzudringen. Der Krieg sei für die Deutschen verloren. Es folgte auch ein Aufruf zum Widerstand.

Es waren die letzten Kriegsweihnachten, die wir mit dem einzigen Wunsch an das Christkind bei uns daheim verbrachten, es möge uns allen im neuen Jahr beistehen. Wir wußten, daß es den Übergang vom Krieg zum Frieden bringen würde.

Nochmals wurde ich an den gestohlenen Christbaum erinnert. Im November 1944 stürzte der berühmteste deutsche Jagdflieger als Kommandeur eines Düsenjägerverbandes bei einem Luftkampf ab und fand dabei den Tod. Er war Österreicher und erhielt von der Gemeinde Wien auf dem Zentralfriedhof ein Ehrengrab. Unsere Frau Professor hatte in dieser Zeit durch Heirat ihren Namen geändert. Es ging das Gerücht um, sie habe den Bruder dieses Fliegers geheiratet, weil sie dessen Familiennamen trug.

Ich war bereits in Tulln als Lehrer tätig, als ich und einige meiner ehemaligen Schulkameraden eines Tages per Post ein Buch über das Leben und Sterben des Jagdfliegers erhielten. Warum gerade wir, woher kannte der Verlag unsere Namen? Wir schlossen daraus, daß unsere verehrte Frau Professor an der Sache nicht unbeteiligt war.

Kriegserlebnisse

Als ich 1942 in die Lehrerbildungsanstalt in Wiener Neustadt eintrat, war der Zweite Weltkrieg bereits voll im Gange. Damals spürten wir noch nichts davon, doch ein Jahr später wurde auch die „Allzeit Getreue" in das Kriegsgeschehen miteinbezogen. Am 13. August 1943, genau um 13.50 Uhr, begann ein verheerender Fliegerangriff der alliierten Luftstreitkräfte auf die Stadt. Das Bombengeschwader warf 150.000 Kilogramm Brand- und Sprengbomben ab. 607 Treffer wurden gezählt und 77 Tote beklagt. In Wiener Neustadt befand sich damals die mit Abstand größte Flugzeugfabrik Deutschlands. Bis zu diesem Angriff wurden hier pro Monat 280 Flugzeuge verschiedenen Typs hergestellt. Am Ende des Krieges 1945 gab es in Wiener Neustadt nur 18 unbeschädigte Häuser.

Ich befand mich zum Zeitpunkt des ersten Luftangriffes auf einem Birnbaum im Gänsgartl unseres Bauernhofes in Geretschlag. Damit nützte ich das kleine bißchen Freizeit, um auf die nächste Fuhre Hafer zu warten, der auf den Überboden der Scheune eingeschobert, eingelagert, und dort bis zum winterlichen Drusch aufbewahrt werden mußte. Das dumpfe Grollen, das ich wahrnahm, hielt ich für ein herannahendes Gewitter.

Für uns Schüler der Lehrerbildungsanstalt – und nicht nur für uns – zeitigten die Fliegerangriffe bald Auswirkungen. Über Anordnung des Wehrkreiskommandos mußten in jeder Klasse eine Planquadratkarte aufgehängt und auf einem Regal darunter ein Volksempfänger, Radioapparat, gestellt werden. Die Karte zeigte die Ostmark, so die damalige Bezeichnung für Österreich, und den Mittelmeerraum. Das Kartenbild teilte ein Raster von numerierten Quadraten in kleine geographische Einheiten. Der Volksempfänger diente als Warngerät für Fliegerangriffe. Daher blieb er während der gesamten Unterrichtszeit mit reduzierter Zimmerlautstärke eingeschaltet. Anfangs störte dies unsere Aufmerksamkeit. Mit der Zeit gewöhnte man sich an das ständige musikalische Geräusch. Sehr angenehm empfanden wir, daß man gelegentlich im Unterricht bei Radiomusik vor sich hin träumen

KRIEGSERLEBNISSE

konnte. Allerdings schlug dieses Gefühl in Angst um, wenn, was beinahe täglich vorkam, aus dem Lautsprecher das Ticken eines Weckers einsetzte. Es bedeutete nämlich: Gefahr im Anzug.

Folgte auf das Ticken ein anhaltender Kuckucksruf, war folgende Ankündigung zu erwarten: „Feindliche Bomberverbände befinden sich im Anflug auf die Ostmark. Sie nähern sich dem Planquadrat Nr. XX. Mit Fliegeralarm ist in Kürze zu rechnen." Ein Blick auf die Landkarte genügte und wir wußten, wo sich die Bomberverbände befanden und welches Ziel sie anpeilten. Nun galt der Grundsatz: Rette sich, wer kann! Begleitet von dem fürchterlichen Geheul der Sirenen, dem Fliegeralarm, stürmten wir in panikartigem Schrecken aus dem Klassenzimmer ins Freie. Es ging darum, einen in der Nähe befindlichen Luftschutzkeller oder Splittergraben zu erreichen. Splittergräben boten nur einen sehr dürftigen Schutz. Wir Studenten hatten einen solchen im nahen Horst-Wessel-Park, früher Esparanto-Park, gebaut.

Welche Tragödien ein Fliegerangriff auslösen konnte, erlebte ich hautnah: Eine junge Mutter eilte mit ihrem Baby auf dem Arm in den Luftschutzkeller, in dem ich mich befand. In der Aufregung hatte sie die Tasche mit den wichtigsten Dokumenten vergessen, die laut Vorschrift mitzubringen waren. Der Luftschutzwart forderte daher die Frau, da noch keine Bomben fielen, auf, die Tasche zu holen. Ihr Kind könne sie einstweilen einer anderen Frau anvertrauen. „Ich gebe mein Kind nicht aus der Hand", sagte die junge Mutter und stürzte aus dem Keller. Nach wenigen Minuten kehrte sie atemlos mit den Papieren zurück, hatte nun aber das Baby auf dem Wickeltisch liegen gelassen. Also lief sie nochmals nach Hause. Nach wenigen Augenblicken begann der Bombenhagel. Mutter und Kind blieben verschollen. Nach der Entwarnung zeigte sich leider, daß das Wohnhaus der beiden dem Erdboden glich und keine menschliche Seele mehr am Leben war.

Fliegerangriffe auf Wiener Neustadt vollzogen sich in mehreren Phasen. Zunächst ertönte die Sirene als Alarmzeichen. Nach einigen Minuten bangen Wartens begann die FLAK, Fliegerabwehrkanonen, zu schießen. Nun wußte man, daß die erste Angriffswelle den äußeren

KRIEGSERLEBNISSE

Verteidigungsgürtel erreicht hatte. Sekunden später überflogen die Bomber den inneren Verteidigungsgürtel, meist in so großer Höhe, daß sie von den Geschoßen der FLAK kaum zu erreichen waren. Die letzte Phase glich einem Inferno. In das dumpfen Dröhnen der Flugzeugmotoren mischte sich das immer lauter werdende Zischen der Bomben, die schließlich mit einem ohrenbetäubenden Kracher detonierten.

Man hörte Mauern stürzen, Menschen schreien, Tiere wimmern und in unserem Hause, ich befand mich im Keller, die Pendeluhr unablässig schlagen. Einmal ging ein Volltreffer mitten in das Gelände des Schlachthofes, wo Maststiere an Rampen gehängt waren. Die Stiere wurden von einer unvorstellbaren Druckwelle über die Einfriedung auf die Straße geschleudert und liefen wildgeworden, teils verletzt, brüllend durch die Straßen. Sie mußten alle durch Schüsse getötet werden. Ein anderes Mal trieb die Druckwelle einer Bombe einen Volkswagen auf das Dach des Wasserturmes, dessen Kuppel bereits zerschmettert am Boden lag. Er kam auf den Rädern zu stehen und bildete lange Zeit eine Sehenswürdigkeit.

Wiener Neustadt mußte bis zum 1. April 1945 neunundzwanzig Fliegerangriffe über sich ergehen lassen.

Nacht voller Angst

Nach dem Zweiten Weltkrieg nahm die Lehrerbildungsanstalt in Wiener Neustadt den Unterrichtsbetrieb im Winter 1945/46 wieder auf. Mangels anderer Möglichkeiten der Unterbringung für auswärtige Schüler richtete man in einem Saal des Neuklosters für zwanzig Zöglinge Schlafstellen her. Auch ich war darunter. Leider konnte kein Raum des Gebäudes versperrt werden, weil die Besatzungssoldaten die Schlösser abmontiert hatten. Jeden Samstag fuhr ich mit einem Pferdefuhrwerk, Autobusse verkehrten noch nicht, nach Hause. Der Wagen oder Schlitten faßte, einschließlich des Kutschers, acht Fahrgäste. Von der Endstation Wiesmath bis nach Geretschlag ging ich die vier Kilometer zu Fuß.

Bei der Heimfahrt auf der schmalen, ausgefahrenen und holprigen Sandstraße gab es in Frohsdorf eine zwar willkommene, jedoch unangenehme Unterbrechung der Reise. Jeder Teilnehmer mußte sich nämlich über Anordnung der Besatzungsmacht in einem am Straßenrand befindlichen Haus der Entlausung unterziehen. Die Prozedur verlief sehr einfach. Der Delinquent öffnete den Hosenbund, zog diesen mit der Unterhose nach vorne und ein russischer Sanitäter stäubte eine Ladung Entlausungspulver ins Zentrum und über die Oberschenkel. Auch die Frauen blieben nicht verschont. Sie mußten den Kittel mit den Unterkleidern heben und ebenfalls die Unterhose weit nach vorne ziehen. Ihre Behandlung oblag im selben Raum einer russischen Sanitäterin. Wenn eine Frau zögerte, griff die Russin selbst mit starker Hand in die Vorbereitung der Entlausungsaktion ein. Keine österreichische Filzlaus hätte es jemals zustande gebracht, einen derartigen Juckreiz auszulösen wie dieses russische Entlausungspulver. Die Folge davon war, daß die Reisegesellschaft den Rest der Fahrt mit Kratzen und Fluchen zubrachte. Daheim angekommen, verschaffte die Behandlung mit dem Allheilmittel Leinöl eine gewisse Linderung.

Um an den Wochenenden etwas länger im Schoße der Familie verweilen zu können, wählte ich den zweiten Weg, um nach Wiener Neustadt zu kommen. Dieser führte über Scheiblingkirchen, einer Station

NACHT VOLLER ANGST

der Aspangbahn, in die Allzeit Getreue. Der Zug fuhr täglich um 6.00 Uhr von Scheiblingkirchen ab. Er bestand aus der Dampflokomotive und zwei ungeheizten Waggons. Diesen Zug mußte ich erreichen.

Der zweite Sonntag des Jahres 1946 fiel auf den 7. Jänner. Als Nachhut der russischen Armee stellte sich bei uns der sibirische Winter ein. Polarische Kälte breitete sich über das Land und überzog die Straßen mit einer klirrenden Eisschicht. Vor Einbruch der Dunkelheit marschierte ich zunächst über Wiesmath hinunter in das Schlattental. Nach etwa zwei Stunden gelangte ich zu einem in der Einschicht gelegenen Wirtshaus. Die Geherei war ziemlich mühsam und zog sich dahin. Jeder Schritt auf der glatten Eisfläche mußte überlegt sein, um nicht auszurutschen. Die Kälte fraß sich durch die Kleidung bis an die Knochen. Nur die Beine blieben verschont, denn Vaters Wickelgamaschen, Relikte aus dem Ersten Weltkrieg, trotzten der Kälte.

In dem Gasthaus gab es einen Raum, der für späte Wanderer immer offenstand und in dem jeder kostenlos übernachten konnte. Völlig ausgefroren, todmüde und von der Angst gepeinigt, was mich erwarten würde, erreichte ich endlich die Unterkunft. Sie stand wirklich offen und beherbergte noch keinen Gast. Die Holztüre war nur angelehnt. Ich schleppte mich hinein, verriegelte die Tür und ließ mich auf den einzigen wackeligen Stuhl bei einem ebenso desolaten Tisch fallen.

Auf der Tischplatte stand ein Kerzenstumpf, daneben lagen eine Zündholzschachtel und, wie ich später sah, ein abgegriffener Kriminalroman. Die Kerze spendete wenigstens so viel Licht, daß ich das Bett inspizieren konnte. Es schien sehr stabil zu sein. Wie die Ehebetten meiner Eltern, war es aus Kirschholz gefertigt. Jede Braut in unserer Gegend erhielt ein derartiges Mobiliar als Mitgift. Den Strohsack der Bettstatt bedeckte ein farbig undefinierbares Leintuch. Zu Häupten lag ein speckiger Polster, zu Füßen hingewurschtelt, nicht ordentlich gefaltet, ein schwerer Pferdekotzen.

Angezogen, jedoch ohne Schuhe, setzte ich mich in das Bett und bedeckte mich bis zum Hals mit der dicken Decke. Im Raum hatte es

NACHT VOLLER ANGST

sicherlich Minusgrade. Langsam vertrieb die Körperwärme die Kälte. Ich schlief ein. Irgendwann begann ich zu träumen: Ich lag zu Hause in meinem Bett. Die Mutter stand neben mir, hielt meine Hand und sagte: „Fürcht di nit, der Wind pumpat an die Tür."

Plötzlich erwachte ich. Langsam wurde mir bewußt, wo ich mich befand. Es klopfe wirklich jemand an die Tür. Die Stimme der Mutter wandelte sich zu einer rauhen Männerstimme: „Måch auf, låß uns eini, mir tretn sunst die Tür ein und någln die auf die Ståßn, dann dafrierst." Vor Angst fast gelähmt, wagte ich kaum zu atmen. Ein neuerlicher Versuch der Männer, der Stimme nach zu schließen waren es zwei, die Türe aufzubrechen, blieb erfolglos. Zu meinem Glück begann der Haushund zu bellen. Wahrscheinlich war das die Ursache, daß die beiden Nachtwandler abzogen. Nicht auszudenken, wenn es ihnen gelungen wäre, in mein Schlafgemach einzudringen.

Es war noch finster, als ich erwachte. Uhr hatte ich keine, eine innere Stimme sagte mir jedoch, daß es Zeit sei, aufzustehen. Es gelang mir mit dem letzten Zündholz, den Kerzenstummel zum Leuchten zu bringen. Waschen konnte ich mich nicht, weil das in einem blechernen Krug vorhandene Wasser gefroren war. So bemühte ich mich, den Raum, so gut es eben ging, in Ordnung zu bringen.

Dann trat ich ins Freie. Ein unangenehmer, kalter Schneewind blies mir ins Gesicht. Im Hause rührte sich nichts. Wie ein undurchdringlicher Schleier lag die Finsternis über der Landschaft. Nur die Straßen glänzten silbrig. Es muß so gegen drei Uhr morgens gewesen sein. Mutterseelenallein wanderte ich nun durch das Schlattental Richtung Bromberg. Der Weg zog sich schier endlos dahin. Ein paarmal rutschte ich auf der eisigen Straße aus und fiel hin. Als ich Bromberg erreicht hatte, sah ich bereits Lichter in manchen Häusern. Von hier ging es weiter nach Thernberg und über Innerschildgraben, noch immer entlang des Schlattenbaches, weiter nach Scheiblingkirchen. So gegen fünf Uhr erreichte ich den Bahnhof und setzte mich dort in den eisigen Warteraum. Endlich konnte ich den Zug nach Wiener Neustadt besteigen.

DIE GEMEINDEN IM BEZIRK WIENER NEUSTADT

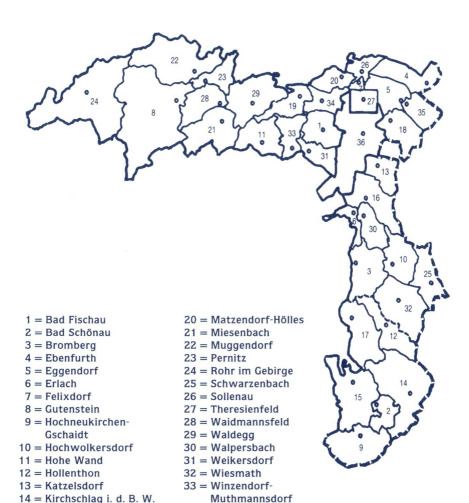

1 = Bad Fischau
2 = Bad Schönau
3 = Bromberg
4 = Ebenfurth
5 = Eggendorf
6 = Erlach
7 = Felixdorf
8 = Gutenstein
9 = Hochneukirchen-Gschaidt
10 = Hochwolkersdorf
11 = Hohe Wand
12 = Hollenthon
13 = Katzelsdorf
14 = Kirchschlag i. d. B. W.
15 = Krumbach
16 = Lanzenkirchen
17 = Lichtenegg
18 = Lichtenwörth
19 = Markt Piesting
20 = Matzendorf-Hölles
21 = Miesenbach
22 = Muggendorf
23 = Pernitz
24 = Rohr im Gebirge
25 = Schwarzenbach
26 = Sollenau
27 = Theresienfeld
28 = Waidmannsfeld
29 = Waldegg
30 = Walpersbach
31 = Weikersdorf
32 = Wiesmath
33 = Winzendorf-Muthmannsdorf
34 = Wöllersdorf-Steinabrückl
35 = Zillingdorf
36 = Die Bezirksstadt Wiener Neustadt

Literaturhinweise

„700 Jahre, 1295 Hollentannen-Hollenthon 1995", Hollenthon 1995

„Heimatbuch der Marktgemeinde Wiesmath, 1295–1995", Wiesmath 1995

Peter Baumgartner: „Kleine Bucklige Welt, Monographie einer Landschaft", Wien 1984

Bruno Schimetschek: „Vergangene Zeiten, Geschichtliche Bilder aus der Buckligen Welt", Kirchschlag 1978

Johannes Gans: „Wandererlebnis Bucklige Welt", St. Pölten–Wien 1995

Hans Sinabell: „Bei uns dahoam, Menschen, Schicksale und Volksmusik aus der Buckligen Welt", Wien-Mödling 1996

„Heimatkunde des Verwaltungsbezirkes Wiener Neustadt", Band 1, Ortskunde, Wr. Neustadt, ohne Jg.

Karl Gutkas (Hg.): „LandesChronik Niederösterreich", Wien 1990

ABBILDUNGSNACHWEIS

Abbildungsnachweis

Die Abbildungen auf den Seiten 18 oben, 25 oben, 26, 98 links und 198 sind mit freundlicher Genehmigung durch die L. Staackmann Verlag KG München dem Buch von Carl-Josef v. Sazenhofen, „Gerätefibel, Feld & Garten", Bilder von Horst D. Wigand, entnommen.

Die Abbildungen auf den Seiten 45 und 118 sind mit freundlicher Genehmigung durch die L. Staackmann Verlag KG München dem Buch von Carl-Josef v. Sazenhofen, „Gerätefibel, Bauernküche", Bilder von Horst D. Wigand, entnommen.

Die Zeichnungen auf den Seiten 14, 15 oben, 15 unten, 17, 18 unten, 25 unten, 27, 28 oben, 28 unten, 30, 49, 94 oben, 94 unten, 95, 97, 98 rechts, 99, 105 und 167 rechts hat dankenswerterweise Frau Mag. Isabella Thin aus Pressbaum angefertigt und zur Verfügung gestellt.

Die Abbildungen auf den Seiten 146 oben, 146 unten, 167 links, 190 und 191 stammen vom Autor.

Die Abbildung auf der Seite 215 ist mit freundlicher Genehmigung durch den NÖ Verlag in Wiener Neustadt dem Buch „Der niederösterreichische Bezirk Wiener Neustadt und seine Gemeinden" entnommen.